Mit sprechenden Gesichtern
Gottesdienste in Altenheimen

Herausgegeben von Susanne Schildknecht

Gütersloher Verlagshaus

Die Deutsche Bibliothek – CIP-Einheitsaufnahme

Mit sprechenden Gesichtern : Gottesdienste in Altenheimen /
hrsg. von Susanne Schildknecht. –
Gütersloh : Gütersloher Verl.-Haus, 1998´
ISBN 3-579-03080-9

ISBN 3-579-03080-9
© Gütersloher Verlagshaus, Gütersloh 1998
Das Werk einschließlich aller seiner Teile ist urheberrechtlich geschützt.
Jede Verwertung außerhalb der engen Grenzen des Urheberrechtsgesetzes
ist ohne Zustimmung des Verlages unzulässig und strafbar. Das gilt insbesondere
für Vervielfältigungen, Übersetzungen, Mikroverfilmungen und die Einspeicherung
und Verarbeitung in elektronischen Systemen.
Umschlaggestaltung: Linda Opgen-Rhein, Dortmund
unter Verwendung eines Bildes von © Petra Fendel, aus: AugenBlicke,
Bildband mit Texten zum Thema Alter, von P. Fendel (Hg.),
Kiefel/Gütersloher Verlagshaus, Gütersloh 1998
Satz: Weserdruckerei Rolf Oesselmann GmbH, Stolzenau
Druck und Bindung: Westermann Druck Zwickau GmbH, Zwickau
Gedruckt auf chlorfrei gebleichtem Werkdruckpapier
Printed in Germany

Inhalt

Einleitung

Leben im Altenheim 9

Gottesdienste im Altenheim 12

Gottesdienste zu existentiellen Themen

In Angst gehalten
Jesus und der sinkende Petrus auf dem See – Matthäus 14,22-33
Susanne Schildknecht 19

Ich rede zu meiner Seele
Dankbarkeit – Psalm 103,1–5.8
Susanne Schildknecht 25

Der Stein wird nicht geworfen
Schuld und Vergebung – Johannes 8,1–11
Harald Wagner 32

Ich kann nicht mehr
Elias Weg durch die Wüste – 1. Könige 19,1-8
Günter Niemeyer 37

Ich habe im Leben vieles nicht geschafft
Moses letzter Blick ins gelobte Land – 5. Mose 34,1–5
Günter Niemeyer 43

Ich bin ein Gast auf Erden
Gedanken an Abschied – Psalm 119,19
Martina Gregory 48

Gottesdienste zu biblischen Texten

Bei dir bin ich geborgen
Der Blick des guten Hirten – Psalm 23
Susanne Schildknecht 55

Unsere Namen und Gottes Name
Ich habe dich bei deinem Namen gerufen – du bist mein – Jesaja 43,1
Martina Gregory 60

Ich bin, was ich habe
Das große Abendmahl – Lukas 14,15–24
Silke Niemeyer 65

Ein liebevoller Blick auf mich
Zachäus begegnet Jesus – Lukas 19,1–10
Susanne Schildknecht 70

Dank bringt Nähe – Nähe bringt Dank
Die zehn Aussätzigen – Lukas 17,11–19
Susanne Schildknecht 76

Gottesdienste mit Symbolen

Meine Zeit steht in deinen Händen
Symbol Uhr – Psalm 31,16
Astrid Faber-Iwanczik 83

Brücken bauen – Aufbrechen zum Leben
Symbol Brücke
Bruder Gustav Bücker 89

Unsere Hände – Gottes Hand
Symbol Hand
Martina Gregory 97

Einzigartig wie die Muschel
Symbol Muschel – Psalm 104,24-27
Stefan Iwanczik 102

Eure Alten sollen Träume haben
Symbol Wolke – Joel 3,1
Annette Bruse und Sybille Gottwick 108

Der Himmel ist offen
Symbol Himmel – Markus 2,1-12
Wolfgang Mann 116

Gottesdienste zu Festen und Feiern

Warten bringt Erfüllung
Advent: Simeon, Lukas 2,29f.
Martina Gregory 121

Wir finden ein Kind
Weihnachtsgottesdienst – Lukas 2,12
Susanne Schildknecht 127

Mein Gott, mein Gott, warum hast du mich verlassen
Gottesdienst am Karfreitag – Psalm 22
Christiane Karp-Langejürgen 134

Mit Eiern, Lamm und Hasen
Ostergottesdienst mit Ostersymbolen – Markus 16,1-8
Susanne Schildknecht 145

Geh aus, mein Herz
Sommerfest
Christiane Karp-Langejürgen 151

Komm, bau ein Haus
Gottesdienst zur Einweihung eines Hauses – Matthäus 7,24–27
Heike Hilgendiek 157

Kartoffeln gehören auf den Tisch
Erntedankgottesdienst – Jakobus 1,17a
Susanne Schildknecht 164

Ich gebe dir den Schlüssel
Buß- und Bettag – Jakobus 5,16; Matthäus 16,19
Susanne Schildknecht 171

Andachten im Altenheim

Gott kennt mich mit Namen
Jesaja 43,1
Günter Grab 179

Herbstandacht
Daniel 3,33
Barbara Knabe 182

Das Licht scheint in der Finsternis
Römer 13,12 (zu halten im November)
Günter Grab 185

Herr, stärke unseren Glauben!
Lukas 17,5
Reinhard Müller 188

Barmherzigkeit Christi
Matthäus 5,7
Dieter Grotehusmann 190

Gott hat uns den Schlüssel anvertraut
Symbol: Schlüssel – Matthäus 16,13–20
Heike Hilgendiek 193

Gott macht sich klein
Fußwaschung Jesu, Gründonnerstag – Johannes 13,1-15
Peter Burkowski 196

Abendandacht
Psalm 63,6–9
Susanne Schildknecht 199

Abendmahlsfeiern mit Einzelnen
Susanne Schildknecht 203

Abschied und Aussegnung
Helmut Dessecker 209

Vorschlag für die Gestaltung einer Abschiedsfeier
Susanne Schildknecht 215

Liturgische Texte
Texte zum Eingang 221
Klage/Schuld 223
Kollektengebete 228
Glaubensbekenntnis 232
Fürbitten 233
Segensworte 236

Die Autorinnen und Autoren 240

Einleitung

Leben im Altenheim

Wer einzieht in ein Alten- und Pflegeheim, hat in der Regel schon von vielem im Leben Abschied genommen. Ehe der Entschluß fiel: ich ziehe um – oder gar: ich muß umziehen, mußte Abschied genommen werden von dem Wunsch, selbständig und ohne fremde Hilfe bis zum Tod in der eigenen Wohnung zu leben.

Im Idealfall fällt diese Entscheidung aus freiem Willen. Aber manchmal muß sie schnell und unter Druck gefällt werden (zu Hause geht es nicht mehr, weil die Krankheit plötzlich so schlimm geworden ist, daß die nötige Pflege allein oder mit ambulanter Hilfe nicht bewältigt werden kann – oder weil die Belastung für die Angehörigen zu groß ist). Das erschwert oft das Einleben. »Zuhause« ist lange Zeit (manchmal bis zum Tode) noch die vorherige Wohnung. Besonders schwer haben es dabei manche desorientierte BewohnerInnen. Sie müssen sich in einer fremden Umgebung einleben, ohne rational die Notwendigkeit dafür nachvollziehen zu können.

Abschied ist zu nehmen: von der alten Wohnung und den meisten Möbeln, von vertrauten Nachbarn, den Geschäften, in denen ein alter Mensch lange Jahre eingekauft hat, der Straße, an der man gewohnt hat, meist auch von der Kirchengemeinde, in der man bekannt war, von der Gottesdienstgemeinde, der Frauenhilfsgruppe, dem Altenkreis etc. Und es zeigt sich oft: es wird wenig Kontakt von außen ins Altenheim gehalten – auch wenn die Zurückbleibenden sich das vornehmen. Fest und regelmäßig ist meist der Kontakt durch die Angehörigen, sofern sie in der Nähe wohnen, und durch die Besuchsdienste, die viele Kirchengemeinden in die Altenheime hinein aufbauen. Zu nennen sind hier auch die Bezirksfrauen der Frauenhilfen, die jedenfalls am Geburtstag und vor Weihnachten vorbeikommen.

Das Leben im Heim ist dann durch eine wesentlich größere räumliche Nähe der alten Menschen zueinander geprägt als es vorher war. Man lebt auf einem Flur, hat nur ein Zimmer für sich, manchmal lebt man sogar in einem Doppelzimmer mit einem Menschen, der vor Wochen noch unbekannt war. Und das ist gewöhnungsbedürftig – besonders für viele alte Frauen, die lange Jahre allein in ihrer Wohnung regiert haben. Für viele der alten Menschen ist es aber auch eine Wohltat, wieder unter Menschen zu sein. Krank in der Wohnung, dreimal am Tag versorgt und sonst mit dem Fernseher allein, das war die Realität vieler vor dem Umzug ins Altenheim.»Wenn ich gewußt hätte, wie schön es hier ist, wäre ich viel früher gekommen!« ist ein Satz, der diese Erfahrung widerspiegelt. Angehörige, die – wenn sie denn da sind – Zeit für ihre Verwandten haben, sind eine positive Erfahrung für die BewohnerInnen, die in der alten Wohnung zuletzt oft überlastete und entsprechend nervöse pflegende Angehörige erleben mußten. Beziehungen werden wieder entkrampfter und schöner. Auch diese Erfahrung machen viele Menschen, die in ein Altenheim einziehen.

Das Altenheim ist nahezu eine Frauenwelt. Die Frauen werden älter als die Männer, eine statistische Wahrheit, die sich im Alltag widerspiegelt. Die Frauen sind es, die in den meisten Fällen ihre Männer pflegen bis zu deren Tod und dann allein zurückbleiben. Daher ist ihre Zahl auch im Altenheim wesentlich höher als die der Männer. Die Pflegekräfte sind in der Mehrzahl Frauen – das Küchenpersonal und die Reinigungskräfte auch. So ergeben sich spezifische Umgangsformen.

Die Bedürftigkeit der Pflege und Hilfe läßt sich in einem so engen Miteinander nicht verbergen. Daher kennen sich die BewohnerInnen gut – mit ihren Stärken und Schwächen, mit ihren freundlichen und ihren boshaften Seiten.

Man ißt gemeinsam im Speisesaal, geht zusammen zum Gedächtnistraining, zur Gymnastik, zum Zeitunglesen, Basteln, zur Bibelstunde – und eben auch zum Gottesdienst. Diese Nähe bietet einerseits viel Gemeinschaft und Möglichkeit zu erlebter Solidarität – andererseits aber auch ein hohes Konfliktpotential. Beides findet sich im Gottesdienst wieder. (s.u.)

Im Heim lernen die MitbewohnerInnen und die Pflegekräfte die neuen BewohnerInnen meist nur als alte und kranke Menschen kennen, als schwache und hilfsbedürftige Frau oder als pflegebedürftigen Mann. Das ist aber nur eine Facette ihres/seines langen Lebens. Es gibt eine viel breitere Wirklichkeit. Die alte Dame war eine starke, gesunde Frau, die viel geleistet hat, die viel zu bestimmen hatte – oder im Gegenteil viel einstecken mußte. Der alte Herr hatte Erlebnisse, die seine Fähigkeiten bestätigten oder ist hinter seinen Erwartun-

gen zurückgeblieben. Das will erst kennengelernt, will bekanntgemacht sein. Deshalb wird besonders in den ersten Monaten viel erzählt aus der Vergangenheit: ich war ... ich hatte ...
Dieses Bedürfnis, als ganzer Mensch mit Vergangenheit gesehen zu werden, bedarf der seelsorgerlichen Begleitung: nicht allein als pastorale Aufgabe, sondern als Aufgabe des ganzen Hauses – angefangen von den Pflegekräften über die MitarbeiterInnen im begleitenden Dienst, die Heimleitung, die Mitarbeiterinnen der Hauswirtschaft bis zu den SeelsorgerInnen. Beim Erzählen von Leid und Glück wird vieles verarbeitet – Leid wird integriert in das Lebensganze – und Glück wird in Gedanken noch einmal erlebt. So wird man wieder ein wenig glücklich, lebt auf in der Vergegenwärtigung der Vergangenheit. Das Gefühl »Zu – Hause – zu – sein« hat oft damit zu tun, daß Menschen Interesse an sich und ihrer persönlichen Geschichte erleben. Auf diese Weise gewinnen auch die Mitarbeitenden in einem Alten- und Pflegeheim einen anderen Blick auf den alten Menschen. Dieses Wissen hilft, ihn/sie besser zu verstehen und zu begleiten.

Gottesdienste im Altenheim

Dem Gottesdienst kommt in diesem Rahmen ein besonderer Platz zu. Einerseits gehört er zu den regelmäßigen Veranstaltungen des Hauses, zu denen »man« geht. Andererseits bietet er durch Form und Inhalt die Möglichkeit zur Identifikation, zur Teilhabe an einer Feier.
Hier ist zu erwähnen, daß der Gottesdienst beider großer Konfessionen nicht nur in Häusern kirchlicher Trägerschaft zu den regelmäßigen Veranstaltungen gehört, sondern ziemlich selbstverständlich auch in den Häusern anderer Träger. Erfahrungsgemäß finden sich große Unterschiede in der Unterstützung des gottesdienstlichen Angebots je nach Heimträger oder Einstellung des Personals. Während es in manchen Häusern gar kein Problem ist, alle BewohnerInnen über die Hausanlage zum Gottesdienst einzuladen oder die Glocken vom Kassettenrecorder als Einladung »erschallen« zu lassen, gibt es in anderen Häusern Schwierigkeiten. Gut ist es allemal, eine »Erinnerungsbrücke« zu bauen, die es den oft vergeßlichen alten Menschen ermöglicht, sich die Einladung am betreffenden Tag wieder zu vergegenwärtigen. Wo es nicht über den Hausruf geht, kann man vielleicht große Plakate malen, die dann immer wieder am Gottesdiensttag Verwendung finden. Bewährt hat es sich auch, wenn ein Kreis ehrenamtlicher MitarbeiterInnen über die Flure und Zimmer – an die Hecken und Zäune – geht und die BewohnerInnen persönlich einlädt.
Der Gottesdienst hat für viele alte Menschen ihr Leben lang die Woche strukturiert, hat in seiner Form und Funktion unterschiedlichsten Lebenssituationen standgehalten, sie durch ihr Leben begleitet.
Der Rahmen ist vertraut:
- bekannte liturgische Melodien.
- Gesangbuchlieder, die von Kindheit an durch das Leben mitgingen.
- Bibeltexte, die (bei den evangelischen BewohnerInnen) im Luthertext im Hinterkopf sind und auf Abruf warten.
- Orgelmusik, die die Assoziation »Gottesdienst« mit sich bringt.
- Glockengeläut – meist per Tonband, das eine doppelte Funktion erfüllt: zum einen eine feierliche Einstimmung auf den Gottesdienst und zum anderen eine nonverbale Erinnerung: jetzt wird es Zeit, sich auf den Weg zu machen.

Es ist rührend zu sehen, wie die vertrauten Lieder mitgesungen werden. Es spielt oft keine Rolle, ob die alten Augen den Text noch lesen können – er kommt beim Singen wieder in den Kopf. Selbst desorientierte Menschen können mitsingen – und oft auch BewohnerInnen, die nach Schlaganfällen nicht mehr sprechen können. Ähnlich geht es beim Sprechen bekannter Bibelstellen (bes. von Psalmen) oder Gebete – sie werden einfach mitgemurmelt, oder wenigstens einzelne Wörter werden mitgesprochen.

Gottesdienste im Altenheim sind besondere Gottesdienste

GemeindepfarrerInnen, die neben ihrer »normalen« Gemeindearbeit noch ein oder zwei Altenheime gottesdienstlich betreuen, sind sicher oft versucht, eine alte Gemeindepredigt ins Altenheim mitzunehmen (»Die haben sie ja letzten Sonntag nicht gehört!«). Das mag im Einzelfall eine Lösung sein – im allgemeinen aber gelten für Altenheimgottesdienste besondere Spielregeln, die eben z.b. auch andere Predigten als ein normaler Gemeindegottesdienst verlangen, denn: die Gestaltung der Gottesdienste und ihre Einbettung in den Alltag eines Alten- und Pflegeheims sollte sich an dem ganzheitlichen Grundkonzept heutiger Altenpflege orientieren. So ist, von den Bedürfnissen der BewohnerInnen ausgehend, die Frage zu stellen: was gehört für die alten Menschen eigentlich zu einem »normalen« Gottesdienst dazu? Was ist den alten Menschen am Gottesdienst lieb und wert?

Diese Frage kann im Heim mit den konkreten Menschen erörtert werden. Die Antworten sind oft verblüffend. In manchen Häusern war das Glockengeläut über die Anlage eine direkte Folge solcher Gespräche. Auch die Gestaltung und Auswahl von Liedheften, die Uhrzeit der Gottesdienste – selbst der Rhythmus der Abendmahlsgottesdienste kann so den Wünschen der BewohnerInnen entsprechend gestaltet werden.

Die Gemeindeglieder, die sonntags in den Gemeindegottesdienst gehen, können immerhin noch wählen, ob sie eventuell zu einer Nachbargemeinde in den Gottesdienst gehen. Diese Möglichkeit haben die BewohnerInnen von Altenheimen nicht (mehr). Darum wird es gut sein, ihre Bedürfnisse konkret abzufragen und nach Möglichkeit zu beachten.

Im Folgenden werden einige Punkte benannt, die für Gottesdienste im Altenheim wichtig sind:

Gottesdienste im Altenheim sind in der Regel ökumenisch – das eröffnet neue Möglichkeiten, aber auch Probleme des Miteinanders. So z. B. beim Abendmahl, wenn Menschen, die sonst miteinander den Tag verbringen, gemeinsam essen, fernsehen, schlafen und lachen, erfahren dürfen: wir können auch miteinander das Abendmahl feiern – oder aber wenn sie gerade hier die Grenze des Miteinanders erfahren müssen. Daher wird es wichtig sein, liturgische Formeln zu wählen, in denen sich Angehörige beider Konfessionen zu Hause fühlen können.

Altenheimgottesdienste finden meist an einem Wochentag statt. Das bedeutet einen Bruch mit der Gottesdiensttradition früherer Jahre. Dennoch würde ich diesen Brauch beibehalten, da so die BewohnerInnen auch die Möglichkeit haben, in den Gemeindegottesdienst zu gehen, bzw. dazu abgeholt zu werden. Dies ist eine Tradition in vielen Altenheimen, die nicht geschwächt werden sollte, da sie der Verbindung Gemeinde – Altenheim dient und den alten Menschen außerdem eine Möglichkeit bietet, aus dem Haus herauszukommen, etwas anderes zu sehen, anderen Menschen zu begegnen.

Altenheimgottesdienste sind besucht von Menschen, die mit klarem Verstand der Predigt folgen können, und von anderen, die verwirrt und desorientiert sind. Predigt und Liturgie sollen beidem Rechnung tragen. Das bedeutet nicht, daß der demente Mensch jedes Wort des Gottesdienstes oder den Aufbau der Predigt immer mitvollziehen können muß. Das wäre eine Überforderung der verwirrten Menschen und zugleich eine Unterforderung der übrigen GottesdienstbesucherInnen. Es sollten aber in jedem Gottesdienst Melodien und Texte mit Wiedererkennungswert vorkommen, die denen, die es besonders brauchen, Orientierung bieten.

Die BesucherInnen des Gottesdienstes kennen sich gut – erleben ihren Alltag hautnah miteinander, sozusagen aus nächster Nähe; daher sind auch zwischenmenschliche Probleme hautnah – und auch im Gottesdienst zu spüren. Sie müssen Platz finden im Gottesdienst und dürfen nicht einfach verleugnet werden. So kann es wichtig sein, darauf zu achten, wer nebeneinander sitzen möchte – und wer besser nicht nebeneinander sitzen sollte. Sitzt z. B. eine eher aggressive Person neben einer desorientierten, die sie vielleicht mehrfach anspricht, kann das zu Problemen führen. Sitzt dagegen ein Mensch, der Geborgenheit sucht, neben einer vertrauten Freundin, hilft die Sitzordnung bereits, den Gottesdienst angenehm zu erleben. BewohnerInnen, die Hilfe brauchen beim Aufschlagen der Lieder, zu hilfsbereiten BewohnerInnen zu setzen, ermöglicht für viele die volle Teilhabe am Gottesdienst. Streitsituationen z. B. im Fürbittgebet zu benennen – so allgemein, daß niemand bloßgestellt wird – löst die Streitenden aus ihrer Einsamkeit. Die Situation neu eingezogener BewohnerInnen ab und zu zu thematisieren, zu erinnern an die eigene Einzugssituation, an die Angst vor dem Neuen, hält das Verständnis wach. Dank für gelungene Begegnungen macht fröhlich und weckt Hoffnung für die Zukunft.

Altenheimgottesdienste werden häufig unterbrochen: jemand muß zur Toilette, der Zahnarzt kommt, jemand bekommt Besuch, der dann auch noch in den Gottesdienst kommt, jemand steht auf und redet los, schnarcht – oder lacht scheinbar unmotiviert. Das muß einkalkuliert werden: Gottesdienst und Predigt müssen feierlich und freundlich bleiben. Wenngleich natürlich nichts dagegen spricht, solche Störungen klein zu halten. Das meint: Pflegekräfte können vor dem Gottesdienst an den Gang zur Toilette erinnern, neben unruhige BewohnerInnen setzt sich jemand, der beruhigend wirkt, oft eine vertraute Pflegeperson. Es mag auch richtig sein, die Unruhe zu benennen und um Verständnis zu werben. Wo es aber Regelungen gibt, verwirrte Menschen aus dem Gottesdienst auszuschließen, um Störungen zu verhindern, zeigt das nichts anderes als daß der Gottesdienst falsch geplant ist. Jedenfalls wird es im allgemeinen gut sein, wenn in Gottesdiensten im Alten- und Pflegeheim mindestens eine Person (außer dem/r PfarrerIn) dabei ist, die die BewohnerInnen kennt und ihnen im Bedarfsfall nachgeht und hilft – wenn z. B. verwirrte Menschen einfach den Raum verlassen.

Altenheimgottesdienste geben den Menschen in erster Linie Trost und Vergewisserung – es geht den meisten BesucherInnen weniger um eine intellektuelle Auseinandersetzung mit Themen des Glaubens, es geht nicht um theoretische Wahrheiten, sondern um konkrete Glaubensfragen: was trägt mich, wenn ich schwach werde, was hält mich im Leben und im Sterben. Dabei sind oft Erinnerungen an eigene durchlebte Nöte Hilfe: »bis hierher hat mich Gott gebracht«. Aber auch Erinnerungen an Menschen der Bibel, die diese Zuwendung Gottes trostreich erfahren haben.

Neben dem Trost gibt es viele Fragen im Hinblick auf Vergebung, Versöhnung. Manche leben mit ihrer Familie zerstritten, haben den Kontakt verloren, fühlen sich abgeschoben; andere leiden jetzt im Alter an dem, was sie in der Zeit des Nationalsozialismus getan haben – wieder andere versuchen sich mit ihrem Leben auszusöhnen oder anderen zu vergeben, was die ihnen angetan haben. Dabei haben sie oft das Gefühl, daß sie das jetzt bald in Ordnung bringen müssen, weil die Zeit drängt.

Aber auch die Dankbarkeit für das ganze Leben mit seinen positiven und negativen Seiten braucht ihren Platz in den Gottesdiensten. Sie ist oft als Rückschau Gesprächsthema.

Meine Erfahrung: es geht oft darum, ganz persönlich vom eigenen Glauben zu sprechen – und von den Glaubenserfahrungen der biblischen Gestalten, von Verzweiflung und Trost, Vergebung und Dankbarkeit. Dementsprechend ist zu erzählen von David, der krumme Wege ging und doch immer wieder zu Gott fand – Mose, der zwar das gelobte Land nicht betreten durfte, aber dennoch ein Freund Gottes war – Elia, der in der Wüste lag und nicht mehr weiter wollte, dem das ganze Leben nur noch eine Last war. Er hätte vielleicht den Satz sagen können, den ich so oft höre: »Wenn der Herrgott mich doch holen würde!«, bzw. »Die hat's gut!« , wenn eine Mitbewohnerin verstorben ist. Zu reden ist von Jesus, dem Menschenfreund, der nicht alles Leid von der Welt

nahm, der aber versprochen hat: ich bin bei euch alle Tage – Petrus, der manchmal so kleinmütig war und dennoch Jesu enger Vertrauter blieb, Maria und Martha, die ungleichen Schwestern etc..
Es wird wichtig sein, Texte und Symbole zu finden, die Schwachheit, Zweifel und Auflehnung zulassen und die doch zugleich Hoffnung stärken.
Der Gottesdienst im Altenheim ist keine pädagogische Veranstaltung, sondern eine Feier. Das Ziel darf nicht bestimmt sein von Gedanken wie: die Bewohner sollen heute lernen, daß ... , sondern davon, eine gute Stunde zu erleben, voller Hoffnung, Gemeinschaft und Trost, orientiert am Wort Gottes. Gut ist es, wenn es gelingt, von dieser Hoffnung etwas mitzunehmen in den Alltag.
Gottesdienste im Altenheim werden in vielen Häusern über Mikrofon in die Zimmer übertragen. Daher ist es wichtig, die Predigt so zu gestalten, daß Teilhabe auch ohne Sichtkontakt möglich ist. Die HörerInnen wollen gesondert begrüßt und beachtet werden. Das ist besonders wichtig, wenn über ein Bild gepredigt wird – es muß dann sehr genau beschrieben werden. Aber das sollte auch für die BesucherInnen getan werden, die in der Kapelle sitzen und schlecht sehen können oder blind sind.
Predigten müssen in einfacher Sprache gehalten sein, in kurzen Sätzen, und sie dürfen nicht zu lang dauern. Wenn im Altenheim ein großer Teil der Besucher einschläft, kann das durchaus daran liegen, daß die Predigt einfach zu lang war, am Leben der Menschen vorbei ging oder ihre Sprache zu komplex war. Aber ich kenne auch nirgendwo so »sprechende« Gesichter wie im Altenheim. Mit der Zeit spürt man selbst, ob man bei den Menschen ist – oder irgendwo anders. Man sieht es den Augen an, ob die Menschen dabei sind oder ob sie abgeschaltet haben. Oft ändere ich dann spontan die Predigt ab, so daß mir die Gesichter wieder signalisieren: wir sind dabei. Andererseits reagiere ich auch auf eine bestimmte Mimik und spreche eine Bewohnerin direkt an: sie lächeln so, Frau ... kennen sie das auch? Dabei fühlen sich die BesucherInnen nicht »ertappt«, sondern verstanden und wahrgenommen. Manchmal antworten sie dann wie in einem Gespräch. Bei den Vorgesprächen zu diesem Buch haben einige PfarrerInnen sich entsprechend geäußert: »Es ist schwer, Predigten im Altenheim aufzuschreiben. Ich mache mir natürlich immer Gedanken und habe einen roten Faden – aber dann sehe ich in die Gesichter und rede oft ganz frei.«
Gottesdienst soll auch auf das Langzeitgedächtnis ausgerichet sein: die alten Menschen können viele biblische Texte auswendig. Kommen die im Gottesdienst vor- und dafür sorge ich regelmäßig – lade ich alle ein, einfach mitzusprechen. Das tun sehr viele. So erleben auch BewohnerInnen, die sonst nicht mehr viel sagen, erfreut, daß sie mitsprechen können und dadurch Teil der Gemeinschaft sind.

Aus dem Gesagten geht hervor, daß die Perikopenordnung für die Gottesdienste im Altenheim oft nicht geeignet ist.
Symbole, die Zeiträume übergreifen, helfen, Texte zu verstehen. Solche Symbole kann man auch im Gottesdienst (in natura oder als Bild) austeilen, damit die BewohnerInnen sie mitnehmen können. Zu nennen sind hier Symbole wie Schlüssel, Hand, Uhr etc.
Gottesdienst im Altenheim ist in besonderer Weise »Beziehungssache«. GottesdienstbesucherInnen wollen wahrgenommen werden. Daher halte ich die persönliche Begrüßung jeder und jedes Anwesenden für unerläßlich, wenn möglich mit Namen. Weil ich ein schlechtes Namensgedächtnis habe, muß ich manchmal lange üben, bis ich einen Namen behalte. Das wird aber gern in Kauf genommen, weil die BewohnerInnen spüren: ich gebe mir Mühe mit ihnen. Zum Gottesdienst gehört auch eine persönliche Verabschiedung.
Auch im Altenheim gehören Abkündigungen in den Gottesdienst – und damit auch die Bekanntgabe, wer seit dem letzten Gottesdienst verstorben ist, und die Fürbitte. Der Tod muß nicht verschwiegen werden. Mich hat sehr beeindruckt, wie selbstverständlich der Tod ein Lebensgefährte der Menschen im Altenheim ist.
Gottesdienste können gut abgestimmt werden auf das Leben im Haus. Viele alte Menschen erleben hier nach langer Zeit erstmals wieder eine besinnliche Advents- und Weihnachtszeit, oft mit wehmütigen Gedanken. Nikolaustag, aber auch Karneval, Ostern, Pfingsten, Erntedankfest werden gefeiert, dazu kommen Sommerfeste, Jahresfeste etc. All das kann in die Gottesdienste einbezogen werden. Dann sind die Gottesdienste ein Stück Leben im Haus.
Im Gottesdienst besteht bei uns die Absprache, daß es möglich ist, sich ein Lied zu wünschen. Nicht sehr oft, aber manchmal meldet jemand Bedarf an. Dann wird dieses Lied eingebaut oder am Ende des Gottesdienstes gesungen. Das Lied: »Laßt mich gehen, laßt mich gehen« z. B. ist eine Erinnerung, die die BewohnerInnen so benannt haben: »Das hat schon meine Mutter gern gesungen ... das war immer feierlich bei den Beerdigungen!« Unser Organist hilft, auch bei seltenen Liedern, die Noten zu besorgen – und wir singen die Lieder dann im nächsten Gottesdienst.
Wir behalten den Buß- und Bettag als »Feiertag« bei – auch wenn er, vom Wochentag her gesehen, nicht eigentlich ein Gottesdiensttag ist, denn er war früher für viele der alten Menschen einer der zwei Tage im Jahr, an denen sie zum Abendmahl gingen: Karfreitag und Buß- und Bettag. Dem tragen wir Rechnung. An diesem Tag ist die Kapelle auch immer sehr gut besucht mit einer bewußt festlich gekleideten Gemeinde.
Wo ein Kindergarten oder eine Grundschule in der Nähe ist, läßt es sich oft arrangieren, daß eine Gruppe Kinder einen Gottesdienst mitgestaltet. Das ist für

die alten Menschen jedes Mal eine große Freude. Die spontane Nähe zwischen den alten Menschen und den Kindern ist manchmal verblüffend. Mitbringsel der Kinder werden erfahrungsgemäß in Ehren gehalten. Der Gottesdienst trägt so zur Integration des Altenheimes in den Stadtteil bei.

Bei besonderen Gottesdiensten in den Gemeinden läßt es sich manchmal arrangieren, daß sie in den Altenheimen wiederholt werden (Weltgebetstag als Beispiel) oder daß auch die BewohnerInnen des Altenheims dazu in die Gemeinde eingeladen werden.

Es hat sich in vielen Häusern bewährt, eine Art eigenes Gesangbuch in DIN A 4 Größe zusammenzustellen. Selbst die Großdruckgesangbücher sind für die alten Augen oft zu klein gedruckt. Das neue Gesangbuch liegt, so sagen einige Hausbewohnerinnen, zu schwer in der Hand. Zudem sind die Blätter sehr dünn, was das Umblättern erschwert. Eine sinnvolle Auswahl, kombiniert aus Gesangbuchliedern und solchen, die nicht (mehr) im Gesangbuch zu finden sind, aber wichtige Stationen im Leben der Menschen begleitet haben, macht den Gottesdienst lebendig. Die abgedruckte Liturgie ermöglicht es auch denjenigen, die lange nicht im Gottesdienst waren, dem Verlauf ebenso zu folgen und »mitzumachen« wie die geübten GottesdienstbesucherInnen.

Neben den »offiziellen« Gottesdiensten finden oft noch kleinere Abendmahlsfeiern statt: Entweder im Zimmer bei einzelnen, meist bettlägerigen BewohnerInnen, oder auch auf einer Etage, wenn mehrere Menschen lieber in einem kleinen Rahmen Abendmahl feiern möchten. Dem Bedürfnis nach Intimität wird damit Rechnung getragen. Bei Abendmahlsfeiern in den Zimmern ergibt es sich manchmal, daß jemand die Gelegenheit zur Beichte wahrnehmen möchte. Das kann sehr wichtig sein in bezug auf das Thema »Versöhnung mit dem eigenen Leben«. Wenn möglich, sollte dafür Zeit und Ruhe sein; sonst sollte man einen anderen Termin vereinbaren.

Auch das Sterben und der Umgang mit dem Tod sollten im gottesdienstlichen Rahmen bedacht werden. Dazu finden Sie Anregungen im Kapitel: Abschied und Aussegnungs- bzw. Trauerfeiern.

Gottesdienste im Altenheim sind Feierstunden. Sie helfen, zu einer Gemeinschaft zusammenzuwachsen, die sich getragen weiß von der Hoffnung, daß Alter und Freude, aber auch Krankheit, Leid und Tod nicht trennen, sondern miteinander erlebt und durchlebt werden können.

Gottesdienste zu existentiellen Themen

In Angst gehalten
Jesus und der sinkende Petrus auf dem See
Matthäus 14,22-33

Zur Situation

Viele GottesdienstbesucherInnen hatten im Winter 97/98 in Fernsehen und Rundfunk Sendungen über den Film Titanic gesehen oder gehört. Die Dokumentationen weckten Erinnerungen an den Untergang der Titanic selbst, aber auch an Lebenssituationen, in denen sie selber das Gefühl hatten, unterzugehen.

Ansprache

Liebe Gemeinde,

als viele von Ihnen noch Kinder waren, erschütterte die Nachricht eines Unfalls die Welt. In der Nacht vom 14. auf den 15. April 1912 kollidierte das Luxusschiff jener Tage, die Titanic, mit einem Eisberg und sank innerhalb von 2 Stunden. Mehr als 1500 Menschen fanden damals den Tod im Nordatlantik, 3800 Meter tief an dieser Stelle. Nur wenige überlebten – und auch die waren von Angst und Schrecken gezeichnet.»Das war die erste große Katastrophe, von der ich bewußt gehört habe«, sagte eine Bewohnerin unseres Hauses.

»Ich habe mich als Kind immer gegruselt bei der Vorstellung, so zu ertrinken, einfach vom Wasser verschlungen zu werden! Daran mußte ich sogar denken, wenn wir nur mit einem Ausflugsdampfer unterwegs waren!«
Vielleicht haben Sie den Untergang der Titanic auch noch so lebendig vor Augen stehen, oder der Eindruck ist vertieft worden durch einen der Filme, die über diese Katastrophe gedreht wurden. Ertrinken – eine furchtbare Vorstellung für die meisten Menschen. So auch zu erkennen in einer Geschichte, die fast zweitausend Jahre älter ist als die der Titanic.
Einmal nämlich waren die Jünger Jesu unterwegs auf dem See Genezareth. Nacht war es, dunkel. Wind und Wellen machten ihnen zu schaffen. Das Schiff geriet in Seenot. Hören wir die Geschichte, wie sie von Matthäus im 14. Kapitel seines Evangeliums erzählt wird:

Lesung: Mt 14,22–33

Hohe Wellen, rauher Wind und dunkle Nacht. Mitten auf dem See in einem Boot, das zu kentern droht. Welche Angst mußten die Jünger wohl aushalten. Keine Hilfe in Sicht und auch kein Land. Furcht und Schrecken ergriff sie, mußte sie schütteln. Das war Gefahr für Leib und Leben.
Daß uns der Wind rauh ins Gesicht bläst, unser Lebensschiff ins Wanken gerät, daß wir fürchten unterzugehen, überrollt zu werden von den Ereignissen, das kennen wir – wie die Jünger Jesu es damals auf dem See mit ihrem Boot erleben mußten.
»Mir wird alles zuviel!«, »Ich glaube manchmal, ich kann es nicht mehr aushalten!« »Meine Kraft reicht nicht mehr aus!« » Ich habe das Gefühl, alles schlägt über mir zusammen!« »Manchmal denke ich, ich gehe hier unter!« »Am liebsten möchte ich einfach aufgeben und alles über mich ergehen lassen!« Worte, Bilder, die auch Sie hier im Haus oft gebrauchen, wenn Sie über ihre momentane Situation sprechen. Bilder, die genau zum Tod durch Ertrinken passen: untergehen, einfach versinken, keine Kraft mehr, um für das Überleben zu kämpfen; einer Übermacht ausgeliefert zu sein.
Ganz verschiedene Anlässe können es sein, die uns dazu bringen, so ängstlich und mutlos zu werden. Der Wind, der uns rauh ins Gesicht bläst, das Leben mit seinen Problemen kostet Kraft, oft mehr Kraft, als wir haben. Das spüren wir, und wir sind es leid, immer wieder zu kämpfen, nur um den Kopf oben zu behalten.
Mit wieviel Angst ist oft der Einzug in unser Haus verbunden gewesen?! Werde ich mich wohl fühlen? Finde ich freundliche Menschen, die mir ein wenig die alte Nachbarschaft ersetzen, die ich nun aufgeben muß? Finde ich mich zurecht in der neuen Umgebung? Oder werde ich unglücklich und einsam

sein? Sind die Schwestern freundlich und warmherzig, gewinnen sie mich lieb? Wird es mir irgendwann leichter, für so viele Dinge, die ich früher nebenbei erledigen konnte, um Hilfe zu bitten? – Wellen der Angst sind es, können es gewesen sein, die sie beim Einzug begleitet haben. Oft sind sie fast nicht zu beherrschen. Die Angst regiert in uns. Nur sehr schwer ist es uns möglich, einen anderen Gedanken zu fassen, etwas anderes in den Blick zu nehmen. Wir sind angewiesen auf Menschen, die uns entgegenkommen, uns an die Hand nehmen und begleiten. Da hilft schon ein freundliches Wort, ein Besuch, ein ganz vertrautes Möbelstück, ein Mensch, der sich für unser Wohlergehen interessiert. Ohne diese Zeichen wird es sehr schwer, sich aus der Angst freizuschwimmen.

Wieviel Sorge begleitet uns im Alltag: wird sich mein Gesundheitszustand bessern? Oder wird er sich wenigstens stabilisieren? Bleiben mir meine Freunde treu, meine Familie? Oft sind es auch Sorgen um andere Menschen, die uns hinunterziehen: der kranke Schwiegersohn; der arbeitslose Enkel, die überlastete Tochter ... Sie hier im Haus wissen gegenseitig um ihre Sorgen. Wellen der Sorge drohen uns zu überschwemmen. Es fällt schwer, etwas anderes zu denken, zu fühlen. Immer wieder will uns die Sorge packen und niederdrükken. Manchmal raubt sie uns den Schlaf. Wir können sie allein nicht beherrschen. Wir sind angewiesen auf Menschen, die unsere Nöte anhören, die uns trösten, unsere Hand halten und Mut machen. Wir brauchen Menschen, die bei uns sind.

Wieviel Traurigkeit drückt uns in unserem Leben. Oft kennen wir ihre Ursachen. Manchmal können wir sie nicht erklären. Wir sind der Trauer ausgeliefert und verstehen uns selbst nicht. Es scheint nichts anderes für uns zu geben. Wir können die Traurigkeit nicht beherrschen, sie beherrscht uns. Allein können wir uns nicht befreien. Wir sind angewiesen auf Menschen, die gut zu uns sind, uns aufzurichten versuchen. Wir brauchen jemanden, der uns in den Arm nimmt, uns die Hand reicht und bei uns bleibt.

Es gibt noch viel mehr, was uns im Leben herunterziehen will. Der rauhe Wind, die Wellen, die uns zu überrollen drohen, sind ja auch nicht erst ein Problem alter Menschen. Immer wieder im Leben haben Sie es erlebt, erlebe ich es, daß es schwerer scheint, den Kopf oben zu behalten als sich unterkriegen zu lassen.

Die Jünger Jesu gerieten auf dem See Genezareth in Gefahr, unterzugehen. Sie, die immer um Jesus waren, sind heute allein losgefahren. »Warum ist er nicht bei uns?« Vielleicht fragt einer so. Warum kommt er nicht, uns zu helfen? Und dann begegnet er ihnen, in ihrer Not. In ihre Angst und Verlassenheit kommt er. Er geht auf den Wellen, die sie ängstigen. Und sie halten ihn für ein Gespenst. Es kann doch nicht sein, daß die großen Wellen ihn nicht bedro-

hen! Es kann doch nicht sein, daß er so ohne Ankündigung erscheint und bei ihnen ist. Petrus will es auch sofort wissen. Auf irgendeinen Spuk will er sich nicht einlassen. »Herr, bist du es, so befiehl mir, zu dir zu kommen auf dem Wasser.« Jesus läßt sich darauf ein, läßt sich auf die Probe stellen. Er ruft Petrus zu sich. Den Blick fest auf Jesus gerichtet, so stelle ich mir vor, verließ Petrus das Boot. Hier war Sicherheit zu finden. So wie wir, wenn wir beten, manchmal ganz aufgerichtet das Amen sagen in dem Gefühl: Gott selbst steht mir bei. Was kann mir nun noch geschehen?!
Aber wir fangen dann oft an zu überlegen: werde ich es wirklich schaffen. Und so auch Petrus: Ist es wirklich Gott, der mir Beistand leistet, oder ist das alles eine fromme Einbildung? So mag er sich gefragt haben. Und mit diesen Gedanken löste sich sein Blick von Jesus, der auf ihn zukommt. Er sieht wieder die Wellen, spürt den Wind und der Mut verläßt ihn. Sein Vertrauen wird kleiner, die Angst übermächtig und er droht unterzugehen. Er schreit: »Herr, hilf mir!« Und Jesus, so erzählt es Matthäus, streckt sogleich die Hand aus. Er läßt ihn nicht zappeln, kostet seine Angst nicht aus und genießt nicht seine Macht. Sobald Petrus ihn ruft, ist er da und rettet ihn vor dem drohenden Untergang. Petrus muß nur noch zupacken. An seiner Hand geht Petrus weiter, mitten in Wellen und Wind. Zurück zum Boot geht es, wo sich die anderen noch ängstigen. Und dann endlich legt sich der Wind. Die Gefahr ist vorüber. Ein Wunder ist geschehen. Die Wellen, die die Jünger zu ertränken drohten, sind verschwunden. Ruhe kehrt nun ein.
Ein Wunder geschieht , glaube ich, auch dann, wenn wir die Erfahrung machen dürfen: Gott hört mein Gebet. Gott nimmt sich meiner Angst an. Gott kommt und wartet, daß ich ihn um Hilfe rufe. Gott will helfen und kann helfen. Ich bin nicht allein mit meiner Not, das kann der Anfang der Veränderung sein: Jesus ist viel näher, als ich mir vorgestellt habe. Er läßt sich nicht unterkriegen von den Ängsten, die mich verschlingen wollen. Ich kann ihn rufen, und er hilft mir. Ich aber muß meinen Blick wenden. Nicht mehr auf alles das starren, was mich quält, sondern auf den sehen, der mir Hilfe bringen kann. Das ist nicht immer mit unserem eigenen Willen leistbar. Einer, der dabei hilft, ist aber Gott selbst, indem er sich ins Spiel der Wellen bringt und sich sehen läßt. Und ganz wichtig sind hier die Menschen um uns herum, die sich von Gott senden lassen und uns helfen, den Blick wieder auf Gott zu richten. Die uns trösten, bei uns sind, unsere Not aushalten; die mit uns und für uns beten, die uns Mut machen, unser Lebensschiff Gott anzuvertrauen. Dabei wissen wir: es geht nicht ohne Stürme ab, es geht nicht ohne Angst durch unser Leben, nur weil wir glauben. Wir dürfen auch wissen: es gibt jemanden, der streckt uns seine Hand entgegen und bewahrt uns sicher vor dem Untergang. Amen.

Liturgische Gestaltung

Lieder
Weiß ich den Weg auch nicht, EG 650
Such, wer da will, ein ander Ziel, EG 346
Komm, o komm, du Geist des Lebens, EG 134,1.3.5.7
Aus tiefer Not schrei ich zu dir, EG 299
Laß mich dein sein und bleiben, EG 157

Psalmen
Psalm 108,1–7
Psalm 86,1–7.11
Psalm 73,23–28

Lesungen
Jes 51,9–16
Ex 14,10–31 (mit kurzer Einführung in die Vorgeschichte)

Kollektengebet
Immer wieder packt uns die Angst,
immer wieder ist sie stärker als unser Glaube.
Immer wieder hören wir: du bist größer als unsere Angst,
stärker als der Zweifel, der an uns nagt.
Laß uns die Botschaft hören:
du hast die Kraft, die Angst zu besiegen,
uns zu retten aus allem, was uns bedrohen will.
Immer wieder reichst du uns deine rettende Hand.
Laß uns das glauben, guter Gott. Amen.

Klage
Es ist so schwer, Gott, der Angst zu widerstehen. Sie zieht uns herunter und lähmt uns.
Es ist so schwer, Gott, der Traurigkeit zu entfliehen. Sie zieht uns herunter und lähmt uns.
Es ist so schwer, Gott, der Sorge standzuhalten. Sie zieht uns herunter und lähmt uns.
Aus eigener Kraft können wir uns nicht befreien.
Darum bitten wir dich: Komm zu uns und hilf uns.
Kyrie eleison.

Gnadenzusage
Gott verspricht seine Hilfe, heute wie in früheren Zeiten. Zu uns spricht Gott: Siehe, ich habe dir geboten, daß du getrost und unverzagt seist. Laß dir nicht grauen und entsetze dich nicht; denn dein Gott ist mit dir in allem, was du tun wirst. (Jos 1,9)

Fürbitte
Du hast es selbst gesagt, Jesus:
In der Welt habt ihr Angst,
aber seid getrost, ich habe die Welt überwunden.
Darauf vertrauen wir:
nicht, daß unsere Angst verschwindet,
aber darauf, daß deine Hand uns hält in aller Not.
Das ist dein Versprechen für uns und deine Welt.
Darum bitten wir dich für alle Menschen, die in ihrer Angst unterzugehen drohen:
sieh ihre Not und reich ihnen deine Hand.
Menschen ängstigen sich vor Krieg und Gewalt, vor Hunger und Not,
vor Krankheit und Tod,
vor Erbarmungslosigkeit und Lieblosigkeit.
Du kannst helfen.
Durch dein Wort und durch Menschen,
die sich von dir bewegen lassen, anderen beizustehen.
Laß uns selbst zu deinen Mitarbeiterinnen und Mitarbeitern werden,
laß uns da sein, wo wir gebraucht werden.
Gib denen, die die Macht in unserer Welt verwalten,
den Geist deiner Menschenliebe, daß sie ihre Kraft einsetzen zum Wohl aller.
Wir bitten dich für uns und alle Menschen:
nimm der Angst die Macht,
nimm uns an die Hand
und rette uns aus der Not, die uns getroffen hat.

Segen
Geht nun in die Tage, die kommen. Vertraut darauf: Gott wird mit euch gehen und euch bewahren vor dem Untergang. Gott hat euch bis hierher geleitet und wird das auch in aller Zukunft tun. Gottes Segen begleite euch auf allen Wegen. Gottes Kraft stärke euch.
Gott segne euch und behüte euch. Gott lasse leuchten sein Angesicht über euch und sei euch gnädig. Gott erhebe sein Angesicht auf euch und gebe euch Frieden. Amen.

Susanne Schildknecht

Ich rede zu meiner Seele

Dankbarkeit

Psalm 103,1–5.8

Zur Situation

Alte Menschen führen oft Selbstgespräche. Häufig mit Elementen der Klage oder des Ärgers. Das kann helfen, Situationen allein zu meistern. Da diese Gespräche nicht nur negative Aspekte des Lebens beleuchten können, will die Predigt anregen, die Angewohnheit des Selbstgesprächs positiv zu sehen und zu nutzen.

Ansprache

»Na, dann wissen Sie ja jetzt wenigstens genau, was Sie zu tun haben!« tönte es leicht belustigt hinter mir.
»Erwischt«, dachte ich und lächelte etwas verlegen.
Ich war allein spazierengegangen, weil ich mir über ein Problem klar werden wollte. Lange hatte ich in meinem Kopf die Fragen hin- und hergedreht und mir ausgedacht, was die anderen auf meine Vorschläge antworten würden. Und nun, der Lösung nahe, hatte ich laut zu mir selbst gesagt: Du wirst da hingehen müssen und die Sache offen ansprechen. Basta!«
»Na, dann wissen Sie ja jetzt wenigstens genau, was Sie zu tun haben!«, wurde ich von einer anderen Spaziergängerin beim Wort genommen.
Liebe Schwestern und Brüder, hier in Haus ... , ich tue das öfter: wenn ich etwas verarbeiten muß, ziehe ich ganz allein los, laufe mir meine Wut ab, stelle mir genau vor, was ich denn sonst noch hätte sagen können, oder bemitleide mich, wenn jemand gemein war. Manchmal schimpfe ich dann richtig mit den anderen.
Und das alles in mir selbst – leise normalerweise – und eben manchmal auch laut, im Selbstgespräch.
Diese inneren Gespräche nehmen öfter eine erstaunliche Wendung: wenn ich ordentlich Dampf abgelassen habe, sehe ich klarer, bin nicht mehr wie blind vor Wut, sondern kann weiter blicken. Wenn ich mich genügend bemitleidet

habe, kann ich den Kopf wieder heben und die Menschen anders anschauen. Manchmal entwickle ich dann gute Ideen zur Veränderung, manchmal spreche ich mir Mut zu – manchmal erkenne ich, daß ich etwas einfach aushalten muß – und manchmal erteile ich mir selbst einen Auftrag wie eben den: »Da wirst du hingehen müssen und die Sache offen ansprechen. Basta!«
Solche Selbstgespräche höre ich auch hier in unserem Haus. Sei es, weil gerade niemand Ruhe hat zuzuhören; sei es, weil Sie sich über etwas klar werden wollen und die Gedanken laut arbeiten, um ein anstehendes Problem zu bewältigen. Und da steht dann sicher auch manchmal ein Auftrag am Ende der Gedanken, den Sie sich selbst erteilen – so habe ich es jedenfalls in Gesprächen mit einigen von Ihnen erfahren.
Solche Selbstgespräche kennt auch die Bibel – eines davon ist der 103. Psalm, den viele von Ihnen kennen, dem Wortlaut nach. Aber hören wir ihn jetzt einmal als ein solches Selbstgespräch, wie wir es auch führen – wenngleich ich zugeben muß, daß ich mein Inneres nicht mit »meine Seele« anrede. Hören wir die Worte also als Auftrag eines Menschen an sich selbst:
»Lobe den Herrn, meine Seele, und was in mir ist, seinen heiligen Namen! Lobe den Herrn, meine Seele, und vergiß nicht, was er dir Gutes getan hat:
der dir alle deine Sünden vergibt und heilet alle deine Gebrechen, der dein Leben vom Verderben erlöst, der dich krönet mit Gnade und Barmherzigkeit, der deinen Mund fröhlich macht, und du wieder jung wirst wie ein Adler.
Barmherzig und gnädig ist der Herr, geduldig und von großer Güte.« (Ps 103, 1–5.8)
Ein Auftrag, liebe Gemeinde, den sich die, die den Psalm betet, selbst gegeben hat. Die Psalmen wurden ja von Männern und von Frauen gesprochen. Dieser könnte gut von einer Frau gesprochen worden sein: Ich vermute, sie tat das in einer Zeit, als ihr das Loben nicht selbstverständlich über die Lippen ging. Sonst müßte sie sich nicht selbst dazu in die Pflicht nehmen. Ich stelle mir vor, sie hat diese Worte gesagt, als sie wieder einmal ganz unten war, nicht wußte: wie geht mein Leben weiter? Werde ich noch einmal glücklich und sorglos sein? Wird Gott sein Versprechen einlösen, daß er mich bewahren will? Oder habe ich Gottes Treue verspielt mit meinen vielen Abwegen, mit meiner Schuld? Wenn es so war, dann stellt sie sich diese Fragen traurig und bedrückt. Dann ist sie unsicher, wieweit ihr Glaube trägt und weiß nicht, ob Gott sie liebt, sie begleitet oder ob er sie verlassen hat. Dann empfindet sie ihr Leben als Last.
Vielleicht hat sie eine ganze Zeit so mit sich selbst gerungen. Aber dann hebt sie den Kopf, gibt sich selbst den Auftrag, das Leben anders zu bedenken: nicht mit dem Blick nur auf all das Schwere, das sie bedrückt, sondern mit dem Blick auf all das Gute, das ihr begegnet ist. Nicht: was fehlt mir? Was belastet mich? Sondern: was habe ich Gutes erlebt, wofür kann ich danken?

Und dabei sagt sie ihrer Seele das gute Wort: »vergiß nicht«. Wenn wir uns dieses Wort auch sagen, fallen mir viele Dinge ein, die ich uns ins Gedächtnis rufen möchte: Bewahre deine guten Erinnerungen – an die Wärme und Geborgenheit zu Hause, an die erste Liebe, an deine Freuden, an die Menschen, die bei dir waren und an die, die bei dir sind – bis heute. Manchmal führen wir ja hier im Haus Gespräche darüber, wie es »früher« war, ehe Sie alt geworden sind. Und ich sehe dann leuchtende Augen, wenn Erinnerungen ausgetauscht werden. »War das Leben schön«, heißt dann mancher Stoßseufzer. Ja, das stimmt: es war immer auch gut, sagt die Psalmbeterin: vergiß das nicht, bewahre diese Erinnerungen wie einen Schatz.

Dieser Appell gegen das Vergessen all des Guten soll nicht bedeuten, daß wir nun umgekehrt alles Schwere vergessen sollen. Es geht überhaupt nicht um Vergessen, sondern um eine Änderung der Blickrichtung. Die soll uns helfen, auch mit dem Schweren zu leben.

Heißt es weiter: »der dir alle deine Sünden vergibt und heilet alle deine Gebrechen« – dann sind wir ja hier im Altenheim gerade an dem Ort, wo Gebrechlichkeit zu Hause ist, wo sie nicht geleugnet wird – und wir müssen oft mit eigenen Augen sehen, daß Gebrechen nicht geheilt werden können. Kein Vers für uns hier, also?

Vielleicht denken Sie so. Aber ich möchte uns erinnern an so manches kleine Wunder hier unter uns: daß eine Krankheit zum Stillstand kommt, was keiner so recht geglaubt hat; daß eine unter uns, die wir schon sterbend sahen, sich wieder erholt hat und unter uns lebt; daß eine traurige Seele wieder froh wird. Das ist wie ein Wunder, wenn ein Mund wieder fröhlich wird, lachen kann, ein Gesicht wieder strahlen kann.

Gerade, wenn jemand traurig ist, wenn alles dunkel erscheint, gerade dann kann es uns helfen, uns zu erinnern: an unser Leben als Ganzes, an die dunklen Stunden, an unsere glücklichsten Momente und an helle Zeiten. Daran, wie wir Hilfe fanden und einen Ausweg.

Die Psalmbeterin wußte, wem sie in der Vergangenheit ihren Lebensweg verdankte: sie dachte nicht nur wehmütig an vergangene Freuden zurück, sie seufzte nicht nur: lang, lang ist's her, und senkte dann ergeben den Kopf. Sie machte für ihr Ergehen in der Vergangenheit Gott selbst verantwortlich – und schöpfte daraus Kraft zur Hoffnung.

Der Gott, der mir in meiner Vergangenheit immer wieder Gutes getan hat, wird mich auch jetzt nicht verlassen.

Gott hat mich bewahrt, als alle gegen mich waren, hat mir nach der Flucht zu einer neuen Heimat verholfen, mich aus Krankheit und Angst gerettet. Gott hat mir vergeben, wo ich falsch gedacht und gehandelt habe, hat mich nie wirk-

lich verlassen. Darum vertraue ich: Gott wird auch sein Versprechen halten und bei mir bleiben – heute und morgen.
Und das ist der eigentliche Grund zum Loben und zum Danken – ein ganz persönlicher Dank: vor Gott das Gute zu benennen, gegen die gedankenlose Undankbarkeit, die uns so oft prägt.
Die, die den Psalm spricht, bedenkt neben allem, was sie bedrückt, das Gute. Und so redet sie sich selbst zu: Lobe den Herrn, meine Seele. Nenn das Gute beim Namen, vergiß nicht, schau zurück und freu dich daran, wieviel Bewahrung du erfahren hast. Sag dem Dank, der dir soviel gab. Aus diesem ganz persönlichen Dank, aus diesem alten Selbstgespräch kann Vertrauen wachsen auch in die Zukunft.
Vielleicht kann das auch unser Weg aus der Traurigkeit sein, die uns manchmal so lähmend ergreift: immer wieder auch das Gute zu bedenken, das uns begegnet, nicht nur früher, sondern auch heute. Konkret zu fragen: was war denn schön an diesem Tag, wofür kann ich danke sagen, wofür kann ich Gott loben. Vielleicht ist es wirklich nur eine Kleinigkeit, aber ich glaube, es lohnt den Versuch: einen neuen Blick, eine neue Hoffnung zu erhalten.
Nur: ganz von selbst bricht das Lob selten aus unserem Herzen. Manchmal brauchen wir dazu ein solches Selbstgespräch mit unserer Seele, das uns ermuntert: Lobe den Herrn, meine Seele und vergiß nicht, was er dir Gutes getan hat. Amen.

Liturgische Gestaltung

Lieder
Lobe den Herren, den mächtigen König der Ehren, EG 317
Nun danket alle Gott, EG 321
Nun danket all und bringet Ehr, EG 322
Großer Gott, wir loben dich, EG 331
Danket dem Herrn!, EG 333
Danke für diesen guten Morgen, EG 334
Bis hierher hat mich Gott gebracht, EG 329

Psalmen
Psalm 34,1–9 (bei Abendmahlsgottesdienst)
Psalm 36,6–11

Lesungen
Jes 54,7–10
Mt 20,29–34

Kollektengebet

Viele Stunden hat der Tag, Gott.
Früher waren sie oft so angefüllt, daß ich kaum zum Nachdenken kam.
Heute gehen meine Gedanken spazieren.
Mein Leben steht vor mir. Lange Jahre liegen hinter mir.
Vieles war schön.
Aus deiner Hand kam das Glück. Darum will ich dir danken.
Ich weiß nicht, Gott meines Lebens, wie mein Leben weitergeht.
Laß mich aus deiner Hand nehmen, was kommt.
Laß mich vertrauen: du weißt, was für mich gut ist.
Wie bis heute, lege ich auch in Zukunft mein Leben
in deine Hände. Hilf mir dabei.
Amen.

Klage

Wir haben Zeit, Gott, manchmal viel zu viel, scheint es.
Die Gedanken wandern wie von selbst,
oft erfüllt uns Sorge: Wie soll es weitergehen, mit dieser Welt, mit uns selbst?
Ein böses Wort scheint riesengroß in seiner Wirkung – wir können uns schlecht ablenken.
Vieles vergessen wir, was gerade war.
Gut ist, daß wir unser Leben nicht vergessen, die vielen Jahre mit ihren Erlebnissen.
Auch deine Hilfe steht uns vor Augen.
Oft greift die Trauer Raum in uns,
lähmt uns die Sorge: Wie soll es weitergehen?
Wie ein dunkler Schatten liegt die Zukunft vor uns.
Allein verlieren wir den Mut, Gott,
allein können wir uns der Macht der Angst nicht entgegenstellen.
Darum bitten wir um deine Kraft, um dein Erbarmen, um deine Begleitung in unserem Leben:
morgen so wie gestern und heute.

Fürbitte

Laßt uns beten zu Gott, der unser Leben in seiner Hand hält.
Gott, dir sind wir anvertraut.
Du hast es dir zu deiner Aufgabe gemacht, für uns zu sorgen
wie eine fürsorgliche Mutter, wie ein treuer Vater.
Manchmal spüren wir das und sind geborgen.
Manchmal spüren wir es nicht und fühlen uns alleingelassen.

Mit unseren Sorgen und Nöten wollen wir keine Last für andere sein,
darum machen wir vieles mit uns selbst ab.
Gut ist es, dir zu glauben: dir fallen wir nicht zur Last,
wenn wir dich mit unseren Nöten behelligen.
Du lädst uns ein, dir unsere Sorgen und die Nöte der ganzen Welt vorzutragen.
Darum rufen wir zu dir:
Wir bitten dich, erhöre uns.

Für diese Welt beten wir, in der so viele Menschen leiden.
Leiden an Krieg und Unterdrückung.
Leiden an Krankheiten und Schmerzen.
Leiden an Angst und Einsamkeit.
Leiden an Hunger und Obdachlosigkeit.
Leiden auch an der Lieblosigkeit ihrer Mitmenschen.
Du hast uns alle geschaffen, du sorgst dich um alle.
Laß uns an unserem Platz zu Menschen werden, die das Leiden nicht gleichgültig läßt.
Mach du uns und andere bereit, für das Wohl der Menschen einzutreten.
Darum rufen wir zu dir:
Wir bitten dich, erhöre uns.

Für unser Land bitten wir, in dem viele Menschen nicht zu ihrem Recht kommen:
dem Recht auf Arbeit, mit der sie ihr Leben gestalten können;
dem Recht auf ein Zuhause, in dem sie ihr Leben führen können;
dem Recht auf eine Gemeinschaft, in der sie ihr Leben planen können;
dem Recht auf Pflege, so daß sie ihrem Alter ohne Angst entgegensehen können;
dem Recht auf liebevolle Erziehung, so daß sie dem Leben getrost entgegengehen können;
dem Recht auf Begleitung in Notlagen, auf Freude, auf Glück, ...
Du kennst die Nöte, guter Gott.
Mach uns bereit, mit unseren Möglichkeiten einzutreten für diese Menschen,
und wecke das Gewissen derjenigen, die Verantwortung in unserem Land tragen,
sich einzusetzen für sie.
Darum rufen wir zu dir:
Wir bitten dich, erhöre uns.

Für unser Haus bitten wir, in dem viele Menschen Sorge haben:
Sorge um ihre Gesundheit, Sorge um ihre Familie,
Sorge um ihren Platz in unserer Gemeinschaft,
Sorge um die Zukunft, Sorge um den Schlaf,

Sorge um die Gestaltung des Lebens hier im Haus.
Mach du uns bereit, an unserem Platz Sorge zu tragen für das Wohl aller.
Gib denen, die hier im Haus arbeiten, weiterhin Kraft, ihre Aufgaben zu erfüllen und mit Liebe auf die Menschen zuzugehen, die ihnen begegnen.
Darum rufen wir zu dir:
Wir bitten dich, erhöre uns.

Segen
Für unser Leben gilt ein Versprechen. Jesus hat es gegeben: Ich bin bei euch alle Tage bis an der Welt Ende. Oft haben wir seine Treue erfahren, seinen Segen gespürt. Nun wollen wir Gott bitten, daß sein Segen uns begleite, heute und in den Tagen, die kommen.
Es segne und behüte uns Gott, der uns ein Leben lang begleitet hat und für uns sorgen will.
Es segne und behüte uns Christus, der unser Leben kennt und uns treu bleibt.
Es segne und behüte uns der Heilige Geist, die tröstende Liebe, die uns wieder neuen Mut macht und unser Herz erfreut. Unser Mund soll geöffnet werden zu neuem Lob und zur Dankbarkeit. So segne uns und behüte uns der allmächtige und barmherzige Gott, der Vater, der Sohn und der Heilige Geist.
Amen.

Susanne Schildknecht

Der Stein wird nicht geworfen
Schuld und Vergebung
Johannes 8,1–11

Zur Situation

Der Gottesdienst richtet sich an die regelmäßig versammelte Gottesdienstgemeinde in einem Altenheim. Es ist bedacht, daß Pflegepersonal und Gemeindeglieder anwesend sind.

Symbol/Zeichen: *Stein*

Auf dem Altar liegt ein gut sichtbarer Naturstein. Ohne das Symbol überzustrapazieren, ist bei der Begrüßung und im Schuldbekenntnis explizit darauf einzugehen (Schuld kann wie ein Stein auf mir lasten). Der Bezug des Symbols zu Ansprache und Predigttext ist so hergestellt und steht währenddessen im Hintergrund.

Ansprache

Liebe Gottesdienstgemeinde!
»Du bist an allem Schuld!«
Ich vermute, Sie kennen diesen Satz, haben diese Worte schon einmal gehört.
»Du bist an allem Schuld!«
Ein Satz, der weh tut wie ein Stich ins Herz. So, als würde einer mit einem Stein auf uns werfen.
Manchmal trifft eine solche Schuldzuweisung genau das, was wir selbst fühlen: Ja, da habe ich alles falsch gemacht, da habe ich versagt.
Ein anderes Mal hören wir die Worte und wissen einfach nicht, was wir damit anfangen sollen. Wir sind uns keiner Schuld bewußt und denken: Warum beschuldigt der uns?
Ich stelle mir vor, in diesem Moment sehen Sie Bilder vor Augen, in denen es

Ihnen so erging. Ganz alte Bilder, schon lange her, etwas verschwommen, oder ganz klare Bilder, so, als sei es erst gestern gewesen. Gesichter und Stimmen, die uns erschreckt haben, weil sie uns alle Schuld aufgeladen haben.
Ist die Stimme im Recht, haben wir uns wirklich schuldig gemacht, dann ist es um so schlimmer. Alles Reden, alle Erklärungen und Entschuldigungen helfen nichts, wenn da niemand ist, der uns verzeiht. Der Scherbenhaufen vor uns – und in uns das quälende Gefühl: Das hast du selbst angerichtet.
Wir versuchen, solche Dinge wegzuschieben, zu vergessen, zu verdrängen. Wenn es still wird, dann spüren wir, es will nicht gelingen.
Die Bilder kommen immer wieder hoch.
Was sollen wir tun? War es schlimm, dann können wir es nicht einfach wieder gutmachen. Das Schuldgefühl gräbt sich immer tiefer ein. Mit so etwas zu leben, ist schwer, kann sogar krankmachen. Was tun?
Ich möchte Ihnen die Geschichte von einer Frau vorlesen, die sich schuldig gemacht hatte und das wohl auch wußte. Von einer Frau, die auch diese erschreckenden, zornigen Gesichter und Stimmen sah und hörte. Stimmen, die ihr keine Chance ließen.
Von einer Frau, die aber dann noch eine andere Stimme hörte ...

Lesung: Joh 8,1-11

Diese Frau, ihren Namen kennen wir nicht, hat etwas getan, was sie nicht hätte tun dürfen. Nach geltendem Gesetz hat sie sich an ihrem Mann schuldig gemacht. Nun steht sie da, umgeben von denen, die sie zur Rechenschaft ziehen wollen. Alle Blicke treffen sich auf ihrem Gesicht. Was mag sie in diesem Moment gedacht und gefühlt haben.
Vielleicht wird uns ihr Name nicht verraten, damit wir uns in ihr wiederfinden können. Was wir auch getan haben mögen, unser Denken und Fühlen wird ähnlich gewesen sein wie bei der Frau in unserer Geschichte.
Und dann sitzt da noch einer. Er schreit nicht, er blickt sie auch nicht strafend an, er hält auch keinen Stein drohend in seiner Hand. Nein, er blickt zu Boden und schreibt mit dem Finger auf die Erde. Jesus verhält sich anders als die anderen.
Plötzlich erhebt er seine Stimme und spricht zu denen, die da stehen und die Frau bestrafen wollen: »Wer unter euch ohne Sünde ist, der werfe den ersten Stein auf sie.«
Jesus kennt uns Menschen, und in dem Moment, in dem er diese Worte sagt, weiß er: Wenn sie ehrlich sind, dann darf keiner einen Stein werfen, denn sie alle haben Schuld auf sich geladen.

Damals alle und auch heute alle. Es muß niemand denken: Nur ich habe so etwas getan, die anderen aber sind ohne Fehl und Tadel. Nein, jeder Mensch, der lebt, lädt Schuld auf sich, der eine so, die andere so, der eine mehr, die andere weniger, aber keiner ist ohne Schuld. Das gilt erst recht, wenn Menschen so nahe beieinander leben wie in ihrem Haus hier.
Und tatsächlich, alle, die über sie richten wollten, verschwinden.
Jesus hat ihnen einen Spiegel vorgehalten, und sie haben sich erkannt als Schuldige, die nicht das Recht haben, über andere Schuldige zu richten.
Nun ist Jesus allein mit der Frau. So wie wir mit ihm allein sind, wenn wir unsere Hände falten und zu ihm beten. Befreiende Worte sagt er der Frau. Auch wir dürfen darauf vertrauen, daß er solche befreienden Worte zu uns sagt, wenn wir ihm von dem erzählen, was wir falsch gemacht haben. Sagen wir ihm, wo wir schuldig geworden sind, dann wird er uns so wenig verdammen, wie er die Frau verdammt hat.
Der Frau sagt Jesus nicht: »Es war alles halb so schlimm.« Nein, er beschwichtigt und beschönigt nicht, was da geschehen ist. Schuld bleibt Schuld.
Aber Jesus geht anders damit um, als wir es gewohnt sind.
Er sagt: »So verdamme ich dich auch nicht; geh hin und sündige hinfort nicht mehr.«
Jesu Worte sprechen Vergebung zu. Er verzeiht, was Menschen vielleicht nicht verzeihen können. Er eröffnet der Frau Zukunft, ein Morgen ohne die Last der Schuld von Gestern und Vorgestern.
Nicht anders ist Gott zu uns. Wenn wir ihm sagen, wie wir sind, will er uns nicht richten, sondern erretten. Amen.

Liturgische Gestaltung

Lieder
Gott des Himmels und der Erden, EG 445,1.2.5
Jesu, geh voran, EG 391
Aus Gnaden soll ich selig werden (altes Gesangbuch)
Großer Gott, wir loben dich, EG 331,1.2.11

Psalmen
Psalm 130
Psalm 51,3–6a.11–14

Lesung
Lk 18,1-5 (Ohne Schulderkenntnis gibt es kein Schuldbekenntnis)

Kollektengebet

Du, unser Gott!
Wir unterbrechen den normalen Gang der Dinge und feiern Gottesdienst.
Wo zwei oder drei in deinem Namen versammelt sind, da willst du mitten unter ihnen sein.
Laß uns deine Nähe spüren, daß sie heilt, was in uns verletzt ist.
Dein Wort möge uns erreichen und uns Kraft geben, das zu tragen, was unser Leben uns zu tragen aufgibt.
Amen.

Schuldbekenntnis

Gott der Barmherzigkeit!
Wenn wir zu dir kommen, stehen wir als Menschen da,
die schuldig geworden sind in Gedanken, Worten und Taten.
Auf manchen von uns lastet das eigene Versagen wie ein schwerer Stein.
Alle Versuche, zu vergessen, schlagen fehl.
Oft stehen wir ganz allein damit.
Niemand vermag unsere Last mitzutragen.
Gott, dir können wir zeigen, wie wir sind.
In aller Stille wollen wir dir sagen, welche Schuld wie ein Stein auf uns lastet.
(Gebetsstille)
Gott, hilf uns, das zu ertragen!
Amen.

Fürbitte

Gott, du hast Macht über Leben und Tod!
Wir bitten dich für uns.
Bewahre uns vor dem Dunkel von Verweiflung und Bitterkeit.
Laß in uns die Gewißheit wachsen, daß dein Wille für uns nicht Richten, sondern Erretten ist.
Hilf uns, jeden Morgen neue Hoffnung darin zu finden,
daß all das hier auf Erden immer nur das Vorletzte ist.
Das letzte Wort hast du allein, und das wird gut sein über alle Maßen.
Wir wollen dich bitten für Menschen, die uns nahe sind.
Bewahre sie vor allem Bösen und behüte sie.
Gott, wir wollen dich bitten für Kinder und Jugendliche:
Gib ihnen Frauen und Männer an ihre Seite, die Zeit für sie haben,
und ihnen Geduld und Liebe schenken,
damit all das wachsen kann, was du in ihnen angelegt hast.
Wir bitten dich für Menschen in der Blüte des Lebens,

daß sie nicht nur nach vorne schauen auf das,
was sie noch erreichen und haben wollen,
sondern auch in eine andere Richtung, hin zu dir.
Gott, wir bitten dich für alle, die nicht wissen, wohin mit ihrer Schuld;
die unter dieser Last leiden. Laß sie deine befreienden Worte hören und annehmen.
(aktuelle Themen)
Gott, wir können es nicht vollbringen, aber wir können dir vertrauen, daß du es gelingen läßt. Amen.

Segen
Der gewohnte aaronitische Segen.

Harald Wagner

Ich kann nicht mehr
Elias Weg durch die Wüste
1. Könige 19,1-8

Zur Situation

Es wird im Altenheim nicht darüber gesprochen, weil es allen klar ist: Hier ist meine letzte Lebenssituation (wenn nicht ein Krankenhausaufenthalt hinzukommen sollte). In Gesprächen stellt sich manchmal heraus, was oft unausgesprochen bleibt. Viele alte Menschen hätten sich gewünscht, den Weg ins Heim nicht mehr antreten zu müssen. Gerade bei den sehr alten Bewohnerinnen ist oft das Gefühl anzutreffen, übriggeblieben zu sein. Die Lebensbegleiter sind nicht mehr da, entweder schon gestorben oder weit weg. Diesen Eindruck, »allein übrig geblieben zu sein« und die Lebenslust verloren zu haben, will der Gottesdienst aufnehmen. Dabei kann der Verweis auf den Propheten Elia entlasten und – vielleicht – Mut machen, den eigenen Weg als von Gott und seinen Engeln begleitet weiter zu gehen.

Symbol/Zeichen: *Brot und Wasser*

In der Geschichte fordert ein Engel Elia auf: Steh auf und iß! Und der Prophet sieht ein Brot und einen Krug Wasser. Beides symbolisiert die elementaren Lebensmittel. Wenn die Gruppe der Gottesdienstbesucherinnen und -besucher klein ist, kann auch zu Äußerungen zu Brot und Wasser eingeladen werden. Vielleicht kommen Zeiten ins Gedächtnis, in denen das alltägliche Brot ungesichert war, Zeiten, in denen sauberes Wasser mit Mühe beschafft werden mußte.
Als neutestamentliche Brücke ist die Vaterunser-Bitte »unser täglich Brot gib uns heute« und die Abendmahlsfeier möglich.

Ansprache

Liebe Gemeinde hier im Haus!

Biblische Geschichten können uns ganz erstaunlich nahe kommen. Auch über viele, viele Jahrhunderte hinweg können sie ganz unmittelbar unsere Lage erhellen.
Eine solche Geschichte will ich heute in Abschnitten lesen und jeweils überlegen, was sie – vielleicht – mit uns zu tun haben könnte. Sie handelt vom Propheten Elia. Wir treffen ihn nach einem bewegten Leben an. In einem Volk, das vom Gott Israels nichts mehr wissen wollte, war Elia Gott treu geblieben. Es war zur Entscheidung gekommen. Wie im Rausch hatte der Prophet Elia alle fremden Priester des Baal beseitigt. Königin Isebel trachtete ihm deshalb nun nach dem Leben. Die Kraft des Propheten war gebrochen. Da treffen wir ihn an, und so beginnt die Geschichte.

Verlesung von 1 Kön 19,1–5

Im Blick auf diese Geschichte wurde früher von der »Eliamüdigkeit« gesprochen. »Es ist genug«, so sagt hier der Prophet nach den vielen Mühen seines Lebens. »Ich kann nicht mehr«, so klingt es ausdrücklich oder nur still im Innern gesprochen auch oft hier im Haus. Elia hat vieles durchgemacht. Er hat gekämpft, gesiegt und verloren. Nun ist er einfach lebensmüde: »So nimm nun, Gott, mein Leben hin«.
Anfangs sagte ich, daß uralte Geschichten der Bibel uns ganz erstaunlich nahe kommen können. Ist nicht gerade diese Situation vielen hier im Haus bekannt? Vielleicht war es die Zeit des Einzugs hier ins Haus, als Sie dachten: Es ist genug! Vielleicht war das Ihr Gefühl, als wieder eine Todesanzeige den Verlust eines nahen Menschen mitteilte: So nimm nun doch endlich auch mein Leben hin!
Elia legt sich schlafen. Vielleicht ist es sein Wunsch zu »entschlafen« – wie man so sagt. Ja, das ist bekannt: der Wunsch, abends einzuschlafen und morgens nicht mehr aufzuwachen. Auch Elia hat diesen Wunsch; doch wie geht es weiter? So berichtet die Geschichte:

Lesung 1 Kön 19,6-8

So lebt also Elia weiter. Ein Engel berührt ihn. Er hört die Aufforderung: Steh auf und iß!
Das alltägliche Leben geht weiter. Auch der Engel kann alltäglich sein. Man wird morgens geweckt. Das Frühstück wird serviert. Ein freundlicher Blick, der

Mut macht, den einzelnen Tag zu bestehen. Die Engel können tatsächlich ganz alltäglich sein: eine Berührung beim Wecken, die tägliche Mahlzeit mit freundlichem Gesicht zubereitet. Auf Elia wirkt dieser Engel beruhigend. Er legt sich wieder zum Schlaf nieder. Und wieder berührt ihn der Bote Gottes. Und noch einmal wird er ermuntert: Steh auf und iß! Manchmal ist der Anstoß von außen nötig. Es ist die Erinnerung daran, nicht mutterseelenallein und gottverlassen zu sein. Es sind die Ermutigungen im Alltag, die helfen, von Tag zu Tag zu leben. Wir würden vielleicht nicht von Engeln sprechen. Es sind Erinnerungen daran, daß wir nicht allein in einer Wüste sind.

Mir hat eine Altenheimbewohnerin einmal eine Karte geschenkt. Sie begleitet mich seit dieser Zeit. Manchmal hole ich sie hervor und lese sie. Wie die Bewohnerin mir gesagt hat, ist darin ihre Lebenserfahrung wiedergegeben. Wahrscheinlich kennen Sie den Vers:

»Immer, wenn du meinst, es geht nicht mehr, kommt von irgendwo ein Lichtlein her, daß du es noch einmal zwingst und von Sonnenschein und Freude singst, leichter trägst des Alltags Last und wieder Kraft und Mut und Glauben hast.«

Das hat mir diese Frau als ihre Erfahrung mitgegeben. Elia gab die Begegnung mit dem Engel Kraft, den weiten Weg bis zum Gottesberg zu gehen. Von 40 Tagen und 40 Nächten ist da die Rede. Das ist auch die Zeit, die Jesus in der Wüste verbrachte, als er versucht wurde. Am Ende der Versuchungsgeschichte heißt es: Da traten die Engel zu ihm und dienten ihm.

40 Jahre zog das Volk Israel durch die Wüste. Gerade in dieser Zeit kam es immer wieder zu Gottesbegegnungen.

Als Elia am Gottesberg ankam, zeigte sich Gott »im Flüstern eines leisen Wehens«. Wie ein wärmender Frühlingshauch erfuhr Elia die Nähe Gottes. Er merkte: Gottes Liebe ist mir nahe gekommen.

Auch wir sind unterwegs. Wir gehen den ausgebreiteten Armen Jesu Christi entgegen. In unserer Mühsal lädt er uns zu sich ein: Kommt her zu mir, alle! Gottes Weg mit uns ist noch nicht am Ende. Engel, die uns stärken, begegnen uns. Wir sind nicht allein unterwegs. Wie weit der Weg noch ist, wissen wir nicht. Aber Gott läßt uns nicht allein. Er stärkt uns auf dem Weg zu sich. Amen.

Liturgische Gestaltung

Lieder
Befiehl du deine Wege, EG 361
Von Gott will ich nicht lassen, EG 365

Wer nur den lieben Gott läßt walten, EG 369
So nimm denn meine Hände, EG 376

Psalmen
Psalm 46 (bindet die großen Nöte an die Zuversicht und Stärke Gottes)
Psalm 37 (ist die Grundlage für das Lied »Befiehl du deine Wege«)

Lesung
Mk 4,35-41

Kollektengebet
Unser Gott, auch in unseren Ängsten bleibst du uns nah. Du gehst mit uns in jeden Tag.
Manchmal will uns der Mut verlassen. Alles scheint schwer, zu schwer.
Wir sehnen uns nach einer Hand, die uns weiterhilft, einem Stock, der uns stützt,
nach Hilfe auf unserem Weg.
Laß uns spüren: Wir haben, von dir begleitet, unser Leben nicht hinter uns, sondern immer noch vor uns.
Jesus, dein Sohn, kann in uns Vertrauen wecken. Dann überwinden wir unsere Mattigkeit
und werden befreit von unserer düsteren Sicht.
Wenn wir deine Herrlichkeit in Jesus erkennen lernen und ihm vertrauen, können wir durch ihn das wahre Leben erreichen, in dem er uns beisteht, heute und Tag um Tag bis hin zu dir in Ewigkeit.
Amen.

Klage
Manchmal bin ich ängstlich und verzagt.
Wenn ich an die Wege denke, die vor mir liegen:
Keine Kraft in mir,
wie soll ich einen Fuß vor den anderen setzen
auf diesen steinigen Pfaden.
Ich sehne mich verzweifelt nach Sinn,
Sinn, der mir Kraft gibt,
Sinn, der mich den Boden unter den Füßen spüren läßt.
Komm du und beweg mich –
Christus, erbarme dich.

(Ulrike Trautwein, in: Beratungsstelle für Gestaltung, Das Buch Ruth, Hefte Nr. 4, Frankfurt/M. 1994, S. 82)

Fürbitte
Um Hilfe, um Beistand, um Halt rufen wir miteinander zu Gott:
Alle: Gott erbarme dich.
Gott, du hast uns Menschen zu dir gerufen,
wie auf einem Weg durch die Wüste in fruchtbares Land,
so führst du uns hinaus ins Weite.
Manchmal mutest du uns zu, Wege zu nehmen,
wo wir keinen Weg mehr sehen können.
Gott, laß uns bei alldem nicht allein.
Wir rufen dich gemeinsam an:
Alle: Gott, erbarme dich.
Gott, du kennst unsere Furcht vor der Verlassenheit.
Du merkst unsere Angst davor, daß der Boden nicht tragen könnte.
Du siehst, wie Vertrauen und Zweifel bei uns im Streit liegen.
Gott, laß uns erfahren, daß du zu uns kommst durch deine Engel.
Wir rufen dich gemeinsam an:
Alle: Gott, erbarme dich.
Gott, laß uns gewiß werden, daß wir mit dir über alle Gefahren hinauskommen können.
Trage uns mit deinem Frieden, damit wir Frieden weitertragen in die Welt.
Halte du uns mit deiner Hand, damit wir einander Halt geben können.
Wir rufen dich gemeinsam an:
Alle: Gott, erbarme dich.
Unsere ganz persönlichen Ängste, unsere Fragen und Bitten bringen wir in der Stille vor dich, unser Gott.

Segen
Der Herr
voller Liebe wie eine Mutter und gut wie ein Vater,
Er segne dich
er lasse dein Leben gedeihen,
er lasse deine Hoffnung erblühen,
er lasse deine Früchte reifen.
Der Herr behüte dich
er umarme dich in deiner Angst,
er stelle sich vor dich
in deiner Not.
Der Herr lasse leuchten sein Angesicht über dir
wie ein zärtlicher Blick erwärmt,
so überwindet er bei dir,

was erstarrt ist.
Er sei dir gnädig
wenn Schuld dich drückt,
dann lasse er dich aufatmen
und mache dich frei.
Der Herr erhebe sein Angesicht über dich
er sehe dein Leid,
er tröste und heile dich.
Er gebe dir Frieden
das Wohl des Leibes
das Heil deiner Seele,
die Zukunft deinen Kindern.

(in: EG Nr. 1002)

Günter Niemeyer

Ich habe im Leben vieles nicht geschafft

Moses letzter Blick ins gelobte Land

5. Mose 34,1–5

Zur Situation

Viele Veröffentlichungen der neueren Diskussion zur Sterbebegleitung möchten dazu anleiten, das Sterben und den Tod als sinnvollen Abschluß des Lebens zu erfahren. Am Ende des Lebens steht dann die Zustimmung der Sterbenden zu ihrem Tod. Dieser verständliche Wunsch, das Sterben als sinnvollen Abschluß des Lebens zu gestalten, hat oft die gesellschaftliche Realität gegen sich. Gerade das Lebensende im Altenpflegeheim sieht vielfach anders aus. Der Tod des Mose, wie er in der Bibel berichtet wird, spiegelt auch die gesellschaftlichen Voraussetzungen seines Lebens wieder: »Du sollst das Land vor dir sehen, das ich den Israeliten gebe, aber du sollst nicht hineinkommen«, so sagt Gott zu ihm (5 Mose 32,52). Das Leben des Mose bleibt Fragment, es bleibt unvollendet. Damit ist aber dieses Leben nicht gescheitert. Neue Hoffnung erwächst über seinen Tod hinaus. Das gelobte Land ist ja nicht verloren. Im Altenheim ergeben sich in der Seelsorge oft bilanzierende Gespräche. Es ist schön, wenn jemand sagen kann: »Ich habe immer alles für meine Familie getan«, oder »Ich bin mit meinem Leben zufrieden«. Oft aber werden Zweifel geäußert: »Daß ich einmal hier enden würde, hätte ich nicht gedacht« oder »Womit habe ich das verdient?«

Der Gottesdienst will die Zweifel an einer positiven Lebensbilanz aufnehmen. Die Gestalt des Mose soll helfen, sich mit dem Problem nicht alleingelassen zu fühlen. Gott gewährt einen Blick in die Zukunft. Im Vertrauen auf ihn können wir unser fragmentarisches Leben bejahen. Der Blick auf Jesus ist ein Blick auf die Auferstehung am 1. Ostertag.

Symbol/ Zeichen: *In den Spiegel sehen*

»Sich nicht ins Gesicht sehen können«, ist ein Ausdruck dafür, daß jemand nicht mit sich im Reinen ist. So wäre es eine Möglichkeit, in diesem Gottesdienst – vielleicht begleitet von besinnlicher Musik – einen Spiegel in geeigne-

ter Größe oder Spiegelstücke herumgehen zu lassen: Was gefällt mir – was gefällt mir nicht, wenn ich in den Spiegel blicke? Erinnerungen an früher steigen dabei auf. Kann ich mich heute akzeptieren, so, wie ich bin?
Als Spiegel lassen sich auch versilberte Taufschalen verwenden. Auf mancher Taufschale ist das Wort aus Jes 43,1 eingraviert: Fürchte dich nicht, denn ich habe dich erlöst; ich habe dich bei deinem Namen gerufen; du bist mein! Durch die Taufe bin und bleibe ich ein Kind Gottes – gerade unabhängig von dem, was ich selbst aus meinem Leben gemacht habe.

Ansprache

Liebe Schwestern und Brüder!

Wie gerne lasse ich mir aus ihrem Leben erzählen! Sie haben so viel erlebt, durchlebt und überlebt, daß ich oft nur staunen kann. In solchen Gesprächen wundere ich mich dann manchmal darüber, daß mir gesagt wird: »Sie haben es gut, sie haben noch so viel vor sich«. Ein angefülltes Leben macht offensichtlich nicht von selbst zufrieden. Die Erkenntnis, daß vieles anders gekommen ist, als man es erwartet oder gewünscht hätte, schmerzt oft. Manche und mancher muß eingestehen, vieles nicht erreicht zu haben, was auf der Wunschliste des Lebens stand. Das kann richtig deprimieren. Ich will heute den Blick auf eine Urgestalt der Bibel lenken, von der man annehmen könnte, dieser Person sei es ganz anders ergangen.
Es handelt sich um Mose. Wir alle kennen einiges aus dem Leben dieses bedeutenden Mannes aus der Geschichte des Volkes Israel. Was uns im 2. Mosebuch – die ersten 5 Bücher der Bibel wurden ja von Luther nach Mose benannt – von ihm erzählt wird, führt durch alle Höhen und Tiefen: Seine Geburt war bedroht. Am Königshof wird er dann erzogen. Nach einem Totschlag muß er fliehen. Gott zeigt sich ihm am Sinai. Er führt as Volk Israel auf dramatische Weise aus Ägypten in die Wüste. Die 10 Gebote werden ihm von Gott gegeben.
Dann geht es jahrelang durch die Wüste. Beim Weg durch die Wüste steht vor Mose das Bild vom gelobten Land, »wo Milch und Honig fließt«. Das ist sein Ziel. Darauf lebt er hin. Doch am Lebensende kommt er dort nicht an.
So lesen wir in der Bibel.

Lesung: 5. Mose 34,1-5

So also endet das Leben des Mose. Er erreicht sein großes Ziel nicht. Gott selber hat es anders gewollt.

In unserer Zeit hat sich ein anderer großer Gottesmann vor seinem Tod die Frage nach dem Ziel seines Lebens gestellt. Als Dietrich Bonhoeffer im Gefängnis der Nazis saß, hat er ein Gedicht geschrieben mit der Überschrift: »Wer bin ich?« Er stellt fest, daß er in seiner Selbst- und Fremdeinschätzung hin- und herschwankt. Diese Überlegungen enden mit den Zeilen: »Wer bin ich? Einsames Fragen treibt mit mir Spott. Wer ich auch bin, du kennst mich, dein bin ich, o Gott!«
In der Verbindung mit Gott ist auszuhalten, daß das Leben unvollendet bleibt und die Hoffnung über den Tod hinausgeht. Unter den Verheißungen Gottes entsteht neue Hoffnung. Entscheidend für Christen ist dabei der Blick auf das Leben Jesu. Es ist ja sein Schrei nicht zu überhören: Mein Gott, mein Gott, warum hast du mich verlassen? Da ist keine Spur von einem »seligen Sterben« zu finden. Doch der qualvoll sterbende Jesus wird auferstehen. Ja, unter den Verheißungen Gottes entsteht neue Hoffnung.
Für die Juden ist bis heute das unvollendete Leben des Mose die zentrale Orientierung ihres religiösen Lebens geworden. Es war die Offenbarung Gottes, die durch Mose geschah, die von entscheidender Bedeutung ist. Zwar erlebt Mose nicht das gelobte Land in seinem Leben, doch er wird zum Vermittler der Hinwendung Gottes zu den Menschen.
Ist das für unsere Fragen ein Trost? Gott allein weiß, wofür das Auf und Ab unseres Lebens gut war. Spätestens seit unserer Taufe gilt die Zusage Jesu an uns: Was auch geschieht, ich bin bei euch alle Tage, bis an der Welt Ende! Amen.

Liturgische Gestaltung

Lieder
Ein feste Burg ist unser Gott, EG 362
Ich steh in meines Herren Hand, EG 374
Ja, ich will euch tragen, EG 380
Jesu, geh voran, EG 391
Nun aufwärts froh den Blick gewandt, EG 394
Wer kann dich, Herr, verstehen, EG 649, Anhang der EKvW
Weiß ich den Weg auch nicht, du weißt ihn wohl, EG 650, Anhang der EKvW
Von guten Mächten wunderbar geborgen, EG 652, Anhang der EKvW

Psalmen
Psalm 121 Ich hebe meine Augen auf zu den Bergen, woher kommt mir Hilfe?
Psalm 90 Herr, du bist meine Zuflucht für und für.

Lesung
Zum Predigttext 5. Mose 34,1-5 kann als neutestamentliche Lesung der Ruf in die Nachfolge korrespondieren: Lk 5,1-11 »Der Fischzug des Petrus«.

Kollektengebet
Öffne uns, Gott, die Augen für dein verborgenes Wirken.
Wenn wir in den Spiegel sehen, erkennen wir uns oft selbst nicht mehr.
Vieles ist anders geworden als wir es erhofften,
ja, wir selbst sind nicht immer die, die wir sein wollten oder sollten.
Ziele wurden nicht erreicht, Träume gingen nicht in Erfüllung,.
Damit leben wir.
Laß uns in unserem Leben, so wie es ist, deine Nähe in Christus erkennen.
Durch alle Ausweglosigkeiten unseres Lebens bringe uns auf seinen Weg,
damit wir ihm voll Vertrauen und Mut folgen können
und am Ende zu dir finden, zum wahren Leben, zum Ziel für Zeit und Ewigkeit.
Amen.

Klage
Christus, wir bringen unser Leben vor dich.
Wir wünschen es uns heil,
aber es ist nicht so.
Wir tragen Verletzungen und Wunden davon,
die nach langer Zeit noch immer weh tun.
In unserem Schmerz übersehen wir die anderen,
die unsere Hilfe brauchen:
einen liebevollen Gedanken, ein tröstendes Wort.
Statt Hilfe geben wir Verletzungen weiter.
Statt Hoffnung säen wir Verzweiflung.
Öffne unsere Herzen für dein Hoffnungslied.

Gloria!

Gott spricht:
Ich will euch eine Zukunft schenken, wie ihr sie erhofft. Denn wenn ihr mich von ganzem Herzen suchen werdet, so will ich mich von euch finden lassen.
(Judith Palm, in: Erhard Domay und Hanne Köhler (Hg.), Bd. 1. Der Gottesdienst: liturgische Texte in gerechter Sprache, Gütersloher Verlagshaus, Gütersloh 1997, S. 82f.)

Fürbitte
Wir kommen zu dir, unser Gott, mit unserem Gebet,
weil du uns in deinem Sohn Jesus Christus zum Bitten Mut gemacht hast.

Dir bekennen wir unsere Sorgen und Ängste:
um uns selber, um die ganze Welt und ihre Zukunft,
um jene Menschen, die uns nahe stehen, aber auch um alle, die wir nicht erreichen.
Wie oft brauchen wir, Gott, mehr Mut und hätten größere Kraft nötig.
Wie oft vergessen wir deine Güte und deine Vergebung.
Sende uns deinen Geist, damit wir getröstet, ermutigt und gestärkt werden.
Wie oft drohen wir, Gott, unterzugehen in den Bedrängnissen dieser Welt oder aufzugeben angesichts von menschlichen Fehlern.
Wie oft wollen wir gar nicht mehr weiter,
wenn wir an unsere Grenzen stoßen.
Sende uns deinen Geist, damit wir gewiß bleiben:
Du trägst uns und machst uns neu und führst uns zur Vollendung in deinem Reich.

So vertrauen wir dir alles Leben an
und beten besonders um Zuversicht unter den Christinnen und Christen in aller Welt:
um Frieden auf unserer Erde,
um Hilfe für die, die es schwer haben in ihrem Leben.
Amen.

Segen
Das Segenslied »Bewahre uns, Gott, behüte uns, Gott«, EG 171, ist gerade auch im Altenheim sehr geeignet. Wenn das Lied noch nicht gesungen wird, empfiehlt es sich, den Text in seiner ganzen Länge zu lesen.

Günter Niemeyer

Ich bin ein Gast auf Erden

Gedanken an Abschied
Psalm 119,19

Zur Situation

Der Gottesdienst wird zum Ende des Sommers gehalten, die Ferienzeit neigt sich dem Ende zu.

Ansprache

Es ist Sommer, auch wenn man das hier bei uns gerade nicht so merkt. Es ist Urlaubszeit. Die Kinder, die Enkel kommen zurück aus dem Sauerland, von Mallorca oder sonstwoher, wo es schön ist. Auch hier aus dem Haus waren einige zusammen für eine Woche in Urlaub und ich habe gehört, daß sie viel Spaß gehabt haben.
Urlaubszeit – eine ganz besondere Zeit. Wenn ich in Urlaub fahre, erlebe ich immer wieder etwas Merkwürdiges: Das Zeitgefühl ist anders als sonst. Die ersten Stunden und Tage an einem fremden Ort vergehen ein bißchen wie in Zeitlupe. Es ist alles neu und anders, interessant und aufregend. In der Stadt, in der Gegend, wo ich zu Gast bin, muß viel entdeckt und erkundet werden. Die Tage brauchen einen Rhythmus. Man muß herausfinden, wo man gut einkaufen, lecker essen, schön spazierengehen kann. Sobald das alles geschehen ist, kommen die schönsten Urlaubstage. Ich bin irgendwo zu Gast, fühle mich aber schon ein bißchen Zuhause und meistens sehr wohl. Die Tage sind ausgefüllt und entspannt zugleich.
Das ist ungefähr die Mitte der Urlaubszeit. Und beim letzten Drittel, da fliegen die Tage nur so dahin. Die Zeit vergeht ganz schnell und ich ahne: Bald heißt es Abschied nehmen. Bald heißt es wieder nach Hause fahren.
Meistens bin ich dann ein wenig traurig, aber ich freue mich eigentlich auch immer wieder auf Zuhause.
Viele Menschen erleben das ähnlich.
Und das In-Urlaub-Fahren erinnert mich an unser Leben.
Die ersten Jahre, in denen wir langsam anfangen, die Welt kennenzulernen

und die Menschen, diese Jahre vergehen langsam. Zwischen den Sommerferien und Weihnachten, so erinnere ich mich, lag eine ganz, ganz lange Zeit. Die Tage waren aufregend, manchmal spielerisch leicht, manchmal traurig und mühsam – aber immer voller Erlebnisse und Entdeckungen.
Wenn wir erwachsen werden, wenn wir uns zurechtgefunden und unseren Platz in der Welt eingenommen haben, dann vergeht die Zeit schon viel schneller: die Tage und die Jahreszeiten, die Geburtstage, Advent, Ostern, Erntedank folgen immer schneller aufeinander.
Manchmal ist das Leben wunderschön und manchmal schrecklich, aber nie läßt sich ein Tag, eine Stunde festhalten. Es geht weiter, die Zeit verrinnt und irgendwann kommt die Ahnung: Es geht auf ein Ende zu.
So wenig wie der Urlaub ist unser Leben auf dieser Erde endlos, grenzenlos. Irgendwann heißt es Abschied nehmen – für alle Menschen. Manchen fällt das sehr schwer. Sie würden so gern noch bleiben. Es tut ihnen weh, es ist schmerzlich und bitter, gehen zu müssen. Manche sind auch dazu bereit. Sie können ruhig Lebewohl sagen und in Frieden gehen.
Liebe Gemeinde,
ich erzähle Ihnen das alles, weil ich in den letzten Tagen über einen Satz aus dem 119. Psalm nachgedacht habe:
Ich bin ein Gast auf Erden.
Ein kurzer Satz, wenige Worte nur: Ich bin ein Gast auf Erden.
Das ist gar nicht so einfach zu begreifen. Im Urlaub, ja, da weiß ich das. Jetzt erlebe ich ein, zwei oder gar drei schöne Wochen, und dann muß ich weggehen, Abschied nehmen. Doch mein Leben hier auf dieser Erde – auch nur ein Gastspiel, eine Durchreise? Ganz oft will ich das nicht wahrhaben, ganz oft denke ich nicht an das Ende, an die Grenzen meines Lebens.
Hier im Altenheim bin ich dazu gezwungen. Hier spüren ganz viele Menschen, daß die Blüte, die Kraft der Jahre nicht ewig fortdauert.
Sie spüren die Lasten des Lebens; die Kräfte, die es kostet, jeden Tag neu zu bestehen. Und viele ahnen: Irgendwann, vielleicht sogar bald heißt es Abschied nehmen von diesem manchmal so schönen, manchmal so schweren Leben.
Ich bin ein Gast auf Erden.
Das macht mich nachdenklich, nicht nur, was das Sterben, sondern auch was das Leben angeht.
Das Leben ist kostbar, jeder Tag eigentlich so kostbar wie die angeblich schönste Zeit im Jahr, der Urlaub. Merken wir das noch? Wir leben oft so dahin, ein bißchen dumpf und unaufmerksam. Im Urlaub: Ja, da machen wir die Augen auf! Da entdecken wir die Schönheit der Natur, den Geschmack des Essens, die interessanten Gesichter der fremden Menschen. Wir halten Herz und Sinne offen für all das, was uns begegnet. Wenn wir doch öfter so leben könnten

wie im Urlaub! Wenn wir uns an den Blumen am Rand der Straße freuen und den fremden Menschen auch in unserem Land voller Interesse und Sympathie begegnen könnten! Dann brauchten wir gar nicht so oft, gar nicht so weit in Urlaub zu fahren.
Ich bin ein Gast auf Erden.
Wer weiß das schon noch? Wie oft denken wir: Meines! Mein Besitz, mein Eigentum: Mein Mann, meine Frau, meine Kinder, meine Wohnung, meine Stadt, mein Land, meine Welt ...
Ich kann damit machen, was ich will!
Das stimmt doch nicht!
All das ist ein großes, kostbares Geschenk, und wir sollten dringend wieder lernen, vorsichtig und liebevoll damit umzugehen – so wie es gute und gerngesehene Gäste tun. Sorgfältig und liebevoll mit den Menschen umzugehen, die zu uns gehören, mit der Erde, die uns anvertraut ist und auch mit unserem eigenen Leben – das erwartet Gott von uns, der uns all das für die Zeit unseres Lebens zum Geschenk macht, der unser Gastgeber ist.
Ich bin ein Gast auf Erden.
Das macht das Leben schön und kostbar.
Das macht die Erde schön und kostbar.
Wohin aber gehen wir, wenn wir uns verabschieden, wenn wir sterben müssen?
Die Worte des Psalms geben uns darauf indirekt eine Antwort. Diese Antwort tröstet mich, wenn mir der Abschied Angst macht.
So, wie ich als Gast, wenn ich nicht mehr bleiben kann, nach Hause gehe, sagt er, so ist das auch, wenn ich von dieser Erde muß.
Wenn ich sterbe, dann geht es nach Hause!
Das heißt: Noch niemand von uns ist wirklich zu Hause.
Auch wenn wir uns hoffentlich wohl und heimisch fühlen: Es gibt eine andere Heimat, die wir noch gar nicht kennen.
Heimat, das ist ein Ort der Sehnsucht, der Hoffnung, der Zukunft.
Wir sind in diesem Leben nicht nur auf der flüchtigen Durchreise. Wir dürfen uns wie Zuhause fühlen.
Doch unsere Heimat, die liegt bei Gott. Da sind wir ganz und gar Zuhause.
Dort bleiben wir geborgen in Zeit und Ewigkeit.
Amen.

Liturgische Gestaltung

Lieder
Tut mir auf die schöne Pforte, EG 166
Sollt ich meinem Gott nicht singen, EG 325
Im Frieden dein, o Herre mein, EG 222
Ich bin ein Gast auf Erden (bedingt geeignet), EG 529
Gloria sei dir gesungen, EG 147,3 und 535
Komm, Herr, segne uns, EG 170

Psalm
Psalm 34,2–8

Lesung
Röm 8,13b–35.37–39

Kollektengebet
Gott, unser Ursprung und unser Ziel!
Du hast uns ins Leben gerufen.
In deiner Hand liegt unser Ende.
Bei dir sind wir geborgen.
Wir bitten dich:
Laß uns im Vertrauen auf dich in diesen Tag gehen und in jedes neue Heute: durch Jesus Christus, der mit dir und dem Heiligen Geist lebt und regiert.
Amen.

Klage
Du, Gott, bist mein Heiland.
Wie könnte mich Unheil fesseln?
Du, Gott, bist meine Hoffnung.
Wie könnte ich enttäuscht werden?
Du, Gott, bist meine Stärke.
Wie könnte ich die Kraft verlieren?

Ich blicke zurück auf mein Leben:
Ich habe beides erlebt:
Großes Glück, tiefe Freude,
aber auch Leid, Not und Schuld.
Nur selten ist das Leben so schön,
wie ich es mir wünsche;

nur selten so beglückend,
wie ich es erträume.

Doch selbst, wenn da viel Dunkel und Bitterkeit ist,
selbst wenn die Liebsten mich fallenließen oder mir verlorengingen:
Du, Gott, nähmst mich auf,
du, Gott, wärest da.

Laß mich das nicht vergessen, laß uns das nicht vergessen!
Bleib bei uns: Kyrie eleison!

Gnadenspruch
Wie köstlich ist deine Güte, Gott, daß Menschenkinder unter dem Schatten deiner Flügel Zuflucht haben! Bei dir ist die Quelle des Lebens, und in deinem Lichte sehen wir das Licht. Ps 36,8.10

Fürbitte
Als Fürbittengebet eine Variation des Abendgebetes von Georg Christian Dieffenbach, EG 896:

Guter Gott,
du bist unsere Heimat;
du bist unsere Hoffnung
in diesem Leben und weit darüber hinaus.
Darum bitten wir dich:
Bleibe bei uns heute und alle Zeit.
Bleibe bei uns mit deiner Liebe und Treue,
mit deinem Wort und Sakrament,
mit deinem Trost und Segen.

Bleibe bei uns,
wenn es dunkel um uns wird,
wenn die Nacht kommt,
die Nacht der Angst und Traurigkeit,
die Nacht des Zweifels und der Einsamkeit,
die Nacht der Krankheit und Schmerzen,
die Nacht des bitteren Todes.

Bleibe bei uns und unseren Lieben,
den kleinen und den großen,

den nahen und den fernen,
den gesunden und den kranken,
den frohen und den traurigen.

Bleibe bei uns
und bei allen deinen Geschöpfen
in Zeit und Ewigkeit.
Amen.

Segen
Der Segen Gottes gehe mit euch in die Tage, die vor euch liegen,
die Kraft seiner Liebe stärke euch, anzunehmen, was das Leben euch bringt.
Dabei dürft ihr seinem Wort trauen:
Aaronitischer Segen

Martina Gregory

Gottesdienste zu biblischen Texten

Bei dir bin ich geborgen
Der Blick des guten Hirten
Psalm 23

Zur Situation

Menschen im Alter verbringen viele Stunden in oder auf ihrem Bett. Schlafen und Wachen lösen sich ab. Dabei erinnern sie sich an Situationen aus ihrer Kindheit, Bilder steigen auf. Eines dieser Bilder ist oft das Schlafzimmer der Eltern und Großeltern. Das wird auch im Gesprächskreis erzählt.

Bild

Ein Bild des guten Hirten hängt vorn an der Wand der Kapelle, ausgeliehen von BewohnerInnen, die es noch »von früher« besitzen. Oder ein solches Bild wird abgezogen und später als Erinnerung an den Gottesdienst verteilt.

Ansprache
Psalm 23 als Predigttext wird nicht am Anfang gelesen

Erinnern Sie sich noch an das Schlafzimmer Ihrer Großeltern, liebe Schwestern und Brüder?

An das große Bett, die schweren Schränke und Kommoden? Alles so stabil, als sei jedes Stück dafür gemacht, ein ganzes Menschenalter durchzustehen. Wie heute war auch damals das Schlafzimmer der Ort, an dem man viele Stunden des Tages verbrachte. Die Eheleute, die sonst mit der Unruhe vieler Kinder gesegnet waren, konnten endlich allein sein. Sicher fanden hier wichtige Gespräche statt. Und auch die Stunden der Zärtlichkeit hatten hier ihren Ort. Ruhe zum Schlafen gab es hier. Hier wurde geboren und gestorben, hier lag man lange auf dem Krankenlager oder verstarb ganz schnell. Das Schlafzimmer – ein bedeutsamer Ort für viele Familien.
Und über dem Bett hing fast immer ein Bild mit religiösen Motiven. In vielen katholischen Familien war es ein Schutzengelmotiv – in vielen evangelischen Familien hing ein Bild des guten Hirten. Ein Schafhirte war zu sehen, oft auf einem sanften Hügel im Dämmerlicht abgebildet. Mit Hut und Mantel geschützt gegen Wind und Wetter – in der Hand einen schweren Stock. Aufmerksam beobachtete er seine Schafe. Die lagerten in seiner Nähe oder weideten etwas entfernt. Immer aber hatte er sie im Blick, immer war er bereit, sie zu verteidigen gegen jeden, der sich ihnen in böser Absicht nähern würde. Ein Lämmchen hatte er auf vielen Bildern wie einen Kragen um die Schultern gelegt: so, als ob das müde Tier nicht mehr laufen konnte oder der Hirte sich ein wenig wärmen wollte. Es wird deutlich, wie eng der Kontakt zu seinen Schafen ist: er geht auf Tuchfühlung. Das ist gut für ihn und die Schafe: ein friedliches Idyll. Die Schafe dicht gedrängt bei dem Hirten – geborgen, geschützt und zufrieden.
Warum hatten so viele Menschen dieses Bild im Schlafzimmer?
Ich glaube, weil es ziemlich genau unsere Sehnsucht nach Sicherheit und Schutz zum Ausdruck bringt.
Bei vielem, was im Schlafzimmer passiert, fehlt den Menschen die Kontrolle, die sie so gern über ihr Leben haben.
Wenn ich schlafe, kann ich nicht auf mich selbst aufpassen. Das ängstigt mich. Was könnte nicht alles passieren, ohne daß ich Einfluß nehmen kann, weil ich ja eben schlafe und nicht alles sehe.
In der Dunkelheit sind unsere Ängste stärker als am hellen Tag. Wir fühlen uns schneller bedroht als sonst. Also schlafen wir beruhigt unter dem Blick des guten Hirten.
In diesem Schlafzimmer wurden die Kinder der Familie geboren. Das war gefährlich. Viele Mütter und Kinder starben dabei. In einem solchen Moment kann sich kein Mensch selbst schützen. Das Kind braucht schützende Wärme, die Mutter liebevolle und sachgerechte Hilfe – Trost in ihren Schmerzen. Weil Angst und Schmerz und zugleich das Wunder des neuen Lebens in dieses Bett gehörten, hing darüber das Bild des guten Hirten. Unter seinem Blick begann

so manches Leben. Unter seinem Blick wandelte sich der Schmerz der Mutter in Freude und Staunen.
In diesem Zimmer wurde gelitten. Manch einer hatte ein langes Krankenlager auszuhalten. Ohne die lindernden Arzneien unserer Tage waren die Schmerzen oft groß. »Warum muß ich so viel leiden«, fragten viele. Und mußten ertragen, daß sie ohne Antwort blieben. Das Lamm am Hals des guten Hirten sagte ihnen vielleicht: »da ist einer, der dich tragen wird, wenn's nicht mehr geht. Der weiß, wann's soweit ist.« Und solange blieb man unter dem Blick des guten Hirten, der immer sanft und gütig war. Nicht die Krankheit verschwand, aber vielleicht das Gefühl, ihr ganz allein ausgeliefert zu sein. Und aus dem Stöhnen wurde vielleicht ein Gebet: Herr, ich kann nicht mehr, sei du meine Hilfe!
Schließlich wurde in diesem Zimmer, in diesem Bett, auch gestorben. Und auch das Sterben macht vielen Menschen Angst. Wir wissen ja nicht, was kommt, wir können es nicht selbst »machen«. Nicht unser Wille entscheidet über unser Sterben. Ob wir leben oder ob wir sterben, das liegt nicht in unserer Hand. Und was danach kommt, diese wichtige Frage ist nicht beweisbar, sie ist eine Glaubensfrage. Starb man in diesem Bett, mit dem Blick auf den guten Hirten, so durfte man sterben mit dem Glauben: dies ist nicht das Ende aller meiner Tage, sondern nur das Ende meines irdischen Lebens.
Der Blick auf den Hirten vermittelt: ich muß meinen Weg nicht allein gehen. Er geht mit, der mich mein Leben lang bewahrt hat. Und er wird mich auch weiterhin bewahren. Für ihn ist Leben im Tod.
Soviel konnte das Bild des Guten Hirten den Menschen sagen. Gute Worte, gute Gedanken für ein Leben in der Geborgenheit der Liebe Gottes. Das macht das Sterben nicht kinderleicht, aber erträglich, wie ich erfahren habe. Der Blick des guten Hirten begleitete Menschen ein Leben lang. Der Blick auf den guten Hirten konnte helfen zu leben. Darum war er so oft zu finden.
Sie ahnen sicher, welcher biblische Text diesen Bildern zugrunde lag und welcher Text mich zu meinen Gedanken angeregt hat: es ist der 23. Psalm, den ich nun zum Abschluß der Predigt lesen möchte. Ich lade sie ein, mitzusprechen: Der Herr ist mein Hirte, mir wird nichts mangeln ...

Liturgische Gestaltung

Lieder
Von Gott will ich nicht lassen, EG 365,1.3.5
Herr Jesu Christe, mein getreuer Hirte, EG 217,1.2
Jesu, geh voran, EG 391

So nimm denn meine Hände, EG 376
Befiehl du deine Wege, EG 361,1.2.6
Lobet den Herren alle, die ihn ehren, EG 447,1.2.3.6

Psalmen
Psalm 86,1–8.11
Psalm 77,1–13

Lesungen
Joh 10, 1-15.27f.
Jes 42,1–7

Kollektengebet
Wie ein guter Hirte sorgst du für uns, Gott.
Unser Leben liegt vor dir. Die guten und die schweren Tage.
Sie stehen unter deiner Verheißung: Du sorgst für uns.
Darauf wollen wir vertrauen.
Amen.

Fürbitte
Laßt uns beten zu Gott, der uns behütet:
Für alle Menschen dieser Erde, die Not leiden,
Menschen, die ohne die Geborgenheit eines Zuhauses sind,
Menschen, die Hunger leiden,
Menschen, die sich dieser Welt schutzlos ausgeliefert fühlen.
Laßt uns zum Herrn dieser Welt rufen:
Herr, erbarme dich.

Für alle Menschen dieser Erde, die Angst haben:
Angst vor dem heutigen Tag,
Angst vor der Zukunft,
Angst vor der Nacht,
Angst vor Schmerzen,
Angst vor dem Tod,
Angst, die sie vielleicht nicht einmal selbst beim Namen nennen können.
Laßt uns zum Herrn dieser Welt rufen:
Herr, erbarme dich.

Für alle Menschen dieser Erde, die ihren Weg suchen:
ihren Weg aus der Einsamkeit,

ihren Weg aus der Trostlosigkeit,
ihren Weg zum Glauben,
ihren Weg zu Gott und den Menschen.
Laßt uns zum Herrn dieser Welt rufen:
Herr, erbarme dich.

Klage/Schuld
Immer wieder hören wir die Worte des Glaubens, guter Gott.
Worte, die von deiner Liebe und Fürsorge sprechen.
Oft bleiben es nur leere Worte für uns, sie finden keinen Platz in unserem Fühlen.
Wir sehnen uns nach Geborgenheit und deiner Nähe,
darum sind wir hier.
Laß uns spüren, daß du unter uns bist, heute und an den kommenden Tagen.
Kyrie eleison.

Gnadenwort
Gott hat uns seine Treue zugesagt. Wir hören Worte des Propheten Jesaja: Es sollen wohl Berge weichen und Hügel hinfallen, aber meine Gnade soll nicht von dir weichen, und der Bund meines Friedens soll nicht hinfallen, spricht Gott, dein Erbarmer. (Jes 54,10)

Segen
Versprochen hat uns Gott seinen Segen.
Wir wollen ihn erbitten für uns selbst und alle Welt.

Es segne und behüte dich Gott, der Vater. Wie ein guter Hirte hat er dein Leben bis hierher bewahrt und dich begleitet.
Es segne und behüte dich Jesus, der Sohn. Er kennt dein Leben und nimmt dich an.
Es segne und behüte dich der Heilige Geist. Die Kraft seiner Liebe hilft dir, das Leben zu bestehen.
So segne und behüte dich der allmächtige und barmherzige Gott, der Vater, der Sohn und der Heilige Geist. Amen.

Susanne Schildknecht

Unsere Namen und Gottes Name

Ich habe dich bei deinem Namen gerufen – du bist mein

Jesaja 43,1

Zur Situation

Viele BewohnerInnen der Alten- und Pflegeheime sind mit Märchen großgeworden. An sie anzuknüpfen, bedeutet, ein Stück ihrer Lebensgeschichte aufzunehmen.

Ansprache

Bei der Vorbereitung auf diese Predigt hat mich eine Gestalt aus meiner Kinderzeit begleitet.
Zunächst konnte ich mich nur dunkel erinnern, aber dann war das Wesen doch ganz gut zu sehen:
ein kleiner Wicht, ein bißchen Gartenzwerg, ein bißchen Hutzelmännchen, spindeldürr und sehr flink, wie er mit großen Sprüngen um ein brennendes Feuer herumtanzt.
Siegessicher leuchten seine Augen und immer wieder kichert der kleine Wicht hinterhältig, klatscht in die Hände und ruft: Oh, wie gut, daß niemand weiß, daß ich Rumpelstilzchen heiß!
An die Geschichte drum herum kann ich mich kaum noch erinnern.
Sie geht wohl nicht gut aus für Rumpelstilzchen.
Bösewichte haben zumindest im Märchen keine Chance.
Diese eine Szene hat sich bei mir eingeprägt, weil mich schon als Kind das Geheimnis um diesen Namen beeindruckt hat.
›O, wie gut, daß niemand weiß, daß ich Rumpelstilzchen heiß!‹
Wer den Namen nämlich weiß und wer ihn sagt, hat Macht über das wundersame Wesen, kann sich seine Zauberkräfte nutzbar machen ...
Nicht nur im Märchen, auch in der Wirklichkeit hat es mit Namen etwas Besonderes auf sich. Einen Namen hören, einen Namen sagen, bringt fast immer

etwas in Bewegung. Wenn ich bei meinem Namen gerufen werde, weiß ich: Ich bin gemeint! – nicht irgend jemand, nicht eine X-beliebige Person, nein: ich selbst.
Deshalb finde ich es auch schade, daß ich Ihre Namen kaum kenne und Sie nicht persönlich ansprechen kann. Mein Kopf und mein Gedächtnis sind zu klein, um so viele Namen auf einmal zu lernen.
Wie schön, daß es jemanden gibt, der solche Schwierigkeiten nicht hat, der uns alle beim Namen kennt.
Wir haben es vorhin schon gehört. Beim Propheten Jesaja heißt es:
So spricht Gott, der dich geschaffen hat:
Fürchte dich nicht, denn ich habe dich erlöst;
ich habe dich bei deinem Namen gerufen; du bist mein.
(Jes 43,1)
Gott kennt uns. Er ruft uns beim Namen. Er vergißt uns nicht.
Das ist gut und wichtig zu wissen.
Doch wer ist das, der da sagt: Fürchte dich nicht! Du bist mein?
Gott sagt es. Aber wer ist das: Gott? Götter gibt es viele.
›Wer bist du, Gott? Sag mir deinen Namen!‹ So bittet, ja drängt Mose, wie wir in der Lesung gehört haben. Auf Gottes Wort hin soll er das Volk Israel aus Ägypten führen. Wer ist dieser Gott, der so einen Auftrag gibt? Wie ist sein Name?
Gott antwortet Mose. Er sagt seinen Namen, aber dieser Name bleibt ein Geheimnis, schwer zu verstehen und rätselhaft: Ich werde sein, der ich sein werde. Ich bin, der ich bin. Ich werde mit euch sein.
Das bedeutet wohl: Ich sage euch meinen Namen, aber ihr bekommt mich damit nicht in die Hand, ihr bekommt keine Macht über mich.
Ich sage euch meinen Namen. Ich sage euch: Ich bin für euch da. Ihr könnt euch auf mich verlassen auf eurem Weg durch die Wüste, auf eurem Weg durch euer Leben.
Der Name Gottes ist etwas Heiliges und Besonderes.
Immer wieder spricht die Bibel vom Namen Gottes, voller Liebe, aber auch mit Achtung und Furcht. Nie wird er leichtfertig und mit schneller Zunge ausgesprochen.
Wo der Name Gottes ins Spiel kommt, da bekommen wir es mit Gott selbst zu tun.
Sein Name ist Zusage und Versprechen seiner Gegenwart.
Wir feiern alle unsere Gottesdienste im Namen des Vaters und des Sohnes und des Heiligen Geistes. Ganz betont steht dieser Satz am Anfang. Gottes Name wird genannt. Gott ist da. Gott ist hier bei uns.

›Wo zwei oder drei in meinem Namen versammelt sind, da bin ich mitten unter ihnen.‹ (Mt 18,20) So hat es Jesus ausgedrückt. Jesus von Nazareth, Jesus der Christus, Menschensohn und Gottessohn.
In ihm bekommt Gott einen Menschennamen, ein Menschengesicht, eine Menschengeschichte.
Wo zwei oder drei in meinem Namen versammelt sind, da bin ich mitten unter ihnen.
Wie meint er das? haben sich seine Jünger wahrscheinlich gefragt. Er ist doch bei uns – sichtbar, hörbar, fühlbar.
Später haben sie besser verstanden, was er ihnen sagen wollte. Sie dachten, sie hätten ihn verloren durch den Tod am Kreuz. Aber dann erfuhren sie: Er ist da; anders, aber doch er selbst. Er ist da, wenn wir in seinem Namen zusammenkommen, von ihm erzählen und miteinander das Abendmahl feiern.
Sie nahmen ihn beim Wort. Sie konnten und durften damit rechnen: Mit seinem Namen ist er, der Heiland, selbst gegenwärtig.
Sie vertrauten darauf: All das, was sie in ihrem Glauben und Leben bewegt, verklingt nicht im leeren Raum. Ihre Trauer und Freude, ihr Danken, ihr Bitten und Hoffen finden Gehör, finden Antwort.
Sie konnten davon ausgehen: Wir sind nicht allein.
Ob klein und verletzlich wie ein Kind; ob erwachsen und vermeintlich stark; ob älter und mit schwindenden Kräften: Wer sich auf ihn verläßt, der ist nicht verlassen; wer ihm vertraut, kann sich trauen zu leben.
Doch sie wollten auch damit rechnen: Auch wir sind bei unserem Namen gerufen. Wir sind durchschaut und erkannt. Der liebevolle und klare Blick Gottes sieht uns, wie wir wirklich sind. Und sein Wort weist uns den Weg.
Das alles, liebe Gemeinde, gilt nicht nur für die Jünger damals. Es gilt uns genauso, wenn wir mit Ernst sagen und meinen: Wir feiern diesen Gottesdienst im Namen des Vaters und des Sohnes und des Heiligen Geistes.
Der Name Gottes ist nicht Schall und Rauch, sondern Zeichen und Versprechen seiner Gegenwart.
Wo etwas im Namen Gottes geschieht, bekommen wir es mit Gott selbst zu tun.

Liturgische Gestaltung

Lieder
Liebster Jesu, wir sind hier, EG 161
Dir, dir, o Höchster, will ich singen, EG 328
Ich bin getauft auf deinen Namen, EG 200
Zieht in Frieden eure Pfade, EG 258

Psalm
Psalm 23

Lesung
Ex 3,1-15 Gott offenbart seinen Namen

Kollektengebet
Gott, heilig ist dein Name, groß deine Macht, unbegreiflich deine Herrlichkeit.
Du begegnest uns immer wieder neu in den Geschichten der Bibel,
in den Träumen der Nacht, in den Gesichtern der Menschen,
da, wo wir dich suchen, und da, wo wir dich nie erwartet hätten.
Wir bitten dich: Finde heute deinen Weg zu uns,
öffne unsere Herzen durch Jesus Christus,
der mit dir und dem Heiligen Geist lebt und regiert in Ewigkeit.
Amen.

Klage/Schuld
In deinem Namen, Gott, sind wir hier zusammengekommen.
Von deinem Namen her sind auch wir bei unserem Namen gerufen.
Wir sind gefragt, wer wir sind.
Wir sind gefragt, ob wir in deinem Sinne glauben und leben.
Wir bekennen dir, treuer Gott, daß uns das oft nicht gelungen ist;
daß unser Name uns wichtiger war als deiner,
daß wir schuldig geworden sind an unseren Mitmenschen und an dir.
Weil wir nicht auf unsere Gerechtigkeit vertrauen,
sondern auf deine große Barmherzigkeit, bitten wir:
Vergib uns, erbarme dich unser.

Gnadenzusage
So spricht Gott, der dich geschaffen hat: Fürchte dich nicht, denn ich habe dich erlöst; ich habe dich bei deinem Namen gerufen; du bist mein. (vgl. Jes 43,1)

Fürbitte
Heilig und menschenfreundlich bist du, Gott.
In deinem Wort und deinem Geist bist du heute mitten unter uns.
Was immer die Zukunft bringen mag, bleibe du unser Weg und unser Ziel.
In Jesu Namen bitten wir für alle Menschen, die Angst haben und Not leiden.
Wir denken an Frauen und Männer in unserer Nähe,
die durch den Tod eines vertrauten Menschen einsam geworden sind.

Wir denken an alle, die vergeblich darauf warten,
daß einer ihren Namen mit Liebe und Wärme ausspricht.
Wir denken an die, die krank sind ohne Hoffnung auf Heilung.
Wir denken an die, die Angst haben vor Sterben und Tod.
Wir denken an die Menschen hier und überall auf der Welt,
deren Not einfach übersehen wird.
In der Stille sagen wir dir die Namen derer
an die wir heute besonders denken:

Treuer Gott, du kennst uns alle beim Namen. Du hältst uns alle in deiner Hand.
Das ist unsere Hoffnung.

Segen
Als Kinder Gottes, als solche Menschen, die in seinem Namen getrost und froh
leben können, gehet nun hin im Frieden Gottes!
Aaronitischer Segen

Martina Gregory

Ich bin, was ich habe

Das große Abendmahl

Lukas 14,15–24

Zur Situation

Der Gottesdienst findet einmal monatlich im AWO–Seniorenzentrum statt, regelmäßig mit Abendmahl. Er wird beinah ausschließlich von Frauen besucht. Ungefähr ein Drittel der Teilnehmenden ist auf den Rollstuhl angewiesen, manche sind geistig verwirrt.

Ansprache

Liebe Gemeinde! Jesus hat den Menschen immer wieder vom Reich Gottes erzählt: wann es kommt, wie es kommt, wer hineinkommt, welche Gesetze dort gelten usw. Und wenn er davon redete, hat er oft Geschichten vom Essen erzählt. Er hat also im wahrsten Sinne des Wortes versucht, seinen Zuhörerinnen und Zuhörern Appetit auf Gottes neue Welt zu machen.
Stellt euch Gottes Reich vor wie ein großes Fest, und ihr seid die Gäste: feiern, sich bewirten lassen, lachen, Nähe und Gemeinschaft spüren, sich willkommen wissen, einen Platz haben in der Runde, an Leib und Seele genug haben, das ist Leben mit allen Sinnen, das ist das Reich Gottes.
Auch der Gastgeber hat seine Freude an dem großen Gastmahl. Es macht ihn froh, viele einzuladen, sich zu überlegen, wie er es ihnen schön macht. Es macht ihm Spaß, alle Vorbereitungen zu treffen und seine Gäste zufriedenzustellen. Liebevoll und mit Aufwand arrangiert er alles, bis er zu guter Letzt sagen kann: kommt, denn es ist alles bereit. Auf daß das Haus voll werde.
Jetzt kann's richtig losgehen, sollte man meinen. Aber falsch gedacht: Nacheinander fangen alle an, sich zu entschuldigen. Drei Stimmen kommen uns stellvertretend zu Gehör:
»Ich habe einen Acker gekauft und muß hinausgehen, um ihn mir anzusehen.«
»Ich habe fünf Gespanne Ochsen gekauft und gehe jetzt hin, sie mir anzugucken.«
»Ich habe eine Frau genommen, darum kann ich nicht kommen.«

Drei triftige Gründe, könnte man sagen. Schließlich kommt erst die Arbeit und dann der Spaß, erst die Verantwortung und dann das Vergnügen.
Müßte der Zorn des Gastgebers also bei genauerem Überlegen nicht einem Verständnis für die unglücklich Verhinderten weichen? Im Grunde sind es doch gehäufte unglückliche Umstände, die das Fest verderben, oder nicht?
Aber ich glaube kaum, daß Jesus nur eine Geschichte vom gekränkten Stolz erzählen wollte. Es muß etwas geben, was grundverkehrt an den Entschuldigungen der drei Männer ist.
Also: genauer hinhören, was sie sagen:
»Ich habe gekauft«, beginnt der erste.
»Ich habe gekauft«, beginnt der zweite.
»Ich habe genommen«, beginnt der dritte.
Das alles hat seinen Preis – der Acker, die Ochsen, auch die Frau, die kostet nämlich den Brautpreis. Darum ist das alles wohl wichtiger als die Einladung – die ist umsonst.
»Umsonst« also im doppelten Sinn.
Sie alle sagen im Kern dasselbe: Ich kann nicht kommen, denn die Begutachtung und Sicherung meines Hab und Guts ist mir wichtiger als das gemeinsame Fest. Das, was ich mir gekauft, genommen, wofür ich bezahlt habe, macht mir größere Freude als das, was ich aufgetischt und eingeschenkt bekomme. Jenes zu besehen, bringt die eigentliche Genugtuung und Zufriedenheit.
»Ich bin, was ich habe« ist die Devise dieser Männer, und so können sie gar nicht anders als das gemeinsame Mahl als verplemperte Zeit betrachten.
»Ich bin, was ich habe.« Und weitergedacht: »Je mehr ich habe, desto mehr bin ich.« Oder umgekehrt: »Ein Habenichts ist ein Nichts.«
Wenn das so ist, dann reicht es bald allerdings nicht, nur zu haben. Dann kommt es bald drauf an, mehr zu haben. Wehe jedoch, du verlierst, dann bist du verloren.
Wie sehr ich selbst von solchen Gedanken eingenommen bin, zeigt mir mein spontanes Verständnis für die Entschuldigungen der Männer. Ich sehe ein – sie können es sich nicht leisten, zu essen und zu trinken und zu feiern, wenn da Acker und Ochsen und Frau warten. Da muß man doch den Acker begutachten und die Ochsen zählen, sich den ehelichen Pflichten widmen. Sie können es sich nicht leisten, einer Einladung zu folgen, denn das Gebot, das sie in Herz und Sinn gemeißelt haben, heißt: »Du mußt dein Leben leisten, denn das Leben hat seinen Preis.« Damit kann man ja auch sehr erfolgreich sein, machen wir uns nichts vor. Damit läßt sich's weit kommen. Deshalb ist diese Einstellung ja gerade so attraktiv: Sie kann ungeheuer viel Selbstwert, Glück und Zufriedenheit schaffen. Da hat man was in der Hand. Was ist es für eine Befriedigung, fünf Gespanne Ochsen zu besehen, die man erworben hat, und dazu den Neid in den Augen der anderen.

Nur – was ist, wenn alles nicht mehr funktioniert? Wenn das geschieht, was zum Menschsein dazu gehört: wenn Krankheit dich herausreißt, wenn du alt wirst und die Kräfte nachlassen, wenn die Familie zerbricht, wenn ein Unfall alles ändert, wenn die Verhältnisse im Land sich wenden. Von all dem können manche von Ihnen ein Lied singen. Was ist dann? Paßt das Motto »Ich bin, was ich habe« zum Leben, wenn Leben auch dies heißt? Hält diese Einstellung stand auch in der Krise? Halte ich mit ihr durch? Das Gebot: Du mußt dein Leben leisten und sichern! – gibt das dann Sicherheit? Ich glaube, diese Einstellung, dieser Glaube, der viele beherrscht, ist unheilvoll.
In Jesu Geschichte schließen die Geladenen sich selbst aus vom Heil. Nicht der Gastgeber lädt sie aus; sie laden sich selbst aus.
Wer sind nun die, die an ihrer Stelle eingeladen werden? Es sind die Armen, Kranken, Blinden und Lahmen, die von den Landstraßen und Zäunen. Sie halten den Ochsenkäufern und Ackerbesitzern den Spiegel vor, der sichtbar macht, was auch sie bedrohen kann: Verlust, Krankheit, Vergänglichkeit. Sie führen vor Augen, wie absurd das Verhalten der drei Männer ist. Sie, die armen Teufel, die Habenichtse, ausgeschlossen vom Glück der Habenden, dem Tod vielleicht näher als dem Leben.
Wenn ich diese vor Augen habe, sehe ich, wie verrückt das Treiben jener ist. Gottes Heil, sagt Jesus, müßt ihr euch anders vorstellen: Es ist das Fest der Habenichtse. Es ist das Fest derer, die begreifen, daß Leben nicht zu kaufen noch zu sichern ist. Leben, das auch im Schatten blühen kann, ist immer geteiltes, geschenktes Leben. Was ist wichtig? Daß ich verstehe und glaube: ich lebe als Bedürftige mit Bedürftigen, als Eingeladene mit Eingeladenen, als Gottes Gast in der Welt.
Jetzt sagt er: »Kommt, denn es ist alles bereit.« Amen.

Liturgische Gestaltung

Lieder
Du hast uns, Herr, gerufen, EG 168
Kommt her, ihr seid geladen, EG 213
Ich lobe dich von ganzer Seelen, besonders Strophe 2, EG 250
Bewahre uns Gott, EG 171

Psalmen
Psalm 23 (Gott als Gastgeber)
Psalm 43,1–6 (Meine Seele dürstet nach Gott)

Lesungen
Jes 55,1–3(4–5)
Mt 26, 26–29

Kollektengebet
Gott, unser Gastgeber, du möchtest mit uns feiern,
möchtest uns bei dir haben und uns beschenken.
Wir sind jetzt deine Gäste und danken dir.
Durch Jesus Christus, der mit dir und dem Heiligen Geist
lebt und uns liebt von Ewigkeit zu Ewigkeit.
Amen

Klage/Schuld
Gott, du deckst uns einen Tisch, lädst uns ein in deine neue Welt.
Wir sollen deine Gäste sein.
»Kommt, denn es ist alles bereit«, sagst du.
Aber sind wir bereit?
Oder folgen wir Einladungen, die verlockender erscheinen?
Oder tun wir so, als seien wir nicht gemeint?
Oder denken wir, das sei vertane Zeit?
Sagen: ich bitte dich, entschuldige mich?
Gott, deiner Einladung möchten wir folgen.
Bei dir haben wir einen Platz.
Du hast Zeit für uns;
du gönnst uns soviel Gutes.
Erbarme dich.
Kyrie eleison

Gnadenspruch
Jesus Christus spricht: Ich bin das Brot des Lebens. Wer zu mir kommt, den wird nicht hungern und wer an mich glaubt, den wird nie mehr dürsten.

Fürbitten
Du, unser Gott, bist kein Gott der Satten und Selbstzufriedenen.
Du stehst auf der Seite der Hungrigen und Bedürftigen.
Ihnen richtest du ein Fest aus.
Wir bitten dich für alle, die keinen Platz haben,
die Obdachlosen,
die Ausgestoßenen,
die, die sich nach Haus und Heimat sehnen.

Wir bitten dich für alle, die verloren haben:
ihre Arbeit,
ihre Gesundheit,
ihre Partner,
sich selbst
und am Ende sogar dich, Gott.
Wir bitten dich für alle, die nur um Geld und Gut kreisen
und darüber vergessen, ihr Leben zu leben und es mit anderen zu teilen.
Laß sie Platz und Geborgenheit finden.
Gib ihnen Auskommen an Leib und Seele
und mache ihnen Lust auf dein Reich,
in dem wir alle deine Freundlichkeit schmecken und sehen sollen.
Amen.

Abendmahlsmeditation
Jesus, der Habenichts, der keinen Platz hatte, wo er sein Haupt hinlegen konnte, vertrieben aus seiner Heimatstadt, ihn nennen wir Brot des Lebens.
Er lädt uns ein an seinen Tisch, um sich selbst an uns zu verschenken. Er ruft uns zu seinem Abendmahl, um uns einen Vorgeschmack auf das zu geben, was einmal sein soll:
Alle haben einen Platz. Sie empfangen und schenken weiter, was sie zum Leben brauchen.
Angst und Schuld weichen der Liebe. In der Finsternis der Nacht bricht der Tag des Heils an:
»Tut das zu meinem Gedächtnis« sagt er. Wir erinnern uns:
Angesichts des Verrats feierte er das Fest der Versöhnung. Er war am Ende und feierte den Anfang des Reiches Gottes. Im Anblick des Todes lud er ein zur Feier des Lebens.
In jener Nacht, in der unser Herr ...

Segen
Gott segne euch und behüte euch.
Gott lasse sein Angesicht leuchten über euch und sei euch gnädig,
Gott erhebe sein Angesicht auf euch und gebe euch Frieden.

Silke Niemeyer

Ein liebevoller Blick auf mich

Zachäus begegnet Jesus
Lukas 19,1–10

Zur Situation

Ein Altenheim mit wöchentlichem Gottesdienst, den viele als festlichen »Akt« wahrnehmen, sich gut anziehen und sich innerlich vorbereiten. Wie überall gibt es für »Neue« Schwierigkeiten, wirklich dazuzugehören, einen Platz zu bekommen, der nicht schon belegt ist. Bei der persönlichen Begrüßung mache ich manchmal eine Bemerkung über eine schöne Kette, Bluse etc. Heute tue ich dies ganz bewußt.

Ansprache

Liebe Gemeinde, es ist schon ein gutes Gefühl, richtig angezogen zu sein. Genau zu wissen: ich habe keinen Fleck auf meiner Weste, mein Kleid sitzt richtig und meine Schuhe passen dazu. Vor dem Gottesdienst gibt es viele hier im Haus, die sich noch einmal genau überprüfen: ist mein Äußeres in Ordnung, liegen meine Haare so, wie sie sollen? Oder muß ich noch etwas an mir tun? Und dann wird die Schwester gebeten, zu helfen. Man fühlt sich einfach sicherer, wenn man weiß: es ist alles in Ordnung. So geht es mir jedenfalls, wenn ich vor dem Gottesdienst noch einmal in den Spiegel schauen kann und sehe: mein Beffchen sitzt gerade und die Haare tuns auch.
Wahrscheinlich hat er sich auch vor einem Spiegel hin- und hergedreht, der Zöllner Zachäus, hat sich von allen Seiten betrachtet, von vorn und hinten, seiner Dienerin befohlen, die Falten zu ordnen und die Haare noch einmal durchzubürsten, ehe er das Haus verließ. Und dann, stelle ich mir vor, redet er zu sich selbst: »Schöne Farben hat mein Gewand: leuchtend rot und blau. So schön ist sonst niemand gekleidet hier. Aber es war ja auch teuer genug. Von dem Preis könnte eine arme Familie sechs Wochen lang satt werden. Aber Qualität macht sich eben bezahlt!«
Vielleicht redet er noch weiter: »Heute gefalle ich mir selbst! Und daß ich so klein geraten bin, merkt man kaum. Alles ist makellos, das bin ich meiner

Stellung auch schuldig. Nun kann's losgehen!« Die Diener in Haus und Vorhof verneigen sich noch einmal ehrerbietig – und dann geht er auf die Straße hinaus: der Oberzöllner Zachäus, der Reiche, der Prächtige – der mit den Feinden gemeinsame Sache macht, der Römerfreund.

Und wie prächtig er sich auch herausputzt, wie tief sich auch seine Diener verneigen – nichts kann ihm sein Herzklopfen nehmen, die drückende Frage beantworten:»Werden sie sich heute wieder von mir abwenden, mir zeigen, daß ich nicht dazugehöre?«

Und kaum hat er sein Haus verlassen, geht es los. Wie immer:»Römerfreund!« zischt es,»Betrüger!« ruft einer,»was willst du überhaupt hier?« Er spürt, wie ihm das Blut in den Kopf steigt. Innerlich zittert er. Aber es gibt kein Entrinnen. Denn heute will er nicht zu Hause bleiben, eingesperrt in seinen eigenen vier Wänden. Heute kommt Jesus in die Stadt – und den will er sehen. Das wollen viele, es scheint, als sei der ganze Ort auf den Beinen und unterwegs zur Hauptstraße. Da wird Jesus entlangkommen, das wissen sie. Alle in der Stadt haben schon von ihm gehört. Auch Zachäus. Immer wieder sprachen die Menschen von Jesus, von seiner Art zu predigen, von seiner Kraft zu heilen, von der Wärme und Liebe, die er ausstrahle. Wie wohl man sich fühle, wenn man bei ihm sei: die Gesunden und die Kranken, die Frauen und die Männer, die Kinder und die Alten.

»Den will ich auch sehen«, hatte sich Zachäus vorgenommen.»Wenn er einmal nach Jericho kommt, gehe ich hin.«

Und heute ist es soweit. Schick gekleidet, ordentlich herausgeputzt geht er los: Zachäus, der Zöllner, der kleine reiche Mann, wagt es, erträgt die Blicke der anderen und hält an seinem Vorsatz fest: heute will ich dabeisein. Allerdings ist er vorsichtig. Mitten in die Menge wagt sich nicht, er braucht einen Sicherheitsabstand. So unter Menschen zu sein, ist er nicht gewohnt. Dazu ist er schon zu lange allein. Das Gefühl, einfach dazuzugehören, kennt er nicht mehr. Er drängt sich nicht einfach nach vorn. Er weiß: für mich wird sowieso niemand rücken. Darum versucht er es auch gar nicht erst so. Aber er gibt auch nicht auf: er will soviel von Jesus mitkriegen, daß er weiß, wovon alle reden.

Er sieht einen Maulbeerbaum am Straßenrand. In seinem Prachtgewand erklettert ihn der kleine Mann. Von oben, halb verborgen, will er zusehen. Hier hat er ausreichenden Abstand zu Jesus und den anderen Menschen. Hier kann er sehen, was passiert – ohne direkt einbezogen zu sein. Er muß kein Risiko eingehen. Wer anderen nicht zu nahe kommt, kann auch nicht abgewiesen werden. Wer nicht zuviel erwartet, wird nicht enttäuscht. Von einer gleichsam höheren Warte aus will er Jesus beobachten, Zuschauer sein. So, aus der sicheren Distanz, kann er Jesus wohl sehen, kann ihm aber nicht nahekom-

men. Zachäus weiß das nicht: er hat die Nähe zu Menschen verlernt. Aber Jesus weiß es. Er sieht zu ihm hinauf, sieht ihn und seine innere Einsamkeit und spricht ihn an: »Zachäus« sagte er. »Zachäus«, das bedeutet: er kennt seinen Namen. Er meint ihn ganz persönlich und ruft ihn aus seiner einsamen Höhe nach unten. Jesus sucht die Gemeinschaft mit Zachäus. Mit dem Vorsichtigen, dem Einsamen, dem Verachteten, dem Reichen – und wir wollen es auch nicht verschweigen: mit dem Betrüger. Er läßt seinen Blick auf ihm ruhen und ruft ihn, lädt sich selbst in sein Haus ein, bietet so seine Gemeinschaft an. Nicht eine distanzierte Begegnung: »Wie geht's, Zachäus?« Und der müßte dann antworten: »Oh, danke, gut!« oder »Ach, immer so weiter!« – Und Jesus ginge einfach darüber hinweg. Nein, es sieht ganz anders aus. Eine so nichtssagende Begegnung ließe Jesus sich nicht durchgehen. Und auch so nichtssagende Antworten nicht. Denn er will wirklich wissen, wie's Zachäus ums Herz ist, ihn interessiert, wie es in einem Menschen aussieht. Bei Zachäus und auch bei mir: wie dem Zachäus, so begegnet er mir: wo ich ängstlich und vorsichtig bin, wo ich aus Unsicherheit Abstand halte, sieht er mich und spricht mich an. Mit meinem Namen kennt er mich. Wie er Zachäus nicht vorher auf Herz und Nieren prüft, ob der es auch wert sei, daß einer wie Jesus sich mit ihm befaßt, tut er es auch mit mir nicht. Es reicht aus, daß da ein Mensch ist, der sich nach Wärme sehnt.
Und er lädt mich heute wie damals den Zachäus ein: herabzusteigen aus meiner einsamen Höhe, zu ihm zu kommen und mit ihm gemeinsam zu leben und mich wieder zu freuen. Er macht es mir möglich, Gemeinschaft zu finden mit Gott und allen, die zu ihm gehören: mit den Menschen ringsum.
Es tut gut, ordentlich gekleidet zu sein, das weiß ich. Es macht uns sicherer und selbstbewußter. Aber noch besser ist es, eine innere Heimat zu haben, einen Ort, wo ich hingehöre, an dem ein Platz für mich frei ist, einfach, weil ich da bin und ein Mensch bin.
Und damit Sie wieder genau wissen, wie diese Geschichte in der Bibel steht, lese ich sie nun zum Schluß der Predigt so, wie sie in der Übersetzung Dr. Martin Luthers zu finden ist:

Lesung: Lk 19,1–10

Und das bietet uns Gott in Jesus an: einen liebenden Blick auf uns. Dann können wir uns auch selbst liebevoll ansehen – um dadurch auch wieder einen neuen Blick zu gewinnen auf Gott und die anderen Menschen. Danke, guter Gott. Amen.

Liturgische Gestaltung

Lieder
Ist Gott für mich, so trete, EG 351,1.2.7.13
Lobt Gott, den Herrn, ihr Heiden all, EG 293
Lob Gott getrost mit Singen, EG 243,1-3.6
Weißt du, wieviel Sternlein stehen, EG 511
Such, wer da will, ein ander Ziel, EG 346
Jesu, meine Freude, EG 396,1+6

Psalm
Psalm 36,6-11

Lesungen
Jes 54, 7–10
1 Sam 16,1–13

Kollektengebet
Immer wieder, mein Gott, schaue ich mich mit kritischen Augen an.
Immer wieder stelle ich fest, was mir fehlt,
was ich nicht oder nicht mehr kann.
Wenn man mich fragt, fällt es mir leicht Dinge aufzuzählen,
die mir nicht gefallen an mir.
Und es fällt schwer, Dinge zu benennen,
die mir an mir selbst gefallen.
Auch andere Menschen schaue ich oft so kritisch an.
Der Mensch sieht, was vor Augen ist, Gott aber sieht das Herz an.
Das habe ich einmal gelernt.
Gut, daß du mich so ansiehst.
Gib mir heute diesen Blick für mich selbst und für alle, die mir begegnen.
Amen.

Klage
Jesus, deine Augen sind voller Liebe.
Es ist oft so schwer, liebevoll mit sich selbst umzugehen.
Immer wieder werden wir ungeduldig und reizbar.
Wir finden uns nur schwer ab mit Einschränkungen und Fehlern, die wir ertragen müssen.
Und es ist ebenso schwer,
die anderen um uns herum liebevoll zu betrachten und geduldig zu sein.

Du siehst uns alle, und ermunterst uns,
das Gute in uns und bei den anderen zu sehen.
Dazu brauchen wir deine Hilfe.
Herr, erbarme dich.

Gnadenwort
Wirf dein Anliegen auf den Herrn; der wird dich versorgen und wird den Gerechten in Ewigkeit nicht wanken lassen. (Ps 55,23)

Fürbitte
Du, großer Gott, hast einen Blick auch für die kleinen Dinge.
Du siehst nicht nur die Großen der Weltgeschichte, sondern jeden von uns: unsere Schmerzen und unsere Angst; unsere Krankheiten und unsere Traurigkeiten;
unsere Freude und unseren Mut; unsere Fähigkeiten und die verbliebene Kraft.
Du siehst uns an, wie du damals Zachäus angesehen hast.
Wie ihm, bietest du uns deine Liebe an.
Davon können wir leben.
Wir bitten dich: schenke uns heute einen liebevollen Blick auf uns selbst und die Menschen, die uns begegnen.
Du siehst die Menschen, die hier im Haus arbeiten.
Du kennst ihre Freuden und ihre Sorgen.
Gib du ihnen Kraft, ihre Arbeit mit Freude zu tun.
Du siehst unsere Stadt,
die Menschen ohne Obdach, Männer und Frauen ohne Arbeit.
Viele sind einsam und unglücklich.
Wir bitten dich: Gib du den Verantwortlichen den richtigen Blick
auf die Menschen, über deren Wohl sie mitentscheiden.
In unserem Land gibt es Not,
doch viel größer ist die Not in anderen Ländern unserer Erde.
Du siehst, daß Menschen hungern, Hunderte bei Massakern getötet werden, Epidemien sich ausbreiten.
Wir leben alle auf deiner Welt. Jeder Mensch auf ihr ist dir so lieb, wie wir es sind.
Gib uns den Blick der Liebe auf deine Welt,
daß wir an unserem Platz das tun, was wir können,
um deiner Liebe Raum zu geben.
Amen.

Segen
Gott segne dich. Er sehe dich freundlich an und öffne deine Augen für die Nöte in unserer Welt.
Jesus segne dich. Er sehe dich freundlich an und öffne deine Augen für die Hilfe, die du anderen sein kannst, und für die Hilfe und Liebe, die dir gegeben wird.
Der Heilige Geist segne dich. Er sehe dich freundlich an und öffne deine Augen für die Liebe, die Gott selbst für dich bereit hält, heute und in Ewigkeit.
So segne und behüte dich der dreieinige Gott, der Vater, der Sohn und der Heilige Geist. Amen.

Susanne Schildknecht

Dank bringt Nähe – Nähe bringt Dank

Die zehn Aussätzigen
Lukas 17,11–19

Zur Situation

Nicht mehr an allem teilnehmen zu können wie in jungen Tagen, tut weh. Viele BewohnerInnen unserer Alten- und Pflegeheime fühlen sich ausgegrenzt. Von der alten Nachbarschaft entfernt, aus der vertrauten Frauenhilfsgruppe heraus, manchmal auch von der Familie alleingelassen. Zu spüren: hier gehöre ich dazu, hier bin ich gern gesehen, ist wichtig. Jesus hat niemanden ausgegrenzt, er kam und kommt allen nahe, die das zulassen können.

Ansprache

Liebe Gemeinde,

Aussatz war zur Zeit Jesu eine Geisel der Menschheit, wie später die Pest oder heute Aids. Eine Krankheit, vor der die Menschen Angst hatten. Eine schreckliche Krankheit.
Vielleicht erinnern Sie sich noch an Bilder aus der Werbung von Spendenwerken: Leprakranke unserer Tage: zerfressene Körper, zerrissene Kleider – elend und arm. Das sollte an unser Herz rühren, Mitleid erwecken, die Portemonnaies öffnen.
Ansteckend war Aussatz, das wußte man damals aus bitterer Erfahrung. Der einzige wirksame Schutz für die Gesunden hieß: Trennung – ganz konsequent. Da wurde die Mutter von ihren Kindern getrennt, oder der Großvater von den Seinen. Aber auch Kinder erkrankten. Und ohne Ansehen der Person entschied ein Priester: hier ist jemand an Aussatz erkrankt und muß die Gemeinschaft verlassen. So wurden Aussätzige ausgeschlossen vom Leben in den Städten und Dörfern, vom Leben in ihrer Familie, von liebevollen Berührungen, Wärme und Geborgenheit. Nur mit Essen und Trinken wurden sie noch versorgt. Sonst waren die Aussätzigen allein, ausgestoßen und krank. Ein elendes Leben, das können wir uns vorstellen.

Daher besuchten sie sich gegenseitig, schlossen sich zu kleinen Notgemeinschaften zusammen. In Höhlen und Hütten lebten sie und warteten, manche unbelehrbar auf Gesundung, die nur selten oder, besser gesagt, fast nie erfolgte. Manche warteten auf den Tod, wenn die Krankheit immer quälender wurde, wenn das Sterben erstrebenswerter schien, als so weiter zu leben. Hoffnung gab es kaum: wer sollte helfen? Die Menschen hatten Angst vor ihnen und näherten sich ihnen nicht. Selbst Gott schien in weiter Ferne: sie durften zu keinem Gottesdienst. Und auch der Trost des ganz privaten Glaubens war ihnen verwehrt. Sagte man doch: Krankheit ist eine Strafe Gottes. »Womit habe ich das verdient?« die Frage, die ich hier manchmal höre – vielleicht war sie auch die Frage der Aussätzigen zur Zeit Jesu. Verlassen, von Gott und den Menschen. Schlimmer konnte es gar nicht mehr kommen, tiefer konnten sie nicht sinken.

Und dann kommt Jesus in ihre Nähe. Offensichtlich hatten sie von ihm gehört. Denn in ihrer Not rufen sie laut: »Jesus, lieber Meister, erbarm dich unser!« Wieviel Glaube hinter ihrer Bitte steht, wissen wir nicht. Aber wenn wir die Wege sehen, die krebskranke Menschen heute gehen, um dem drohenden Tod zu entkommen, dann können wir uns vorstellen, was in den Aussätzigen vorgeht. Schlimmer kann es ja gar nicht werden. Da scheint dieser Jesus, der Wunderheiler, die letzte Rettung zu sein. Und er nimmt nicht einmal Geld für seine Bemühungen. Nein, sie haben wirklich nichts zu verlieren. Kann er helfen, bessert sich vieles – kann er nicht helfen, bleibt ihre Lage wie bisher. Das ist ihre Situation. Er ist die einzige Möglichkeit, die sich ihnen bietet, dem vorgezeichneten Schicksal zu entrinnen.

Darum gehorchen sie wohl auch, als Jesus zunächst kein Wunder tut, sondern ihnen befiehlt: Geht, zeigt euch den Priestern. Von diesem Gang hing alles ab. Von dem Urteil der Priester, das über sie ergehen würde, hing der Fortgang ihres Lebens ab: zurück in die Einsamkeit oder nach vorn in ein neues Leben (oder in ihr altes Leben vor der Krankheit). Es wird berichtet: sie gingen los. Ohne Debatte. Wahrscheinlich fühlten sie eine fast unerträgliche Spannung in ihren Herzen. Und dann das Wunderbare: ihre Gesundheit kehrte wieder, als sie sich auf den Weg machten. Gemeinsam wagten sie den entscheidenden Schritt: entweder wir gehen hier zugrunde, wußten sie, oder wir werfen unser ganzes Vertrauen in die Waagschale und versuchen es. Und sie wurden rein. Was sie so grausam trennte von allen anderen Menschen, auch von Gott, war verschwunden. Von einem Moment zum anderen einfach nicht mehr da. Nur noch Erinnerung gab es an die schrecklichste Zeit ihres Lebens.

Uns ist klar: bis hierher erlebten alle 10 das Gleiche. Jetzt wäre eigentlich ein Dank an den Helfer angesagt: erst die Gesundung feststellen lassen und dann das neue Leben beginnen, das nun wieder offensteht. Dazwischen aber müßte

– das weiß jeder wohlerzogene Mensch – ein herzliches Dankeschön stehen. Nun, es geht ganz anders weiter. Neun von zehn starten sofort: sie stürzen sich in ihr neues Leben, übernehmen wieder ihre alten Aufgaben. Sie schütteln die Vergangenheit ab, wollen sie nur noch vergessen. Sie vergessen auch den Dank. Nur einer kehrt um, geht zu Jesus und dankt ihm – und Gott – mit der ganzen Freude seines Herzens. Ein Samariter war es, der zurückkam. Das wird deutlich betont: also einer, der sich nicht selbstverständlich zu denen zählen durfte, die von Jesus Hilfe erwarteten. Sicher stand er auch nicht in der ersten Reihe als die Aussätzigen Jesus ansprachen. Für ihn und die anderen war nicht ausgemacht, ob die Liebe und Kraft Jesu auch ihm galt.
Vielleicht war seine Freude deshalb so groß. Vielleicht machte dies den Unterschied aus: er nahm Gottes Hilfe nicht als Selbstverständlichkeit an, sondern als ein unverdientes Geschenk. Deshalb lag ihm der Dank so am Herzen.
Ich glaube, die anderen neun hätten alle gute Gründe nennen können für ihr Versäumnis: was gab es nicht alles zu tun, was stürzte auf sie ein?
Ich wollte erste einmal meine Familie, meine Kinder wieder berühren – ich hätte mich noch bedankt, ganz gewiß – hätte einer sagen können.
Die Freude hat mich ganz durcheinander gebracht, ich konnte meine Gedanken nicht sortieren. Da bin ich erst einmal mit allen anderen mitgerannt. Ja, bedanken werde ich mich noch, ganz bestimmt.
Meine vielen Aufgaben waren so lange unerledigt geblieben, ich kam erst gar nicht auf die Idee, erst noch etwas anderes zu tun. Erst die Arbeit ... Der Dank kommt noch, zu seiner Zeit.
Vergessen oder verschoben zu danken, das kenne ich auch von mir – und ich vermute, sie kennen das alle: den dringenden Ruf nach Gottes Hilfe: lieber Gott, hilf mir doch! Oder: lieber Gott, laß mich nicht allein. Oder andere Rufe und Bitten. Wenn nötig, immer wieder. Und wenn dann Hilfe kommt, nehme ich sie oft als Selbstverständlichkeit, rede von Zufall oder Glück, das mich getroffen hat. Aber ernsthaft Gott Danke zu sagen, vergesse ich oft. Ich glaube nicht, daß ich zurückgegangen wäre. Ich hätte mich sicher auch sofort in das Leben gestürzt wie die neun Aussätzigen. Und Sie?
Einer hält inne, nur einer. Einer geht zurück und dankt Gott, ehe er sich ins Leben stürzt, nur einer.
Was unterscheidet wohl sein Leben in Zukunft von dem der anderen? Sicher nicht anhaltendere Gesundheit oder größerer Wohlstand. Das wäre kein Zeichen, Gott besonders nahe zu sein.
Aber der eine hat noch mehr erlebt als die anderen. Er hat mehr erlebt, als gesund zu werden. Mehr als die Rückkehr in sein Leben, mehr noch gespürt als die Liebe seiner Familie. Nämlich einen unwiederbringlichen Moment. Er hat einen Moment der ganz innigen Gemeinschaft mit Jesus, mit Gott erlebt. Das

blieb ihm sicher unvergeßlich. Der Übergang von seinem vorherigen Leben in sein neues Leben ist gezeichnet von dieser Begegnung. Darum ist jeder Tag seines neuen Lebens nicht einfach eine Selbstverständlichkeit. Die Erinnerung an diese Nähe bleibt ihm unvergeßlich. Sie gibt ihm Kraft für die Zeit, die vor ihm liegt – aber auch die Kraft, sich an das Schlimme zu erinnern, das Grauen seiner Vergangenheit zu ertragen. Die Erinnerung an diese Begegnung macht ihn dankbar. Und wer dankbar lebt, lebt bewußter, freut sich mehr.
Den Aussatz verloren alle 10. Alle durften zurückkehren in ihre Dörfer und Städte, zu ihren Familien – und wie wichtig und wohltuend das ist, wissen wir alle hier nur zu gut.
Jesus sagt zu allen gleich: Geht zu den Priestern, ihr werdet gesund. Aber nur zu einem sagt er: Dein Glaube hat dir geholfen. Es geht also um mehr als körperliche Gesundheit – das hören wir. Es geht um eine andere Beziehung zu Gott. Eine Beziehung, die nicht endet, weder durch die Rückkehr in den Alltag, noch durch eine andere Krankheit. Eben eine unauslöschliche Beziehung, die auch dem Tod standhält. All das gilt dem, der gefragt hat: warum bin ich gesund geworden? Der dann innehält, umkehrt und sich bei seinem Helfer bedankt. Gottes Nähe hat er gerade im Danken ganz intensiv erfahren. Von nun an weiß er: mein Leben, mein Schicksal ist kein blinder Zufall, sondern Gottes Geschenk. Nicht Glück gehabt, sondern Gott sei Dank. Von nun an darf er vertrauen: Der Gott, der mir mein Leben schenkt, bewahrt es auch in seiner Hand.
Ich glaube, dieser Moment der großen Nähe zu Gott ist eine Erinnerung, die dem Alltag standhalten kann, auch wenn der manchmal Zweifel nährt an der Nähe Gottes. Amen.

Liturgische Gestaltung

Lieder
Was Gott tut, das ist wohlgetan, EG 372,1–3
Befiehl du deine Wege, EG 361,1.2.4.6
Bei dir, Jesu, will ich bleiben, EG 406,1.2.4
Nun preiset alle Gottes Barmherzigkeit, EG 502,1.2.5
Nun danket alle Gott, EG 321

Psalm
Psalm 107,1–9.20

Lesung
Jes 40,26-31

Kollektengebet
Heute morgen sind wir da, Gott, und suchen deine Nähe.
Gegen alle Einsamkeiten unseres Lebens laß uns wissen:
du bist um uns und in uns wie die Luft zum Atmen.
Du kannst unsere Leiden heilen,
du willst unser Leben teilen.
Bleibe in uns, heute und allezeit.
Amen.

Klage/Schuld
So wie früher kann ich nicht mehr, Gott, das weißt du längst.
Ich kann nicht mehr überall dabei sein,
manche Türen bleiben mir nun verschlossen.
Was ich früher so selbstverständlich tun konnte,
geht nun über meine Kraft.
Manchen Menschen bin ich fremd geworden,
weil wir uns nicht mehr begegnen.
Selbst hier im Haus fühle ich mich manchmal wie abgetrennt von den anderen,
allein und einsam.
Vieles ist anders geworden, Gott, du weißt es.
Geblieben ist meine Sehnsucht:
jemandem nahe zu sein, wünsche ich mir;
angenommen und geliebt zu sein, ist mein Verlangen.
Von dir soll mich nichts trennen, lieber Gott,
du kannst mir immer wieder nahe kommen.
Für einen Moment – für immer.
Laß mich das erfahren in meinem Leben,
stille du meine Sehnsucht, erbarme dich meiner.

Gnadenspruch
Gott bleibt uns nah und denkt an uns, das dürfen wir glauben. Frauen und
Männer, von denen die Bibel erzählt, haben das erfahren und uns überliefert.
So heißt es in einem der Psalmen: Gott denkt an uns und segnet uns (Ps 115,12).
Darauf können wir uns verlassen.

Fürbitte
Wir kommen zu dir, Gott, mit unseren Bitten,
weil wir glauben, daß dir kein Wesen auf dieser Erde gleichgültig ist.
Wir vertrauen darauf, daß du deine Menschen liebst und ihnen nahe sein willst.
So bitten wir dich für die Männer und Frauen hier im Haus,
die sich einsam fühlen, verlassen von den Menschen, die ihnen lieb sind.

Gib ihnen Menschen zur Seite, die zu ihnen gehören wollen, und schenk ihnen deine Nähe.
Für die, die lernen müssen, mit Krankheit und Schwäche zu leben, die traurig oder ungeduldig werden, bitten wir:
laß sie barmherzig sein mit sich selbst und schenk ihnen deine Nähe.
Für alle, die im Streit mit anderen leben und nicht zueinander finden, bitten wir: laß sie neue Wege sehen, die aufeinanderzu führen, und schenk ihnen deine Nähe.
Überall in der Welt leiden Menschen, Gott, an vielen Orten unserer Erde fehlt es an Liebe und Güte.
Darum bitten wir dich für alle Menschen nah und fern, daß sie erfahren dürfen, was es bedeutet, geliebt zu sein.
Für die Kinder, die am Beginn ihres Lebensweges stehen:
Laß sie erfahren, daß sie willkommen sind in deiner Welt.
Für die Jugendlichen, die noch nach Orientierung suchen:
Laß sie in allen Unsicherheiten ihres Lebens erfahren, daß sie angenommen sind.
Für die Menschen in der Mitte ihres Lebens, deren Tage oft so gefüllt sind, daß kein Platz bleibt für Ruhe und für Taten der Liebe:
laß sie spüren, daß sie einen Ort haben, an dem sie zu Hause sind; sei du der Ort.
Alle Menschen, denen es an Liebe fehlt, können wir gar nicht nennen, Gott.
Darum bitten wir dich nun in der Stille für die Menschen, die uns besonders am Herzen liegen.

Stille

Nimm du unsere Gedanken auf und hilf, daß unsere Welt immer mehr so wird, wie deine Welt sein soll.
Amen.

Segen
Gott segnet uns mit seiner Liebe.
Gott segnet uns, wenn wir spüren: er ist nah.
Seine Güte wird uns begleiten, wohin unser Leben auch führt.
Gott segne euch und behüte euch.
Gott lasse leuchten sein Angesicht über euch und schaue euch freundlich an.
Gott erhebe sein Angesicht auf euch und gebe euch seinen Frieden.
Amen.

Susanne Schildknecht

Gottesdienste mit Symbolen

Meine Zeit steht in deinen Händen
Symbol Uhr
Psalm 31,16

Zur Situation

Dieser Gottesdienst wurde in der Herbstzeit gefeiert.

Symbol: *Uhr*

Eine Uhr, auf der die Zeit stehengeblieben ist (Ps 31,16)
Eine große, alte Wohnzimmeruhr im »Gelsenkirchener-Barock« spielt in der Predigt eine Rolle. Sie tickt nicht mehr richtig (was ja auch häufig alten Menschen unterstellt wird) bzw. »geht« nicht mehr. Sie verdeutlicht das Empfinden vieler GottesdienstbesucherInnen, deren Zeit einfach stehengeblieben ist, die die guten Zeiten nicht festhalten können, deren Lebensrhythmus ein anderer ist als der in der hektischen Betriebsamkeit um sie herum. Ihr Leben ist langsamer geworden, sie haben ein eigenes Tempo.

Ansprache

Liebe Hausgemeinde,

ich habe Ihnen heute eine alte Uhr mitgebracht. Vielleicht haben Sie in Ihrem Zimmer ein ähnliches Exemplar stehen. Unsere alte Uhr macht sich sehr hübsch auf unserem alten Wohnzimmerschrank. Sie passen zusammen, beide im Gelsenkirchener-Barock. Viele BesucherInnen haben sich die Uhr schon angesehen und sie bewundert. Allerdings haben sich auch schon einige Leute erschreckt, wenn sie zufällig auf die Uhr geschaut haben. Diese Uhr tickt nicht nur nicht richtig, sondern sie ist irgendwann vor Jahren einfach stehengeblieben. Um viertel vor fünf. Man müßte sie reparieren lassen, denn ihr Uhrwerk ist kaputt. Die Zeiger bewegen sich nicht mehr. Diese Uhr hat für sich die Zeit angehalten. Wer hätte sich das nicht schon einmal gewünscht: Die Zeit einfach anhalten, das Glück festhalten zu können! Ich denke an die glücklichen Momente in unserem Leben, die wir gerne festhalten möchten und die doch unter unseren Händen zerrinnen: Glücksmomente wie die Weihnachtsfeste in der Kindheit, ein Lob in der Schule, die erste Liebe, der Hochzeitstag, das Wunder der Geburt eines Kindes, das erste selbstverdiente Geld, ein gemütlicher Nachmittag mit einer Freundin, ein schöner Ausflug, eine unvergeßliche Feier. Momente, Stunden und Tage, an die wir uns gerne erinnern, die wir genossen haben. Jede und jeder von Ihnen hat ganz persönliche Erinnerungen.
Wie schön wäre das, wenn in einem solchen Moment die Uhr einfach stehen bliebe, wenn es genauso unbeschwert, genauso glücklich bleiben könnte ... Aber wir machen die Erfahrung, daß gerade solche Momente sich besonders schnell verflüchtigen. Als Kind ist mir das oft so gegangen: Lange habe ich mich auf einen besonderen Tag gefreut, aber wenn der Tag dann erstmal da war, ging die Zeit schnell vorbei, viel zu schnell.
Die Zeit können wir nicht anhalten, schon gar nicht in unserer hektischen, schnellebigen Welt. Alle klagen über Hektik und Betriebsamkeit. Und viele machen mit und machen schnell, wenn es heißt: »Die Zeit drängt!«, »Zeit ist Geld!« In vielerlei Hinsicht sind diese Parolen auch bitter nötig, wenn ich an unsere bedrohte Umwelt denke oder an die Hilfe für notleidende Menschen oder wenn es um einen Krankenhausplatz geht oder um eine neue Behandlungsmethode bei einer lebensbedrohlichen Krankheit.
Aber vielfach nehmen wir uns einfach nicht die nötige Zeit für Dinge, die wichtig sind. Der Terminkalender jagt die Menschen von Termin zu Termin. »Heute hier, morgen dort!« ist kein Lied eines lustvoll wandernden Gesellen mehr, sondern bittere Wirklichkeit in der heutigen Arbeitswelt. Zeitdruck – den kennen Sie womöglich aus Ihrer eigenen Berufstätigkeit. Vielleicht kennen Sie

auch Hektik aus der Zeit, als Sie den Haushalt geführt haben und die Familie pünktlich versorgen mußten. Sicherlich erzählen auch Ihre Kinder und Enkelkinder von eigenen Terminproblemen.

Ausspannen, zu sich kommen, richtig Zeit haben, das können die meisten Menschen, die arbeiten, nur noch im Urlaub. Da sehnt sich so manch einer nach der Rente und schielt so manch eine auf die Jahre, die sie noch arbeiten muß. Hier im ... Haus hat die Zeit ein anderes Tempo. Natürlich sind da die Pflegerinnen und Pfleger, die in den Wohnbereichen fertig werden müssen, und auch das übrige Personal muß mit der Arbeitszeit sehr aufmerksam haushalten. Aber für Sie, liebe Hausgemeinde, und für die anderen Bewohnerinnen und Bewohner stellt sich die Frage nach einem Termin nicht so oft. Viele, die hier wohnen, haben Zeit, manche viel Zeit, andere sogar zu viel Zeit, Zeit, die nicht vorübergehen will. Zeit, die unausgefüllt ist, vergeht nur ganz langsam. Sie verrinnt wie der Inhalt einer Sanduhr: Körnchen für Körnchen. Man kann förmlich zusehen, wie die Zeit vergeht. Oder man schaut auf die Uhr, und ihre Zeiger scheinen sich gar nicht vorwärts zu bewegen, wie bei dieser alten Uhr. Wenn die Zeit nur so dahinschleicht, gerät man leicht ins Grübeln. Dann machen sich Gefühle breit von Unzufriedenheit, Unausgefülltheit, Ausgeschlossensein, Hilflosigkeit. Manchmal ist es wie ein langsames Fallen ins Bodenlose. Rainer Maria Rilke hat ein wunderschönes Gedicht über den Herbst geschrieben, der uns immer wieder deutlich macht, daß die Zeit nicht stehenbleibt.

Die Blätter fallen. Fallen wie von weit,
Als welkten in den Himmeln ferne Gärten;
Sie fallen mit verneinender Gebärde.

Und in den Nächten fällt die schwere Erde
Aus allen Sternen in die Einsamkeit.

Wir alle fallen. Diese Hand da fällt.
Und sieh dir andre an: es ist in allen.

Und doch ist Einer, welcher dieses Fallen
Unendlich sanft in seinen Händen hält.

Von diesem Einen, von Gott, der unser Leben in der Hand hält, singt auch der Dichter des Psalmes, den wir in diesem Gottesdienst gehört haben und in dem es heißt: »Ich, Gott, hoffe auf dich und spreche: Du bist mein Gott! Meine Zeit steht in deinen Händen.« Wir alle leben in der Zeit, sind der Zeit ausgesetzt, müssen uns ihr beugen. Aber einer ist da, der alles zusammenhält, uns alle. Er räumt jedem und jeder von uns

die eigene Zeit ein: zum Abbrechen und Bauen, zum Weinen und Lachen, zum Suchen und Verlieren, zum Lieben und Hassen, zum Streiten und Friedenmachen. Die Zeit, die Gott uns gibt, läßt sich nicht in Stunden, Minuten und Sekunden berechnen. Wir wissen selbst, daß die eine Stunde wie im Fluge vergehen und die andere sich scheinbar unendlich ziehen kann. Die Zeit, die Gott gibt, findet ihr Maß nicht in einer Uhr. Zeit im Sinne Gottes ist nicht unbedingt die der großen und scheinbar wichtigen Taten. Zeit Gottes bemißt sich im aufmerksamen Hinhören, in der Achtsamkeit für das Ungesagte, im Gespür für die leisen Zwischentöne, für die Dinge zwischen den Zeilen, im Gehör für die stillen Rufe und in der Aufmerksamkeit auf die kleinen Gesten. Hier können wir der Hektik und dem Geschwindigkeitsrausch der Welt um uns herum, die über so vieles hinwegfahren, entgegentreten. Gott gibt uns solche Zeit – als ein wertvolles Geschenk, und wir dürfen sie uns nehmen für unser eigenes Tempo, für die wichtigen Kleinigkeiten im Leben. Gott gibt uns die Zeit, weil wir ihm wichtig sind. Er will, daß wir in seiner Zeit Geborgenheit spüren können. Nicht jede Minute kommt uns erfüllt vor, und die erfüllten, schönen Augenblicke werden wir nicht festhalten können. Aber Spuren der Erfüllung werden bleiben, die uns stärken. So wollen wir hoffen, wie der Psalmdichter es tut: Ich, Gott, hoffe auf dich und spreche: Du bist mein Gott! Meine Zeit steht in deinen Händen.
Amen.

Liturgische Gestaltung

Lieder
Lobe den Herren, den mächtigen König, EG 317,1–3
Bis hierher hat mich Gott gebracht, EG 329
Ich steh in meines Herren Hand, EG 374
So nimm denn meine Händ, EG 376
Bei dir, Jesu, will ich bleiben, EG 406
Laß mich dein sein und bleiben, EG 157

Psalm
Psalm 31,2.3.6.10.11.15.16

Lesung
Koh 3,1-8

Kollektengebet
Gott, wir sind gekommen, weil du uns eingeladen hast.
Wir bitten dich, daß uns dein Wort so trifft,
daß wir es hören und verstehen, daß es uns helfen kann.
Den Traurigen gib einen Lichtblick, den Mutlosen neue Hoffnung.
Den Fröhlichen gib noch mehr Grund, sich zu freuen.
Laß ihre Fröhlichkeit um sich greifen,
damit viele, die nichts zu lachen haben, von ihr angesteckt werden.
Sei du mit deinem Segen bei uns allen.
Amen.

Klage, Schuld
Gott, du hältst die Zeit in deinen Händen.
Aber manchmal möchte ich sie dir aus den Händen reißen,
möchte am liebsten selbst darüber verfügen.
Gott, manchmal möchte ich die Uhr einfach anhalten.
Es gibt so schöne Momente, die ich festhalten und nicht wieder loslassen möchte,
aber die Zeit verrinnt, und die gute Zeit geht unwiderruflich zu Ende.
Gott, manchmal möchte ich die Zeiger auf der Uhr anschieben.
Es gibt so dunkle Momente, die ich fast nicht aushalten kann,
unter denen ich leide; aber die Zeit schleicht und geht nicht vorbei.
Gott, schenke uns Geduld und Hoffnung,
damit wir von dem leben können, was du uns schenkst.
Unsere Zeit steht in deinen Händen.
Erbarme dich unser.

Fürbitte
Wir danken dir, Gott,
weil wir in der Zeit leben, die du uns schenkst.
Jeder Tag und jede Nacht,
jeder Atemzug, den wir tun, jeder Pulsschlag kommt von dir.
Du gibst uns das Leben und den Mut zum Leben.
Du schenkst uns Zeit, damit keine und keiner leer ausgehen.
Du läßt uns hoffen über diesen Tag hinaus.
Wir bitten dich:
Bleibe mit uns unterwegs,
bleibe bei uns mit dem Licht, das du uns schenkst,
damit es keinem und keiner zu dunkel wird hier, wo wir leben.
Bleibe bei uns in deinem Sohn Jesus Christus, der unser Bruder ist,
damit allen geholfen werde, denen wir nicht helfen können.

Gott, bleibe bei uns, auch wenn es Nacht wird,
damit uns nichts von dir trennt –
heute, morgen und an jedem neuen Tag.
Amen.

Segen
Von guten Mächten wunderbar geborgen, erwarten wir getrost, was kommen mag. Gott ist mit uns am Abend und am Morgen und ganz gewiß an jedem neuen Tag. So segne und behüte dich der allmächtige Gott, der Vater, der Sohn und der Heilige Geist. Amen.

Astrid Faber-Iwanczik

Brücken bauen – Aufbrechen zum Leben
Symbol Brücke

Zur Situation

Gottesdienst zu einem Tag der Begegnung der Generationen im Altenheim der Gemeinde. TeilnehmerInnen: BewohnerInnen des Altenheims und ältere Gemeindemitglieder sowie Angehörige, Freundinnen und Freunde. Im Gottesdienst sind verschiedene kurze Texte eingesetzt, sowie mehrere Lesungen (vor der Predigt)

Symbol: *Brücke und Regenbogen*

Errichten des Symbols im Altarraum: eine auf Leinwand gemalte Brücke mit Pfeilern und Bögen aus Blocksteinen, Uferfundamente, darüber gespannt ein großer bunter Regenbogen.
Einführung in Thema und Symbol durch veschiedene Texte dazu (s.u. S. 95f.)

Ansprache

Sie sind aus der modernen Welt der schnellen Wege und wachsenden Verkehrsströme nicht wegzudenken: die vielen Brücken. Unterwegs sind wir immer wieder und selbstverständlich auf sie angewiesen: auf einer Fußgängerbrücke überqueren wir eine belebte Autostraße; die Autobahnbrücke mit ihren festen Pfeilern und Bögen überspannt ein weites Tal; auf der mächtigen Eisenbahnbrücke überfahren wir sicher den Rhein bei Köln. Ohne Brücke wäre manches Hindernis oder Tal, manch weiter Strom und tiefer Abgrund nicht oder kaum zu überwinden; unsere Wege kämen nur mit Mühe zum Ziel; viele Begegnungen, Besuche, Hilfen von Mensch zu Mensch wären erschwert oder gar unmöglich. Wo Brücken abgebrochen oder zerstört sind, wo Wege in der Sackgasse enden, brechen auch bald Verkehrsströme und menschliche Begegnungen ab.
Brücken auf unseren Wegen sind immer notwendig und weiterführend; wir brauchen sie, nicht nur, um den Verkehr reibungslos zu organisieren und si-

cher zum Ziel zu leiten. Wir brauchen auch zeitlebens und jeden Tag wieder Brücken der Begegnung, der Verständigung und Orientierung im täglichen Miteinanderumgehen von Mensch zu Mensch, da, wo wir leben und wohnen, arbeiten und feiern, sprechen und hören.
Die tragfähigen und oft schwungvollen Konstruktionen von Brücken wecken unser Staunen und Vertrauen, wir verlassen uns auf die gekonnte Arbeit der Brückenbaumeister; denn schließlich sollen Brücken lange und zuverlässig ihre verbindende Funktion für uns erfüllen.
Eine solide Technik des Brückenbauens ist auch im menschlichen Leben und Miteinander von Anfang an und zeitlebens notwendig, wenn es recht funktionieren und gelingen soll. Was sich so selbstverständlich anhört, ist doch immer wieder neu zu wagen und zu erproben. Denn: wo und von wem haben wir selber, Sie und ich, gelernt und wirklich erfahren, wie es geht und gelingt, zuverlässige, dauerhafte Brücken zueinander zu schlagen und miteinander aufzubauen? Brücken, die unsere Sehnsucht nach Verständigung und Gemeinschaft, nach Sinn und Zukunft erfüllen; Brücken, die Gegensätze und Abgründe überspannen können; Brücken, die auch in Krisen standhalten, Grenzen und Mauern überwinden?
Welchen Brücken können wir uns getrost anvertrauen, damit sie uns hinübertragen ans andere, oft noch unbekannte Ufer des Lebens, wo wir unsere Wege mit neuen Hoffnungen und Kräften weitergehen wollen? Solche Fragen spiegeln unsere Sehnsucht nach tragenden Antworten und mitgehenden Gefährten wider, sie stellen sich uns besonders an den Übergängen des Lebens.
Die meisten unter uns spüren die Herausforderungen und Begleiterscheinungen des Älterwerdens, ja des Alters. Wir erleben Abschiede, Trennungen, Krisen intensiver als früher und wünschen gerade deshalb, daß die gewachsenen, lange tragenden Verbindungen zur Familie, zu Freunden, zur Gemeinde bestehen bleiben: wir klammern uns an erworbene Fähigkeiten und Besitztümer und müssen doch schmerzlich Veränderungen und Verluste zulassen. Wir haben unsere religiösen Pflichten von klein auf treu erfüllt und zweifeln doch oft daran, ob Gott es gut mit uns meint und uns auch jetzt beisteht und weiterhilft. Wir tun uns schwer, bisher Gewohntes aufzugeben, vertraute Menschen und Orte loszulassen, von neuem aufzubrechen, ohne genau zu wissen, wie und wo wir ankommen.
Gerade diese Schritte in eine ungewisse Zukunft stellen unsere bisherigen Lebensbrücken auf eine Bewährungsprobe. Dabei kann uns bewußt werden, worauf es jetzt ankommt. Gerade jetzt im Alter und Älterwerden brauchen wir die innere Gewißheit, die erneute Erfahrung, ja, den aufrichtigen Zuspruch: Fürchte dich nicht, du bist nicht verlassen und verloren, du kannst weiter hoffen und vertrauen, wage den neuen Aufbruch in dein Leben; du wirst gehalten,

getragen, geleitet auf dem Weg zum Ufer, das vor dir liegt! Woher aber nehmen wir diese Gewißheit, diese Erfahrung, diesen Zuspruch als Fundamente und Bausteine für die Brückenschläge, die jetzt unsere Krisen und Ängste überwinden, unsere Trennungen und Einsamkeiten überbrücken, unsere Lebenswege zwischen den Ufern verbinden helfen? Ein Sprichwort verweist uns auf einen grundlegenden Zusammenhang: »Das Wort, das dir weiterhilft, kannst du dir nicht selber sagen.« Ein anderes vermittelt die Erfahrung: »Ein guter Mensch ist zuverlässiger als eine steinerne Brücke.« So wie bei dieser Brücke, die zuverlässig ihre Aufgabe erfüllt, stecken in jedem von uns Erfahrungen, Fähigkeiten, Talente, menschliche »Bausteine«, mit denen wir gerade in schwierigen Lebenszeiten die jetzt notwendigen Brücken fundamentieren und aufbauen können. Diese eigenen Kräfte in uns und zwischen uns gilt es wieder zu entdecken und zu wecken. Sie als unser »Baumaterial« mitzubringen und einzusetzen, damit wieder ein zuverlässiger Brückenschlag wachsen kann, der von Mensch zu Mensch verbindet und trägt: zwischen Gestern, Heute und Morgen, über Abgründe und Grenzen des Lebensweges hinweg. Ein Anfang ist getan, wenn wir einander offen die Hände reichen, uns freundlich ansehen, ansprechen, anhören, eine kleine Hilfe anbieten. Wenn wir so Schritte aufeinanderzu wagen, gegenseitig Vertrauen und Geduld »investieren«, Fremdheit und Einsamkeit verlieren, zueinander und zu uns selbst finden; wenn wir so aufeinander bauen, dann erfahren wir: unsere Mühe lohnt sich, wir sind und werden füreinander zu Brücken der Hoffnung: denn: wer Halt gewährt, verstärkt in sich den Halt; wer Trost spendet, vertieft in sich den Trost; wer Heil wirkt, dem offenbart sich das Heil (M. Buber).
Hier überschreiten wir die Grenzen der eigenen Möglichkeiten und »Baukunst«. Bei unserem Lebenswerk, an dem wir täglich weiterbauen und uns dabei gegenseitig ergänzen, können wir uns auch auf einen höheren, in uns wirkenden Verbündeten verlassen: ER kommt all unserem Bemühen mit seinem Segen zuvor und vollendet es in seiner Kraft. Wir sind eingeladen, uns glaubend und hoffend dem göttlichen Brückenbauer anzuvertrauen, der im Zeichen des Regenbogens Himmel und Erde, Heute und Morgen verbunden hat und so mit uns Menschen einen neuen Anfang gemacht hat; Gott ist es, der im Zeichen der Himmelsleiter dem wandernden Jakob seine Segensverheißung zugesprochen hat: Ich bin mit dir, ich behüte dich, wohin du auch gehst, denn ich verlasse dich nicht, bis ich vollbringe, was ich versprochen habe. Wir können, wie die Jünger im Boot, bei Nacht und Sturm aufbrechen und in lähmenden Ängsten und Zweifeln die Stimme Jesu hören: Habt Vertrauen, ich bin es, fürchtet euch nicht! Wir können, wie Petrus, seine rettende Hand ergreifen, die uns sicher hält, ins ruhige Boot holt, unsere tastenden Schritte zum Ziel leitet. Durch seine vertrauende und befreiende Zuwendung erweist sich Jesus als *die* zu-

verlässige Brücke über unsere Abgründe und Grenzen hinweg bis zum Ende, zur Vollendung unserer Wege.
Jesus ist und bleibt *der* Weg, *die* Wahrheit, *das* Leben Gottes in uns; im Vertrauen auf ihn und sein Mitgehen können wir heute wagen, lebendige Brücken der Hoffnung und Brückenbauer einer menschenfreundlichen Zukunft zu sein.

Liturgische Gestaltung

Lieder
Den Weg wollen wir gehen, MLB B 34
Da berühren sich Himmel und Erde, Miteinander, Kevelaer 1993, Nr. 82
Ich möcht', daß einer mit mir geht, EG 209
Laß uns in deinem Namen, Herr, EG 658
Herr, gib mir Mut zum Brückenbauen, EG 669
Was Gott tut, das ist wohlgetan, EG 372,1.2.6
Von guten Mächten treu und still umgeben, EG 652
Der du die Zeit in Händen hast, EG 64,1.2.6
Komm, Herr, segne uns, EG 170
Ausgang und Eingang (Kanon) EG 175
Singt dem Herrn ein neues Lied, GL 268

Psalmen
Psalm 71,1–3.5–9.17–20.23
Psalm 18,2–3.5–7a.17.20.29–33.50
dazu als Kehrvers: Du führst mich hinaus ins Weite, du machst meine Finsternis licht (GL 712)

Lesungen
Gen 9,12–15
Gen 28,10–13.15–17
Mt 14,22–33

Kollektengebet
Die Brücke
beiden Ufern Last,
trennendem Strom Widerspruch,
reißendem Wirbel Trotz –
standhaltend den Gewalten,
Spannung ertragend.

Die dich selber trägt,
die dich zum Tragen befähigt:
So trägst du, Brücke,
den, der da geht
und den, der da kommt –
trägst selbst noch die,
die sich auf dir zornvoll begegnen.
Hervorgebracht
hat dich nicht die Natur;
nicht gewachsen bist du
wie Baum und Strauch,
nicht geworden wie Berg und Strom.
Du wurdest erdacht
mit dem Herzen,
himmlischem Urbild nachgebaut.
Als Zeichen
ragst du heraus
aus der Natur,
Abbild des Bundeszeichens,
das Gott in die Wolken gesetzt,
des Zeichens der Hoffnung,
das über Abgründen steht:
keinem Ufer zur Last mehr,
hindeutend auf die Welt,
in der alle Ufer,
alle Trennung
und aller Widerspruch
überwunden sein werden
ewiglich überwunden
durch Seiner Liebe Gewalt.

(Lindolfo Weingärtner, in: ders. Netz der Hoffnung, Erlanger Verlag Mission und Ökumene, Erlangen, 1980 S. 14)

Fürbitte
Herr,
ich möchte den Mut zum Bau von Brücken haben
zwischen mir und denen,
die ich nicht mag und nicht verstehen kann,
die mir mißtrauen oder mich enttäuschen;

zwischen mir und denen,
mit denen ich im Streit leben
Brücken auch für die,
die untereinander streiten.
Brücken zwischen meinem Kreis und anderen Kreisen,
meiner Generation und anderen Generationen,
meiner sozialen Gruppe und anderen Gruppen.
Brücken zu denen, die draußen sind,
den Enttäuschten, den in Vorurteil Befangenen,
den Abgefallenen, den Spöttern und Feinden.
Ich möchte den Mut zum Brückenbau haben auch dort,
wo Brückenbau unpopulär ist,
quer hindurch durch die eisernen Vorhänge der Angst
und der Selbstgerechtigkeit.
Ich bitte dich um den Mut zum Brückenbau!

(Ernst Lange, in: Ernst Lange, Der Herr des Glaubens und die Gehilfen der Freude.
Burckhardthaus-Laetare Verlag, Offenbach)

Klage/Schuld
Liedtext: Meine engen Grenzen (Miteinander Nr. 116)

Gnadenzusage
Mein Glaube ist oft nur ein brüchiger Steg
über die Abgründe meiner Ohnmacht und Angst.
Vertrauen ist oft kein Wort meiner Muttersprache.
Du aber, Gott, hast mir Brücken gebaut über die Tiefen meines Lebens.
Deine Hand führt mich sicher zu dir und zum neuen Ufer.
Du überwindest mein Mißtrauen, ich fürchte nicht mehr mein Unvermögen,
ich freue mich deiner Kraft.
In Hoffnung und Zuversicht kann ich meinen Weg finden und gehen. Amen.

Segen
Segne uns,

Du Gott der Anfänge, segne uns,
wenn wir deinen Ruf hören,
wenn deine Stimme lockt
zu Aufbruch und Neubeginn.

Du Gott der Anfänge, behüte uns,
wenn wir loslassen und Abschied nehmen,

wenn wir dankbar zurückschauen
auf das, was hinter uns liegt.

Du Gott der Anfänge,
laß dein Gesicht leuchten über uns,
wenn wir in Vertrauen und Zuversicht
einen neuen Schritt wagen
auf dem Weg unseres Glaubens.

Du Gott der Anfänge, schenke uns Frieden,
wenn der eigene Weg uns aufwärts führt,
wenn wir Lebewohl sagen.
Laß deine Blumen blühen für jeden von uns,
laß Wind uns den Rücken stärken
und die Sonne warm auf das Gesicht scheinen,
wo immer wir gehen.

Gott der Anfänge, segne uns.

(Aus dem alten Irland)

Texte zur Einstimmung und zur Besinnung

Die anderen Brücken

Du hast einen schönen Beruf, sagte das Kind zum alten Brückenbauer, es muß sehr schwer sein, Brücken zu bauen. Wenn man es gelernt hat, ist es leicht, sagte der alte Brückenbauer, es ist leicht, Brücken aus Beton und Stahl zu bauen. Die anderen Brücken sind sehr viel schwieriger, sagte er, die baue ich in meinen Träumen. Welche anderen Brücken, fragte das Kind. Der alte Brückenbauer sah das Kind nachdenklich an. Er wußte nicht, ob es verstehen würde. Dann sagte er, ich möchte eine Brücke bauen von der Gegenwart in die Zukunft, über Vergangenes hinweg. Ich möchte eine Brücke bauen von einem zum anderen Menschen, von der Dunkelheit in das Licht, von der Traurigkeit zur Freude. Ich möchte eine Brücke bauen von der Zeit in die Ewigkeit, über alles Vergängliche hinweg. Das Kind hatte aufmerksam zugehört. Es hatte nicht alles verstanden, spürte aber, daß der alte Brückenbauer traurig war. Weil es ihn wieder froh machen wollte, sagte das Kind, ich schenke dir meine Brücke. Und das Kind malte für den Brückenbauer einen bunten Regenbogen.

(Anne Steinwart, gefunden in: das Zeichen, 89/4, April 1982, Lahn–Verlag)

**Bis wir
ans letzte Ufer gelangen**
Auf schwebenden Brücken
sind wir unterwegs
und zu Hause.
Immer aufs neue
von vertrauten Ufern
entlassen,
suchen wir.
Drängend und zögernd
suchen wir,
widerstrebend
und voller Sehnsucht
suchen wir,
glaubend und zweifelnd
suchen wir,
fürchtend und hoffend
suchen wir,
ohne zu wissen,
suchen wir.
Bis wir ans letzte Ufer
gelangen
suchen wir –
die verschiedensten
Namen nennend –
DICH.

(in: Christa Peikert – Flaspöhler, Füße hast du und Flügel. Gedichte. © Lahn-Verlag, Limburg 2. Aufl. 1986)

Bruder Gustav Bücker

Unsere Hände – Gottes Hand

Symbol Hand

Zur Situation

Viele alte Menschen leben in dem Gefühl, daß über sie zunehmend bestimmt wird, sie selbst »nichts mehr in der Hand haben«. Einerseits ist das Realität, andererseits gibt es oft unausgeschöpfte Möglichkeiten, das eigene Leben selbst in die Hand zu nehmen. Die Hand Gottes nimmt die Sehnsucht nach Geborgenheit und liebevollem Geleit in den Blick.

Symbol/Zeichen: *Hände der Menschen*

Ansprache

Haben wir's in der Hand, liebe Gemeinde, oder haben wir's nicht in der Hand – unser Leben und das Leben unserer Kinder?
Das ist eine große und schwierige Frage. Sie ist das Thema dieser Predigt.
Vielleicht kommen wir der Antwort näher, wenn wir bei den Händen anfangen, bei unseren Händen:
kleine Hände, große Hände, lange Finger oder eher kurze, schöne Hände und starke, Hände mit einer Schwiele hier und da, gepflegte und geschmückte Hände; Hände, die viel gearbeitet haben und jetzt müde sind, Hände, die gestreichelt haben und weggestoßen, die empfindsam sind oder auch knallhart, Hände, die zupacken können und manchmal zögern, die fest eine andere Hand drücken oder sich auch mal in den Schoß legen zum Ausruhen ...
Hände handeln, begreifen, ergreifen die Welt – unsere Hände!
Was tun wir mit ihnen, was lassen wir? Haben wir unser Leben in der Hand?
Was habe ich in der Hand? (*Zeigen der offenen Hand*)
Ich habe nichts in der Hand!
Übertragen auf das Leben: Ich habe nichts von den wirklich wichtigen Dingen in meinem Leben in der Hand: Glück, Gesundheit, Liebe, Gedeihen derer, die mir am Herzen liegen, Frieden hier und in aller Welt.

Aber nein – das stimmt doch nicht ganz! Vieles haben wir auch in der Hand, können wir tun und beeinflussen: Wer Freundlichkeit sät, z. B. beim Pflegepersonal, der wird in der Regel auch Freundlichkeit ernten. Und auch, wie wir z. B. auf die neuen Mitbewohner hier im Haus zugehen, wie wir mit unserer Gesundheit umgehen, wie wir am Leben hier teilnehmen: all das beeinflußt unser Wohlbefinden, unser Lebensgefühl!
Unsere Hände – die sind das eine!
Und das andere ist: Gottes Hand, anders als unsere Hände – größer, mächtiger, liebevoller ...
Wir kommen aus Gottes Hand und wir gehen zurück in Gottes Hand. Die Kinder, die Babys fallen uns aus Gottes Hand in den Schoß. Und wenn wir von Menschen Abschied nehmen, wenn wir sie beerdigen müssen, dann legen wir sie zurück in Gottes Hand.
Die Biologen beschreiben das anders.
Aber warum soll es nicht so sein, daß es da jenseits unserer Welt, unserer Wahrnehmung eine Hand, eine Gotteshand gibt, in der die Menschen geborgen sind: bevor sie zur Welt kommen und nachdem sie diese Welt wieder verlassen müssen.
Eine große Hand ist das, eine warme Hand, die alle hält und schützt – die, die wir noch nicht kennen und die, die wir aus den Augen verloren haben.
Und dann kommt ein Menschenkind zur Welt aus dieser Wärme und Geborgenheit und die Welt ist in vieler Hinsicht härter und kälter. Aber sie ist auch schön und lebenswert. Und es gibt diese Menschenhände. Sie können wärmen und schützen, streicheln und trösten. Es ist gut, Hände zu spüren von Vater und Mutter, von Menschen, die es gut mit uns meinen.
Und hinter und unter diesen Menschenhänden, da sehe ich wieder die große Gotteshand.
Wir brauchen beides: Wärme, Schutz und Geborgenheit, aber auch Freiheit, Selbständigkeit und Weite.
Wir haben einen Gott, der uns beides sein will: Zuflucht und Rückenwind, die warme Hand, in der wir uns bergen können und der zuverlässige Begleiter über die Klippen und durch die Stürme des Lebens.
Gottes Menschen sind behütete Menschen. Gottes Menschen sind freie Menschen. Gottes Menschen sind aufrechte Menschen. Gottes Kinder, Gottes Menschen dürfen klein und schwach sein, aber sie werden nie klein gehalten oder gar klein gemacht – jedenfalls von Gott nicht. Sie gehen in die Freiheit, aber sie sind nie haltlos.
Und Gottes Kinder begegnen auch anderen so: Sie geben ihnen Schutz und Fürsorge, aber sie lassen ihnen auch Freiheit.

Viele Menschen warten auf eine ausgestreckte Hand. Viele warten vergeblich, auch unter uns.
Als Christinnen und Christen werden wir nach unseren Kräften und Möglichkeiten füreinander Verantwortung übernehmen, füreinander dasein, aufeinander achten.
Aber das andere kommt immer zuerst. Gott wendet sich uns zu und verspricht: Ich bin für dich da wie eine sehr gute Freundin, wie ein großer Bruder, wie ein zärtlicher Vater, wie eine starke Mutter. Du kannst dich bei mir ausweinen. Du kannst mir alles anvertrauen. Ich freue mich mit dir. Ich kann auch vertragen, wenn du wütend und zornig bist. Ich habe dich lieb so, wie du bist. Du kannst deine Hand in meine legen und so werde ich, Gott, dir helfen, deinen Weg durchs Leben zu gehen. Amen.

Liturgische Gestaltung

Lieder
Liebster Jesu, wir sind hier, EG 161
Ich steh in meines Herren Hand, EG 374
So nimm denn meine Hände, EG 376
Sollt ich meinem Gott nicht singen, EG 325
Meinem Gott gehört die Welt, EG 408

Psalm
Psalm 91,1f.9-12

Lesung
Lk 15,1-7

Kollektengebet
Gott der ganzen Welt, du erforschst und du kennst uns.
Du bist uns nahe und willst mit uns durch unser Leben gehen.
Wir nehmen unsere Tage aus deiner Hand, die guten und die schweren.
Wir vertrauen uns dir an: das Schöne, das uns froh macht;
die Hoffnung, die uns trägt; das Leid, das uns drückt;
die Sorgen, die uns quälen.
Bei dir sind wir in guten Händen durch Jesus Christus,
der mit dir und dem Heiligen Geist lebt und regiert in Ewigkeit.
Amen.

Klage/Schuld
Komm uns nahe, Gott, sei uns Schutz und Schirm!
Hör doch, was uns durch den Kopf geht, was wir nicht aus dem Sinn kriegen und nur so schwer in Worte fassen können:
unsere Schuld, unsere Hilflosigkeit, unsere Angst.
Sieh dir unsere Hände an.
Du weißt, was sie getan und was sie gelassen haben.
Du weißt, wir machen manches falsch und das Herz ist uns schwer.
Dir können wir sagen, was uns bedrückt:

Stille

Wir bitten dich: Nimm weg, was uns belastet, vergib uns unsere Schuld, erbarme dich unser!

Gnadenzusage
Jesus Christus spricht:
Den Menschen, die mich hören, die mir folgen, gebe ich das ewige Leben. Niemals werden sie umkommen und niemand wird sie aus meiner Hand reißen. (Vgl. Joh 10,28)

Fürbitte
Gott, du behütest unser Leben, du hältst uns alle in deiner Hand.
Deine Liebe hat uns ins Leben gerufen und trägt uns in Freude und Glück, aber auch in Not und Traurigkeit.
Aus deiner Hand kommen wir.
Von deiner Liebe leben wir.
Du hast uns Menschen anvertraut, die wir lieb haben:
unsere Familien, Freundinnen und Freunde, gute Nachbarn hier im Haus.
Wir beten für sie in der Stille.

Wir denken besonders an die Frauen und Männer, die trauern,
weil sie einen geliebten Menschen verloren haben.
Menschliches Leben, menschliche Liebe hat ein Ende.
So schmerzlich das ist, laß es uns begreifen und aushalten
und darauf vertrauen, daß deine Liebe bleibt und trägt, wo wir am Ende sind.
Du hast auch Menschen an unsere Seite gestellt,
bei denen es uns schwerfällt, ihnen liebevoll die Hand zu reichen.
Mißverständnisse stehen zwischen uns und ihnen, Streit und Verletzungen.
Gott, gib uns die Kraft zur Versöhnung
und ein weites Herz, das vergeben kann.

Dir, Gott, vertrauen wir Freunde und Feinde an, uns und unsere Welt, unser Fühlen, Denken und Handeln.
Auf dich hoffen wir heute und alle Zeit.
Amen.

Segen
Gottes Hand gebe euch Halt. Gottes Liebe gebe euren Händen Sanftmut. Gottes Geist sei unter euch.
Aaronitischer Segen

Martina Gregory

Einzigartig wie die Muschel

Symbol Muschel
Psalm 104,24–27

Zur Situation

Im Blick sind die etwa zwanzig Bewohner und Bewohnerinnen eines katholischen Altenpflegheims, die regelmäßig zum jeden zweiten Freitag stattfindenden evangelischen Gottesdienst kommen. Sie sind es gewohnt, dem Gottesdienstgeschehen nicht nur beizuwohnen, sondern daran beteiligt zu werden. Das gilt für die Psalmen und Gebete genauso wie für die Ansprache.

Symbole/Zeichen: *Sand, Muschel, Gras*

Der hier vorgestellte Gottesdienst kurz vor Erntedank hat die Schönheit der Schöpfung am Beispiel des Meeres zum Thema. Als Symbol für die Unverwechselbarkeit aller Geschöpfe werden Muscheln im Verlauf der Ansprache verteilt und betrachtet. Der Tisch ist als Meereslandschaft mit Sand, Muscheln und Gras geschmückt.

Ansprache

Liebe Hausgemeinde,

es ist kaum zu glauben: Noch letzte Woche um diese Zeit war ich im Urlaub, in Portugal. Zwei Wochen Ferien am Meer, am Atlantik, an der Algarve im Süden Portugals. Es war wunderschön. Wir hatten alles, was das Herz begehrte: Sonne, nicht zuviel und nicht zuwenig, ab und zu einen erfrischenden Schauer, Wärme, eine immergrüne Landschaft und eben das Meer. Es hat uns sehr gut getan, für eine Weile weit weg von zu Hause zu sein, abschalten zu können, Arbeit Arbeit und Sorgen Sorgen sein zu lassen. Alles, was uns bedrückte, haben wir einfach zu Hause gelassen. Ich kann mir denken, so gut wie uns ist es vielleicht auch dem Psalmbeter ergangen, dessen Zeilen heute der Pre-

digttext sein sollen. Ich stelle mir vor, wie er am Meer steht in der Abendsonne, die alles in ein freundliches, warmes gelbes Licht taucht: das Wasser, den Sand, die Boote. Und wie ihm aus purer Leichtigkeit und Glück danach zumute ist zu singen, denn ein Psalm ist ja nichts anderes als ein Lied. Ich lese einige Zeilen aus diesem Lied, dem 104. Psalm: (Verse 24-27)
»Gott, wie sind deine Werke so groß und viel! Du hast sie alle weise geordnet, und die Erde ist voll deiner Güter. Da ist das Meer, das so groß und weit ist, da wimmelts ohne Zahl, große und kleine Tiere. Dort ziehen Schiffe dahin; da sind große Fische, die du gemacht hast, damit zu spielen. Es warten alle auf dich, daß du ihnen ihre Speise gibst zur rechten Zeit.«
Den einen oder anderen Vers dieses Psalms werden Sie vielleicht kennen. Am Erntedanktag, der uns ja bevorsteht, wird er gelesen. Gerade jetzt im Frühherbst kann man staunen darüber, wie die Werke Gottes so groß und viel sind. In den Gärten duftet es nach reifen Äpfeln, Pflaumen. Die Kürbisse sind wie große gelbe Farbkleckse an den Zäunen, und die Blätter an den Bäumen verfärben sich. Kastanien liegen auf den Wegen. Wir haben wohl fast alle als Kinder Kastanien von den Bäumen abgeschlagen und sie eingesammelt. Der September ist – wie soll man sagen? – ein »satter« Monat. Über solche Sattheit der Schöpfung hat sich unser Psalmsänger sicher gerade sehr gefreut, als er seine Zeilen schrieb. Nur daß er keine Äpfel, Kürbisse und Kastanien vor Augen hatte, sondern das Meer und was dazugehört: Wellen, Fische, Krebse, Schiffe. Wer von Ihnen einmal am Meer gewesen ist, wird den Psalmsänger verstehen können: das Meer ist ein Gotteslob wert. Wer sich am Meer aufhält, läßt sich einfangen von der ganz besonderen Atmosphäre dort, dem Wind, dem stetigen Kommen und Gehen der Wellen, mal plätschernd, mal aufbrausend.
Ein besonderes Schmuckstück des Meeres sind die Muscheln. Ähnlich wie Kastanien, lassen sie sich hervorragend sammeln. Als ich in Portugal am Atlantik war, habe ich das getan. Es war überhaupt nicht einfach, denn es schien, als ob das Meer sie gar nicht hergeben wollte. Man mußte aufpassen, wenn man nicht von einer Welle überrascht werden wollte. Heute habe ich diese Muscheln mitgebracht, und ich möchte sie unter Ihnen verteilen.
Jede und jeder bekommt eine etwa einen halben Handteller große Muschel.
Jede und jeder von Ihnen hält nun ein Exemplar in der Hand. Sind Sie auch so wie ich jedes Mal versucht, eine Muschel ans Ohr zu legen? Als Kindern wurde uns erzählt, daß man in den Muscheln das Rauschen des Meeres hören könnte. Naja ... wenn wir es versuchen, – irgendwie rauscht es ja, und mit ein wenig Phantasie könnte es wirklich das Meer sein.
Haben Sie sich Ihre Muschel schon richtig angesehen? Haben Sie sie schon befühlt? Was entdecken Sie? Fühlt sie sich eher glatt an oder rauh? Ist sie eher

warm oder kühl? Keine Muschel gleicht der anderen, keine ist genau wie die andere. Jede hat ihr eigenes Aussehen, hat ihr eigenes Profil. Ein bißchen sind die Muscheln wie wir selbst. Wir sind auch alle sehr verschieden. Wie die Muscheln vom Wasser an den Strand gespült wurden, so kommen wir aus unterschiedlichen Orten, haben schon einen langen Lebensweg hinter uns. Auf diesem Weg haben wir die eine oder andere Macke abbekommen. Die geht auch nicht mehr raus. Unser Leben hat uns gezeichnet, wie das Wasser die Muscheln gezeichnet hat. Wir sind nicht ganz ebenmäßig. Außen oft rauh, mit Rillen, weil wir innen einen weichen Kern verbergen und schützen wollen. Manches hat uns verletzt, manches hat uns hart gemacht, an einigen Stellen sind wir wie versteinert durch Enttäuschungen, durch schmerzhafte Erinnerungen. Jeder und jede hat da seine und ihre schweren Versteinerungs-Erlebnisse. An der einen oder anderen Stelle der Muschel fehlt ein Stück, eine Lücke ist entstanden, die sich nicht mehr geschlossen hat. Auch das kennen wir: Wir mußten uns von jemandem trennen, der uns immer noch sehr fehlt.
Auf der Innenseite der Muschel gibt es eine geschützte Vertiefung: das Herzstück der Muschel. Dort ist Platz für all das, was uns wichtig ist, was uns im Leben gut getan hat und noch immer gut tut. Schöne Erinnerungen, Freundlichkeit, die wir erfahren, Liebe, die wir erleben durften. Das alles hat einen ganz besonderen Platz, wir hüten es wie eine Perle – und davon zehren und leben wir letztendlich. Wir sind angewiesen auf Achtung und Beachtung, die uns Menschen entgegenbringen. Wir möchten, daß man uns nicht übersieht. Wir sind angewiesen auf Freundlichkeit, auf Zuneigung, Freundschaft. Wir sind angewiesen auf Mitmenschen. So wie das, was wir in den Händen halten, ja im Grunde genommen auch keine ganze Muschel ist, es ist nur eine Muschelhälfte. Wie eine offene Hand deutet sie darauf hin, daß wir bedürftig sind.
Unser Psalmsänger hat das auch so gesehen, wenn er schreibt: »Es warten alle auf dich, daß du ihnen Speise gibst zur rechten Zeit.« Er hat darauf vertraut, daß Gott nicht nur der Schöpfer ist, der seine Schöpfung und Geschöpfe sich selbst überläßt, sondern sie immer wieder versorgt. Nicht zuletzt deshalb treffen wir uns hier jeden zweiten Freitag in der Kapelle, um Gott daran zu erinnern, ihm zu danken für das, was wir bekommen haben, und ihn um das zu bitten, was wir dringend benötigen. Und in jedem Gottesdienst sollen wir uns selbst erinnern – so wie wir heute durch den Psalmsänger erinnert werden –, daß wir Geschöpfe Gottes sind, jede und jeder zu seinem Lob geschaffen, jede und jeder einzigartig und wunderbar, worüber wir mit dem Psalmsänger nur staunen und uns freuen dürfen: »Gott, wie sind deine Werke so groß und viel! Du hast sie alle weise geordnet, und die Erde ist voll deiner Güter.« Amen.

Liturgische Gestaltung

Lieder
Du meine Seele, singe, EG 302
Nun preiset alle Gottes Barmherzigkeit, EG 502
Wenn ich, o Schöpfer, deine Macht, EG 506
Wie groß ist des Allmächtgen Güte, EG 662

Psalmen
Psalm 8
Gott, Quelle jedes einzelnen Lebens,
rund um die Erde und in allen Winkeln des Weltalls
kennt man dich und sieht deine Wunder.
Kinder, ja schon Säuglinge
sind Zeichen dafür, wie du das Leben liebst,
damit auch den Bösen und den Gierigen klar wird:
Nur bei dir ist das Leben in besten Händen.
Wenn ich nachts nach oben sehe und das Firmament bestaune,
deinen riesigen Himmel mit Mond und Sternen,
mit Milchstraße und Sternschnuppen –
alles stammt von dir!
Was bin ich dann schon?
So klein! So winzig!
Ein Menschenkind! Und du denkst an mich?!
Du hältst mich auch in deiner Hand?
Ich soll dir dienen?
Ich soll wirklich ein Zeichen von dir sein?
Ich kleiner Mensch soll mithelfen,
deine Erde zu bewachen? Mit allem, was dazugehört:
mit Schafen und Rindern, Ameisen und Elefanten,
Vögeln und Fischen, Moosen und Felsen, Tälern
und Bergen, mit den Meeren und den Erdteilen?!
Wunderbar, herrlich ist das!
Lieber Gott, du machst das Leben hell und gut, und in der ganzen Welt
sollen die Menschen davon singen.

(nach Psalm 8, in: Peter Spangenberg, Höre meine Stimme. Alle Psalmen der Bibel übertragen in die Sprache unserer Zeit, © Agentur des Rauhen Hauses, Hamburg 1995, S.17)

Psalm 150
Psalm 93

Lesung
1 Kor 12,12-26

Kollektengebet
Gott im Himmel, du bist für uns wie ein Vater oder eine Mutter.
Wir sind hierhergekommen mit all den Belastungen und Enttäuschungen der vergangenen Tage,
mit unseren geheimen Hoffnungen, mit unseren Ängsten und Sehnsüchten,
die nur du kennst.
Wir bitten dich: sei unter uns, stärke uns mit deiner Gegenwart,
tröste uns mit deinem Wort, stille unsere Ängste.
Mach uns offen für das, was du uns Gutes tust.
Der du mit dem Sohn und dem heiligen Geist lebst und regierst von Ewigkeit zu Ewigkeit. Amen.

Klage/Schuld
Du willst uns Freude schenken, Gott.
Du willst, daß wir singen aus Freude über das,
was du geschaffen hast und was du uns schenkst.
Aber so vieles bleibt, wie es ist. Und wir bleiben allzu oft nur dieselben.
Darum bitten wir dich:
Weck deinen Lebensgeist in uns
und überlaß uns nicht den kleinen Toden, die uns begegnen in Mißverständnissen und Undank,
in Nachlässigkeit und Friedlosigkeit, in Stummheit und Verachtung.
Laß uns aufwachen aus unseren Traurigkeiten,
aus schlimmen Träumen, aus bösen Erinnerungen.
Laß uns nicht verschlafen,
wenn die Nachbarin uns braucht, wenn der Fremde uns anspricht.
Unsere Hände sollen nicht untätig sein müssen.
Unsere Füße sollen nicht auf der Stelle treten.
Unser Geist soll nicht träge werden.
Unser Leben soll nicht leer bleiben.
Schenke uns Freude am Leben,
schenke uns die Kraft und die Töne zum Lied deines Lobes.
(nach: Heike Hilgendiek, Neue Eingangs- und Fürbittengebete, Gütersloh 1994, S. 75)

Fürbitte
Wir danken dir, Gott,
für den Reichtum deiner Schöpfung, für die Einzigartigkeit deiner Geschöpfe

und kommen zu dir mit der Armut und Armseligkeit,
die viele Menschen umfängt und bedrückt.
Wir bringen vor dich die Menschen,
die sich ihr Glück selbst schaffen wollen,
die dem Erfolg hinterherrennen und auf niemanden angewiesen sein wollen,
die nicht nach rechts und links schauen.
Deshalb bitten wir dich: Laß sie Augen für die Menschen in ihrer Nähe haben,
die ihre Hilfe brauchen und die ihnen Hilfe geben können.
Laß sie von deinem Reichtum kosten.
Wir bitten dich: Erhöre uns!
Wir bringen vor dich die Menschen,
die immer im Strom mitschwimmen wollen,
die sich nicht trauen, eine eigene Meinung zu haben und eigene Schritte zu gehen.
Deshalb bitten wir dich:
Laß sie im Strom der Mode und des Geschmacks nicht untergehen.
Zeige ihnen, wie einzigartig sie sind und wie wertvoll.
Laß sie von deinem Reichtum kosten.
Wir bitten dich: Erhöre uns!
Wir bringen vor dich unsere eigene Armut.
Es fehlt uns oft an Geduld, an der Fähigkeit, über unseren Mangel hinwegzusehen,
Mangel an Gesundheit, an Beweglichkeit, an Schönheit.
Deshalb bitten wir dich:
Erweitere unseren Blick, bereichere unsere Armut.
Laß uns von deinem Reichtum kosten.
Wir bitten dich: Erhöre uns!

Segen
Keinen Tag in deinem Leben soll es geben, an dem du sagen mußt:
Niemand ist da, der mich hört.
Keinen Tag in deinem Leben soll es geben, an dem du sagen mußt:
Niemand ist da, der mich liebt.
Keinen Tag in deinem Leben soll es geben, an dem du sagen mußt:
Ich bin ganz allein.
Denn Gott segnet dich und behütet dich.
Er läßt es hell werden über dir. Gott sieht dich an
und schenkt dir und der ganzen Welt seinen Frieden. Amen.
(nach: Uwe Seidel, in: Mein Liederbuch, Band 1, 1997/12, © tvd-Verlag, Düsseldorf 1981, S. 28)

Stefan Iwanczik

Eure Alten sollen Träume haben

Symbol Wolke

Joel 3,1

Zur Situation

Der Gottesdienst fand zu Beginn der sogenannten »Sommeraktionstage« in Gladbeck statt. Hinter diesem Titel verbergen sich eine Reihe von Veranstaltungen, die regelmäßig in den Sommerferien durchgeführt werden. Sie sollen SeniorInnen das »Sommerloch« – viele Einrichtungen für SeniorInnen sind geschlossen, Kinder und Enkel sind oft verreist – mit verschiedenen Aktivitäten füllen. Alle Veranstaltungen, wie auch der Gottesdienst, werden von SeniorInnen vorbereitet und aktiv mitgestaltet. Damit möchten wir Altenheimseelsorgerinnen die SeniorInnen aus möglicherweise einsamen Stunden und Vereinzelung herausholen und neue Perspektiven für das Altsein eröffnen. Die Erfahrung von Gemeinschaft und eine fröhliche Atmosphäre bestimmen diese Tage.
Der Gottesdienst, der das Thema:«Eure Alten sollen Träume haben ...«(Joel 3,1) hatte, wurde vorbereitet und gestaltet von SeniorInnen der Kirchengemeinde gemeinsam mit den Pfarrerinnen der Altenheimseelsorge.

Symbol/Zeichen: *Wolke*

Das Wort »Eure Alten sollen Träume haben« wurde in einem Symbol dargestellt. Das Symbol - eine Wolke mit o. g. Bibelvers – war Schmuck für die Kirche und Handreichung am Ausgang, so daß jede/r BesucherIn eine Erinnerung an den Gottesdienst und das ihn leitende Bibelwort mitnehmen konnte.

Ansprache

Die Ansprache in diesem Gottesdienst besteht aus zwei Teilen. Wo der Gesamtentwurf des Gottesdienstes zu lang erscheint, schlagen wir vor, auf den ersten Teil (»Gedanken zum Thema Träume«) zu verzichten.

Gedanken zum Thema »Träume«:
Liebe Seniorinnen und Senioren, liebe Gemeinde!
Was Träume sind, wissen wir. Vermutlich haben wir alle unsere Träume gehabt oder haben sie noch. Wahrscheinlich erinnern wir uns sogar an unseren letzten Traum, den wir des Nachts geträumt haben. Träume der Nacht und Tagträume – wer von uns hat sie nicht? In der Literatur werden Träume beschrieben und sogar in der Musik vertont, auf Bildern in Öl gemalt oder als Aquarelle dargestellt. So nannte Johannes Mario Simmel seinen Bestseller »Der Stoff, aus dem die Träume sind«[1]; dabei bezieht er sich auf Gedanken von William Shakespeare. Auch Wilhelm Busch schreibt – auf seine eigene, lustige Art – etwas über Träume in seinem Buch »Max und Moritz«: »Meines Lebens schönster Traum hängt an diesem Apfelbaum.«[2] Schon im 2. Jahrhundert n. Chr. lesen wir bei dem Literaten Maximus Tyrius: »Das irdische Leben gleicht einem langen Traume von vielen Jahren.«[3] Auch in der Musik spielen Träume eine Rolle: Robert Schumann komponierte das bekannte Klavierstück »Träumerei«, und von Franz Liszt ist uns der »Liebestraum« überliefert. Künstler aus den verschiedensten Bereichen haben versucht, Träumen mit ihren jeweils eigenen Mitteln Gestalt zu geben, damit andere Menschen an ihren Vorstellungen, »Träumen«, teilhaben können.
Um dem Begriff »Traum« näher zu kommen, habe ich in einige Lexika geschaut. Folgende Erklärungen sind mir dabei aufgefallen: Der Traum ist eine im Schlaf auftretende Vorstellung oder ein sehnlicher Wunsch oder etwas »traumhaft« Schönes. Bei meinen eigenen Überlegungen zum Begriff »Traum« fielen mir Worte und Wortverbindungen, auch feststehende Redewendungen ein. So höre ich noch meine Großmutter sagen: »Träume sind Schäume« – als Kind war mir nie ganz klar, was sie damit sagen wollte, aber der Klang der Worte gefiel mir. »Du bist ein Traumtänzer« – zu manchem von uns ist dieser Satz wohl gesagt worden, wenn die Phantasie mit uns durchzugehen drohte. Durch Werbung und Film hat das Wort »Traum« eine neue, oberflächliche Bedeutung erhalten. So spricht man von »Träumen aus Zelluloid«; über Hollywood sagt man, es sei die »Traumfabrik«, wo traumhafte Menschen an Traumstränden träumerisch im Mondenschein den Mann oder die Frau ihrer/seiner Träume träfen, mit dem/der sie traumversunken auf einem Traumschiff der Traumkarriere entgegensegelten ...
In der Bibel lesen wir vom Traumdeuter Josef, der die Traumgesichte des Pharao zu erklären versucht und ihnen damit eine zukunftsweisende Bedeutung verleiht. So steht im 1. Buch Mose geschrieben: »Eines jeden Traum hat seine Bedeu-

1. Büchmann, Georg (Hg.)/Eberhard Urban (Bearb.), Der neue Büchmann, Niederhausen 1994, Verlag Bassermann, 289.
2. Ebd., 265.
3. Ebd., 347

tung«, und im 1. Buch der Könige erscheint Gott Salomo zu Gibeon im Traum. Der Prophet Daniel hatte Träume und Gesichte, solches wird von den Propheten häufig in der Bibel berichtet. Im Buch Joël übermittelt der Prophet die Zusage Gottes an sein Volk: »Eure Alten sollen Träume haben ...« – ein Wort, das im Neuen Testament in der Apostelgeschichte wieder aufgenommen wurde. Auch von Traumvisionen wird im Neuen Testament berichtet: Der Engel des Herrn erscheint dort Josef, dem Mann der Mutter Jesu, im Traum. Gott bedient sich der Träume, um den Menschen damals und auch uns heute den Weg zu weisen.

Predigt zu Joël 3,1-5

Liebe Gemeinde!

Wie gehen Sie mit Ihren Träumen um? Mit Träumen der Nacht, Träumen des Tages, Menschheitsträumen?

Bleiben wir zunächst bei den Träumen der Nacht. Als Sie heute morgen aufgewacht sind, woran haben Sie zuerst gedacht? An das Frühstück, den Anruf der Tochter, den Weg zur Kirche, oder gönnten Sie sich noch einen Moment, um sich an die Träume der Nacht zu erinnern?

Ich gehöre zu den Menschen, die, wenn sie nicht gleich die Unruhe des neuen Tages einholt, gerne noch einige Momente an ihre Träume zurückdenken. Häufig fallen mir morgens noch einzelne Bilder der Träume ein, sicherlich nur ein Teil dieser Vielfalt, doch sie sind es wert, noch einmal bedacht zu werden. Ich habe im Freundeskreis auch Menschen, die sagen: »So ein Unsinn! Ich weiß nie, was ich träume, und wenn, ist es sowieso nur dummes Zeug und ein Durcheinander.«

Wenn wir nach dem Gottesdienst eine Umfrage machen würden, dann würde sich herausstellen, daß sicher jede und jeder von Ihnen andere Erfahrungen hätte.

Sigmund Freud hat in Anlehnung an die alten Griechen gesagt: »Das Träumen ist offenbar das Seelenleben während des Schlafes.« Das Seelenleben ist eine wichtige Sache, im wachen als auch im schlafenden Zustand, wir können damit behutsam und liebevoll umgehen oder aber auch darüber hinweggehen und unsere Seele außer Acht lassen – beides hat Folgen für unser Leben und Glücklichsein.

»Eure Alten sollen Träume haben ...« schreibt nun der Prophet Joël 400 Jahre vor Christus, und er muß wohl darum gewußt haben, daß alte Menschen aufgrund ihrer Fülle von Erlebnissen andere Träume haben als junge Menschen. Wenn ich mit jungen Menschen spreche, dann wird für mich deutlich, daß so vieles in der Zukunft liegt, im Bereich der Träume und Wünsche, und als ich jung war, ging es mir nicht anders.

Ich weiß, daß in Ihrer Generation durch Krieg und Nachkriegszeit oft wenig übrigblieb für Lebensträume, zu stark stand das eigene Überleben und das

Überleben der Familie im Vordergrund. Dennoch haben Sie im Schlaf und in den kurzen Tagträumen geträumt vom Frieden, davon, jeden Tag genug zu essen zu haben, von einer unzerstörten Wohnung, von der Rückkehr des Vaters, des Ehemannes oder des Bruders aus dem Krieg, von ruhigen Nächten ohne Fliegeralarm. Jede Generation hat ihre Träume, und von ihnen sind sicher nicht alle, aber eine ganze Reihe Wirklichkeit geworden.
Es gibt Träume, die uns Kraft zum Handeln geben, die uns Mut machen und helfen, die dafür sorgen, daß die Hoffnung nicht untergeht. In solchen Träumen ist Gott mit uns unterwegs, er gibt uns Menschen heilsame Bilder, positive Phantasien, Bilder von einem besseren und friedlicheren Leben mit auf den Weg, damit wir alles in unserer Macht Stehende tun, um Frieden zu schaffen, Hunger zu stillen, die Schöpfung zu pflegen, ein Zuhause für uns und andere aufzubauen.
In biblischen Zeiten glaubten die Menschen, im Traum stünde die Macht Gottes den Menschen besonders nahe und wiese ihnen mahnend und warnend, helfend und heilend ihren Weg in die Zukunft. Solch ein ähnliches Verständnis wird wahrscheinlich auch den Propheten Joël bewegt haben. Der Geist Gottes, die Bilder, die er Menschen schauen läßt, sollten das Volk Israel verändern in ein Volk, in dem jeder und jede ein Prophet oder eine Prophetin ist: »Und nach diesem will ich meinen Geist ausgießen über alles Fleisch, und eure Söhne und Töchter sollen weissagen, eure Alten sollen Träume haben, und eure Jünglinge sollen Gesichte sehen.«
Begabt durch Gottes Geist, soll jede Generation das in ihr schlummernde Wissen weitergeben zum Heil und zur Rettung für alle. Das ist für Joël so wichtig, da er durchaus erschreckende Gefahren auf der Erde und Zeichen des Himmels kommen sieht. Manche seiner Worte mögen uns fremd bleiben, andere können uns mit ihrer Kraft und der Schönheit ihrer Gedanken bis heute beschäftigen und ermutigen.
»Eure Alten sollen Träume haben ...« wird in diesem Jahr auch das Motto des Ersten Evangelischen Altentages sein, der am 9. September in Gelsenkirchen-Schalke stattfinden wird. Was heißt das: Eure Alten sollen Träume haben? Welche Träume haben alte Menschen? Haben sie überhaupt noch Träume oder überlassen sie das Träumen den Jüngeren?
Die älteren und alten Menschen, denen ich begegne, haben oft große Träume, keineswegs nur rückwärtsgewandte. Es heißt ja manchmal: »Die Alten träumen immer von früher!« Bestimmt spielt das beim Älterwerden auch eine Rolle, weil man ja erst dann eine längere Vergangenheit hat, die es lohnt zu bedenken. Keineswegs sollte man darum Träume, die sich mit unserer Vergangenheit beschäftigen, einfach abtun als »Schnee von gestern«. Aus der Vergangenheit heraus, aus dem, was wir vor 20 oder 60 Jahren erlebt haben, sind wir die

Menschen geworden, die wir heute sind, all das Glück und Leiden dieser Jahre haben uns geprägt, die erfüllten Träume und die unerfüllten.
Aber alte Menschen haben nicht nur rückwärtsgewandte Träume: In den letzten Tagen habe ich eine alte Dame zum 96. Geburtstag besucht, und ich stellte fest, welche aktuellen und zukunftsweisenden Träume sie hat. Sie denkt viel darüber nach, warum wir auf der einen Seite Arbeitslosigkeit, auf der anderen Seite Menschen mit Überstunden, Sonderschichten und Überbelastungen haben; sie stellt politische Fragen und träumt den Traum, den unsere Politiker einmal ernstnehmen sollten, daß alle Menschen Arbeit haben, und zwar in einem Maß, das uns bekommt, nicht zu viel und nicht zu wenig Arbeit. »Eure Alten sollen Träume haben ...« – Unsere Alten haben Träume, leider fragen die, die an der Macht sind, zu wenig danach.
Gott schenkt uns Menschen Träume, damit wir nicht stehenbleiben beim äußeren Anschein, damit unsere Gedanken und unsere Phantasie Flügel bekommen und dahinfliegen wie Wolken am Himmel. Sie werden alle am Ende des Gottesdienstes eine blaue Wolke bekommen mit dem Thema »Eure Alten sollen Träume haben ...« Ich glaube, Sie und ich, wir haben immer mal wieder in die Wolken geschaut, gestaunt über die verschiedenen Formen und Größen, über ihr Verweilen oder ihr schnelles Vorbeifliegen. Wolken laden ein zum Träumen, sie bilden immer neue Gestalten, sie verändern sich beim Zuschauen. Deshalb passen sie auch gut zu unseren Träumen, die noch unendlich viele neue Möglichkeiten für uns bereithalten. Daß Träume im Alter nicht aufhören, sondern daß gerade eine reiche Lebensgeschichte das Material liefert, aus dem die Träume sind, hat Joël uns schon gesagt, das gilt es neu zu entdecken für uns heute, jede Nacht und jeden Tag.
Träumen Sie und lassen Sie sich von niemandem das Träumen verbieten. Der Gott alles Lebendigen, der Erfinder der Träume und Helfer ihrer Verwirklichung, möge uns gemeinsam mit den nachwachsenden Generationen Träume schenken, die nützen und helfen und Leben fördern. Ein Hoffnungsgedicht möchte ich Ihnen mit auf den Weg geben, in dem ein jüngerer Senior, Ulrich Schaffer, der heute über 50 Jahre alt ist, uns seine Träume vorstellt:

Ich hoffe auf unsere Einsicht,
damit wir diesen Planeten
nicht zu einer Schutthalde machen,
sondern mit ihm wieder behutsamer umgehen.
Ich hoffe, daß ich begreife,
wie ich meinen Beitrag dazu leisten kann.

Ich hoffe, daß wir eine Vision entwickeln
und auf lange Sicht planen,

um die Welt nicht nur auszubeuten,
weil wir nicht weiter als »heute« denken.
Ich will mich selbst als Glied einer langen Kette
nach rückwärts und vorwärts verstehen.
Ich hoffe auf gelbes Korn, rote Früchte,
blaue Flüsse, lebendige Tiere, erfrischende Luft,
ich hoffe auf ein grünes Bewußtsein
und das Eingebettetsein des Menschen
in die Zusammenhänge blühenden Lebens.
Ich hoffe auf unsere Fähigkeit,
den Tod, den wir gerufen haben,
wieder entschieden wegzuschicken,
damit es Leben nach uns geben kann.[4]
In diesem Sinne: »Unsere Alten sollen Träume haben«. Lassen Sie uns darum miteinander Träume zum Leben entwickeln und austauschen. Dazu helfe uns Gott! Amen.

Liturgische Gestaltung

Lieder
In Gottes Namen fang ich an, EG 494,1+2
Wunderbarer König, EG 327,1+2
Wohl denen, die da wandeln, EG 295
Weiß ich den Weg auch nicht, EG 650

Psalm
Psalm 126,1–6

Lesung
Joel 3,1–5

Kollektengebet
Statt eines Kollektengebets werden die »Gedanken zum Thema ›Träume‹« vorgetragen.

---

4. Schaffer, Ulrich, Ich hoffe ... und verschlossene Türen tun sich auf, München 1989, Verlag Groh, 6.

Klage/Schuld
Gott der Barmherzigkeit, wie gut, daß du uns zusammenrufst
aus unserer Geschäftigkeit und aus unserer Einsamkeit,
aus den erfüllten und unerfüllten Träumen unseres Lebens.
Vor dir gehören wir alle zusammen,
unser Glück und auch unser Scheitern trennen uns nicht von dir.
Du allein kennst auch Alpträume unseres Lebens,
all das, was uns Kraft und Mut nimmt
oder unser Herz hart macht gegen andere.
Du weißt, was uns hindert, lebensfördernde Träume zu träumen und zu verwirklichen.
Gott aller Güte, laß uns nicht stehenbleiben,
gib uns Sehnsucht ins Herz, von einer anderen und besseren Welt nicht nur zu träumen.
Gib uns den Schwung, uns mit anderen auf den Weg zu machen,
damit unsere Erfahrungen und Erlebnisse, die Fülle unserer Jahre,
nicht das Ende, sondern der Anfang befreiender Träume sind.
Amen.

Fürbittengebet
Gott der Liebe, du hast uns Bilder, Phantasie und Träume geschenkt:
Träume der Nacht, Tagträume, Lebens- und Menschheitsträume.
Wir danken dir dafür.
Du kennst die Kraft, die aus Träumen erwächst,
die Lebendigkeit, aus der heraus eine Generation der nächsten
das in ihr schlummernde Wissen weitergeben kann.
Der Traum vom Frieden, vom Ende des Hungers,
von der Pflege der Schöpfung, von der Schaffung eines Zuhauses, all das ist nicht neu.
Dennoch brauchen wir den Traum, die Vorstellung, die Idee davon,
um mutig in die von dir gezeigte Richtung zu gehen.
Hilf uns, aktiv zu werden, damit andere Menschen ihre Träume nicht beerdigen müssen.
Gott, Quelle des Lebens, halte unsere Träume wach,
damit wir dem Traum vom Frieden Nachdruck verleihen,
indem wir in Frieden zusammenleben
mit Menschen anderer Herkunft, Religion, Prägung und unterschiedlicher Generationen.
Halte unsere Träume wach, damit der Hunger vieler Menschen uns nicht gleichgültig wird,

der Hunger nach Brot, der Hunger nach Leben, der Hunger nach Freiheit.
Halte unsere Träume wach, die Schöpfung zu bewahren, zu schonen und zu heilen,
die Blumen, die Tiere und die Bäume zu schützen.
Halte unsere Träume wach und zeige uns, wie wir sie leben können.
Schenke uns Weggefährten, Freundinnen und Freunde,
die mit uns träumen und das Leben fördern.
Laß ältere und alte Menschen Träume haben, damit das Leben blüht.
Amen.

Segen
Segne uns, Gott, unsere Träume. Erhalte uns, Gott, unsere Sehnsucht.
Stärke das Wissen, daß unsere Jahre nicht Last, sondern Fülle sind.
Aaronitischer Segen

Annette Bruse und Sybille Gottwick

Der Himmel ist offen

Symbol Himmel

Markus 2,1-12

Zur Situation

Immer mehr BesucherInnen des Gottesdienstes sind im Rollstuhl fixiert, immer weniger können die Betten verlassen. Bei vielen läßt die Konzentrationsfähigkeit nach. Daher sind die Gottesdienste so gestaltet, daß zwischen Singen, Hören und anderen Elementen des Gottesdienstes häufiger gewechselt wird. Die Liturgie ist gekürzt, das Abendmahl wird in jedem Gottesdienst gefeiert.

Symbol/Zeichen: *Himmel*

Ansprache

Liebe Gemeinde,

was heißt das eigentlich, der Himmel ist offen?
Wir kennen viel besser das andere: Nichts ist offen. Kein Himmel ist zu sehen. Alles ist verschlossen. Der Kontakt mit anderen klappt nicht so gut, die Beziehungen sind schwach, belastet oder kompliziert. Keiner versteht einen richtig. Oder man kommt aus bestimmten Gedanken und Vorstellungen nicht mehr raus. Immer wieder gehen sie einem durch den Kopf, in immer neuen Kreisen. Das Gehirn arbeitet wie das Rad im Hamsterkäfig. Ständig rennen die Gedanken, alles rappelt und klappert, aber nichts geht voran. Alles bleibt auf einer Stelle stehen.
Dann verschließt sich langsam der Himmel. Man fühlt sich nach und nach immer abgeschlossener und eingesperrt. Man möchte sich deprimiert in sein Bett verkriechen, die Decke über den Kopf ziehen und die Welt ringsum vergessen; zurückgezogen sein in sich selbst; das Leben, die Welt und die Menschen abschreiben. In einer solchen Situation fühlt man sich von allen Menschen verlassen.
Ist man auch gottverlassen?

Vielleicht hat sich der Kranke in dem Text, den wir eben hörten, auch aufgegeben. Hat sich hingelegt, zurückgezogen, abgeschlossen und gesagt, es ist nun mal so, was soll ich da noch machen. Ich bin von allen verlassen.
Seine Freunde haben sich ganz und gar nicht damit abgefunden. Haben ihn und sein Bett gepackt, um ihn zu Jesus zu bringen, von dem sie Hilfe erhofften. Und als diese Hilfe dann doch unerreichbar schien, haben sie sich auch damit nicht abgefunden. Sie haben einen ungewöhnlichen und ungehörigen Weg gesucht, um für den Freund Hilfe zu bekommen. Und sie haben den Kranken genommen und für ihn einen Weg durch das Dach aus festgestampftem Lehm gegraben.
Eigentlich, so meint man, müßte jetzt ein riesiges Theater losgehen. Das Haus ist beschädigt, die Predigt gestört und die enggeschlossene Runde der Zuhörer gesprengt. So etwas kann man nicht zulassen, so möchte man meinen. Und was mag der Mann empfunden haben, der da auf einmal mit Lärm und Schmutz in den Raum runtergelassen wurde?
Die Antwort Jesu ist jedenfalls für keinen die erwartete. »Deine Sünden sind dir vergeben,« und das hat mit dem beschädigten Dach nichts zu tun. Er hat damit den Kranken, sein Leiden und seine ganze Lebenssituation angenommen.
Jesus hat den Kranken angenommen, vollkommen unabhängig von dem unerhörten Geschehen bei der Begegnung. Für Heilung, dafür, daß das Leben mit allem, was verkrümmt und verbogen ist, wieder heil wird, dafür braucht es die Erfahrung von Vergebung und Angenommensein.
Dafür ist das grundsätzlich positive »Ja«, das einem von anderen gesagt wird, nötig. Denn das kann man sich nicht selbst sagen. Das muß man hören und erfahren. Erst dann kann die Ahnung wachsen, »ich lebe, weil Jemand zu mir steht. Ich lebe, weil Gott zu mir steht.« Und dann kann die Hoffnung entstehen, daß Wege offen sind, wo man keine mehr gesehen hat. Dann kann die Hoffnung entstehen, daß auch an den Orten Möglichkeiten für uns da sind, an denen wir uns lähmen lassen.
Orte, wo so etwas geschieht, sind Orte, an denen der Himmel offen ist. Orte, an denen die Liebe Gottes auf menschliches Leben und Leiden, auf Verzweiflung und Erstarrung fällt.
Der Himmel ging über dem Kranken auf, als Jesus den Kontakt mit ihm aufnahm, sich persönlich mit ihm ins Gespräch brachte. Er hat nicht über den Kranken verhandelt, er hat ihn angeredet. »Deine Sünden sind dir vergeben.« Jesus ist davon ausgegangen, daß Gott überall und bei jedem Menschen ist. Daß Gottes Liebe so für jede und jeden wie ein weiter und offener Himmel ist. Darauf hat er sich verlassen.
Davon hat er Gebrauch gemacht. Hat den Kranken mit Gott zusammengebracht. Hat ihm gesagt, deine Sünden sind vergeben, dich trennt nichts mehr

von Gott, den anderen und dir selbst. Jesus hat die enge in sich selbst verkrümmte Welt des Menschen hin zum Himmel Gottes geöffnet.
Und so sind seine Worte: »Stell dich auf deine Füße und fang wieder an zu leben. Nimm dein Bett und geh.« mehr als nur »äußere Zeichen der tieferen Heilung Gottes, die er uns zugänglich macht. Sie können uns auf den Weg bringen, auch wenn wir selbst nicht mehr gehen können.
Wie um Jesus haben immer wieder Menschen erfahren, daß der Himmel Gottes über ihnen offen ist. Daß Gott jedem Menschen nahe ist und sich nicht von ihnen ausschließen läßt. Unser Leben ist mehr, als wir von uns wissen. Es ist mehr, als überhaupt zu sehen ist. Dies wird erfahrbar, wenn wir es unter den Himmel Gottes stellen und darauf vertrauen, daß es dann in guten Verbindungen steht: zu Gott, zu den anderen und zu uns selbst.
Manchmal sind wir auf Menschen angewiesen, die uns mit unseren Betten irgendwohin tragen, damit uns geholfen wird. Wir brauchen Menschen, die für uns Löcher in enge Häuser schlagen und in Dächer brechen, damit uns Licht wird im Dunkel der Abgeschlossenheit.
Vielleicht finden wir in dieser Geschichte des Kranken, der geheilt wird, eine Hilfe, unser eigenes Leben mit seinen schönen und schweren Seiten anzunehmen. Sie sagt uns, daß Gottes Himmel über uns offen ist; daß Gott uns annimmt mit allem, was uns ausmacht, was unser Leben ist.
Vielleicht liegt für uns darin eine Möglichkeit, uns und unser Leben anzunehmen. Wenn wir von Gott angenommen sind, wenn Gott auch ungehörige Wege annimmt, dann haben wir mit allem, was dazu gehört, eine Zukunft, einen Weg zu anderen Menschen, zu Gott und zu uns selbst.
Amen.

Liturgische Gestaltung

Lieder
Stern, auf den ich schaue, EG 407
Liebster Jesu, wir sind hier, EG 161
Der Himmel geht über allen auf, EG 611
Lobt Gott getrost mit Singen, EG 243
Großer Gott, wir loben dich, EG 331

Psalm
Psalm 139,1–5.14–16.23.24

Lesungen
Jes 40,28–31
Mk 5,21–24.35–43
Mk 2,1-12

Kollektengebet
Luthers Morgensegen (EG 863)
Das walte Gott Vater, Sohn und Heiliger Geist! Amen.
Ich danke dir, mein himmlischer Vater,
durch Jesus Christus, deinen lieben Sohn,
daß du mich diese Nacht vor allem Schaden und Gefahr behütet hast,
und bitte dich, du wollest mich diesen Tag auch behüten
vor Sünden und allem Übel,
daß dir all mein Tun und Leben gefalle.
Denn ich befehle mich, meinen Leib und Seele und alles
in deine Hände.
Dein heiliger Engel sei mit mir,
daß der böse Feind keine Macht an mir finde.

Klage/Schuld
Gott, dein Himmel scheint unerreichbar fern.
An uns haftet die Schwere der Erde:
Jede für sich, jeder für sich allein
tragen wir unser Leben,
bemühen uns, es zu ertragen.
Der Blick ist gebannt auf uns und unser Leiden.
Öffne uns, Gott, deinen Himmel
heute ein Stück.
Kyrie eleison.

Gnadenspruch
Gott öffnet uns seinen Himmel, darum singen wir: »Der Himmel geht über allen auf«.

Fürbitte
Jesus Christus, du hast uns den Himmel erschlossen.
Wir spüren seine unermeßliche Weite,
deinen Atem, der uns lebendig und unser Herz weit macht.
Wie du möchten wir beten mit zum Himmel ausgebreiteten Armen.
Du in mir, ich in dir – zu schön, um wahr zu sein?

Manchmal erlebe ich das als unglaubliches Glück.
Ich kann mich fremden Menschen öffnen,
ich fange an zu verstehen.
Ich erfahre, daß du uns in den anderen begegnen willst.
Jesus Christus, rund um die Welt beten Menschen zu dir.
Ich verbinde mich mit ihnen und rufe dich an:
für unsere Welt, deine Erde,
für alles Leben, das deinem Willen entsprungen ist,
für die Menschen, die auf der Flucht sind,
die ihre Heimat verloren haben;
für die Menschen, deren Leben bedroht ist,
für die Sterbenden,
für die Kinder, die ihre Eltern verloren haben,
für die Verzweifelten und Entrechteten,
für die Vergessenen,
für alle, die uneins sind mit sich und anderen,
für zerstrittene Parteien und Konfessionen,
für verfeindete Volksgruppen und Völker,
für alle, die durch ihre Abgrenzungen das Verbindende
nicht mehr sehen können,
nämlich dich.
Du stellst die Verbindung her, die bleibt,
die uns zueinanderführt und in die Einheit mit dir.

(Ulrike Schilling, in: Erhard Domay und Hanne Köhler (Hg.), Bd. 1. Der Gottesdienst: liturgische Texte in gerechter Sprache, Gütersloher Verlagshaus, Gütersloh 1997, S. 578f., © bei der Autorin)

Segen
Aaronitischer Segen

Wolfgang Mann

Gottesdienste zu Festen und Feiern

Warten bringt Erfüllung

Advent: Simeon
Lukas 2,29f.

Zur Situation

Warten – dieser Begriff beschreibt viel vom Alltag in einem Alten- und Pflegeheim. Warten auf Besuch, auf das Essen, darauf, zur Toilette gebracht zu werden. Warten darauf, daß etwas Interessantes geschieht. Oft dann auch die Enttäuschung: es hat sich nichts ereignet, das Warten hat sich nicht gelohnt.

Symbol, Zeichen: *Ein Fernglas*

Ansprache

Heute morgen habe ich etwas mitgebracht, was auf den ersten Blick mit der Adventszeit gar nichts zu tun hat: ein Fernglas!
Fernglas ausprobieren, dabei Kontakt mit den HörerInnen suchen.
Dieses Fernglas erinnert mich an meinen Großvater.
Er war schon ziemlich alt, als ich noch ein Kind war, und wir lebten in einem kleinen Dorf im Sauerland.

Mein Großvater hatte so ein Fernglas, und er hatte eine Angewohnheit, die mir als kleines Kind merkwürdig vorkam.
Ganz oft saß er nachmittags mit seinem Fernglas am Wohnzimmerfenster und schaute auf den Dorfplatz. Ganz ruhig und gelassen saß er da, Stunde um Stunde.
Es passierte nicht sehr viel auf diesem Dorfplatz. Ab und zu spielten dort Kinder. Autos fuhren vorbei. Menschen warteten auf den Bus.
Für mich damals nichts besonderes – eher langweilig.
Doch mein Opa saß so da – viele Nachmittage lang.
Es war seine Art, am Leben im Dorf teilzunehmen. Er war nicht mehr so gut zu Fuß, und die Augen ließen nach.
Er war ein interessierter, ja ein neugieriger Mensch – und mit dem Fernglas, da konnte er noch ganz gut sehen und eine Menge mitbekommen.
Darum saß er so gern und so geduldig an diesem Fenster und hielt Ausschau.
Hat er auf bestimmte Menschen gewartet – auf alte Freunde, die Kinder, die Enkel, auf Besuch?
Hat er nach etwas Besonderem Ausschau gehalten, nach etwas, was nicht jeden Tag passiert?
Ich weiß es nicht, aber ich habe dieses Bild noch genau vor Augen, wie er da sitzt mit seinem Fernglas, ganz versunken in die kleine Welt vor dem Fenster.
Warten, Ausschau halten, geduldig sein und doch voller Spannung – das kennen Sie alle: aus früheren Tagen und nicht zuletzt hier aus dem Haus ...
Warten auf die Mahlzeiten, auf den Abend und den nächsten Morgen; manchmal warten, daß Schmerzen oder Beschwerden nachlassen; voller Spannung den Gang hinunterschauen oder auf das Klopfen an der Tür warten: Kommt der Besuch, wie versprochen, heute Nachmittag? Oder auch aus dem Fenster sehen und das Leben draußen beobachten: die Menschen, die durch die Kälte eilen; Kinder, die von der Schule kommen; Besuch, der mit einem Blumenstrauß aus dem Auto steigt ...
Wenn man selbst nicht viel tun kann, dann gibt es oft Grund, zu warten, geduldig zu sein und Ausschau zu halten. Manchmal macht das unruhig und unzufrieden. Es ist nicht einfach, Hoffnung und Mut zu behalten.
Gespanntes Warten – das kennen wir gerade auch aus der Adventszeit.
Meist denken wir beim Warten auf Weihnachten an die Kerzen, die schönen Weihnachtssterne, die alten Lieder, die Geschenke, die Familie.
Auch in der Bibel wird von einem Mann erzählt, der auf Weihnachten wartet. Damals, als es noch gar keinen Heiligen Abend, keinen Tannenbaum, keine Geschenke und keinen Festtagsbraten gab.
Der Mann – er heißt übrigens Simeon, wie dieses Haus – wußte kein Datum. Er

wartete auf einen Menschen, auf einen ganz besonderen und bestimmten Menschen, auf den Christus, auf den Heiland.
Die Propheten hatten von diesem Heiland gesprochen, und sie hatten gesagt: »Uns ist ein Kind geboren, ein Sohn ist uns gegeben, und die Herrschaft ruht auf seiner Schulter. Und er heißt Wunderrat, Gott-Held, Ewig-Vater, Friedefürst.« (Jes 9,5)
Auf dieses Kind, auf diesen König wartete Simeon. Er wartete lange, so lange, bis er alt und grau geworden war und schon gar nicht mehr gut sehen und laufen konnte.
Wenn es damals schon Ferngläser gegeben hätte, hätte er bestimmt an einem Fenster gesessen und geschaut und gewartet, jeden Tag, bis es dunkel wurde.
Und eines Tages – er hatte schon fast keine Geduld mehr – da wurde sein Warten belohnt. Da brauchte er kein Fernglas mehr. Da kam ihm das Kind ganz nah, auf das er so lange gewartet hatte. Er konnte es auf den Arm nehmen und streicheln und liebevoll betrachten.
Jesus hieß dieses Kind, und seine Eltern, Maria und Josef, waren bei ihm. Sie wollten mit ihm zum Tempel gehen und kamen am Haus des Simeon vorbei. Und da sah er das Kind und erkannte es. Das lange Warten und Ausschauhalten war vorbei. Ein Traum war wahr geworden.
Als er das Kind im Arm hält, lobt er Gott und sagt:
»Herr, nun läßt du deinen Diener in Frieden sterben, wie du gesagt hast; denn meine Augen haben deinen Heiland gesehen.«
In diesem kleinen Kind, diesem hilflosen Säugling erkennt Simeon den Herrn und Heiland – für sich, für sein Volk Israel, für die ganze Welt.
Das geduldige Warten hat sich gelohnt. Gott meint es gut mit ihm und mit der ganzen Welt. Weil er das jetzt weiß, kann er Frieden finden im Leben und Sterben.
Wenn ich jetzt nochmal das Fernglas nehme und nach Weihnachten Ausschau halte, dann sehe ich Gesichter voller Freude und Erwartung, aber in manchen Augen stehen auch Sorge und Bangen.
Ich wünsche uns allen, daß in Erfüllung geht, wonach wir uns sehnen und worauf wir hoffen.
Noch mehr wünsche ich uns, daß uns in dieser Zeit der Heiland begegnet, auf den wir uns im Leben und im Sterben verlassen können.
Simeon konnte ihn mit seinen Augen sehen und mit Händen greifen.
Doch dieser Heiland wird auch Wege finden, zu uns zu kommen, in unser Herz und in unser Haus, unsichtbar, doch spürbar.
Und nicht wir werden ihn dann halten, wie Simeon es noch tun konnte, sondern er wird uns halten, heute, morgen und alle Tage.

Liturgische Gestaltung

Lieder
Macht hoch die Tür, EG 1
Die Nacht ist vorgedrungen, EG 16
Tochter Zion, EG 13
Wie soll ich dich empfangen, EG 11

Einstimmung auf den Gottesdienst
Es ist Advent.
Es kommt etwas auf uns zu.
Man kann es hören: die alten schönen Lieder, gesungen, gespielt, mitgesummt ...
Man kann es sehen: warmes Kerzenlicht, geschmückte Flure hier im Altenheim, Adventsschmuck an den Türen und in den Zimmern ...
Man kann es riechen: Bienenwachs, Tannenzweige, Punsch ...
Man kann es schmecken: Zimtsterne und Printen, Nüsse und Marzipan ..
Es ist Advent.
Wir glauben:
Da kommt jemand auf uns zu.
Jesus Christus,
Kind in der Krippe,
Heiland der Welt.
Herzlich Willkommen Ihnen allen zum Adventsgottesdienst heute morgen!

Psalm
Psalm 24

Lesung
Lk 1,26-33 (Ankündigung der Geburt Jesu)

Kollektengebet
Gott, auf dich warten wir!
Du bist das Licht in dunkler Nacht,
du bist die Hoffnung, die nicht enttäuscht.
Wir bitten dich: Hilf uns sehen, wo wir im Dunkeln tappen.
Hilf uns gehen, wo wir meinen, es ginge nicht mehr.
Hilf uns hoffen, wo wir keine Zukunft mehr sehen.
Laß uns leben lernen durch dein Kommen.
Laß uns Frieden finden, Freude spüren, Glück erleben

durch Jesus Christus,
der mit dir und dem Heiligen Geist lebt und regiert in Ewigkeit.
Amen.

Klage/Schuld
Du kommst uns entgegen, Gott, wenn wir die Türen öffnen:
die Türen unserer Herzen, die Türen unserer Häuser.
Du bringst Licht in unser Leben.
Das haben wir nötig, denn oft ist es dunkel in uns und finster um uns herum.
Wenn uns Seufzen und Klagen näher liegen als das Jubeln,
wenn uns die Freude auf Weihnachten schwerfällt,
dann komm du zu uns und hilf uns glauben,
hilf uns hoffen.
Komm zu uns, erbarme dich unser ..

Gnadenzusage
Gott läßt uns sagen:
Stärkt die müden Hände und macht fest die wankenden Knie!
Sagt den verzagten Herzen: Seid getrost! Fürchtet euch nicht! Seht, da ist euer Gott! (Jes 35,3f.)

Fürbittengebet
Gott, deine Nähe bedeutet Erwartung und Erfüllung,
wie Simeon warten wir auf dich, voller Sehnsucht, voller Ungeduld.
Wir warten auf den Heiland unseres Lebens.
Wir warten auf den Heiland dieser Welt.
Viele Menschen warten in diesen Tagen darauf, daß etwas anders wird in ihrem Leben:
daß Unheil ein Ende nimmt,
daß sich ein Ausweg zeigt,
daß Hoffnung wächst.
Wir bitten dich: Laß unser Warten nicht vergeblich sein!

Viele Menschen warten in diesen Tagen darauf, daß etwas ihr Leben froher macht:
daß ihnen jemand die Hand zur Versöhnung reicht,
daß liebe Menschen sich melden,
daß ein Herzenswunsch in Erfüllung geht.
Wir bitten dich: Laß unser Warten nicht vergeblich sein!

Viele Menschen warten in diesen Tagen darauf,

daß etwas in ihrem Leben menschlicher wird:
daß Ungerechtigkeit endet,
daß Not gelindert wird,
daß Frieden für alle kommt.
Wir bitten dich: Laß unser Warten nicht vergeblich sein!

Gott, wir haben so viel auf dem Herzen, was uns und andere bedrückt.
Wir sagen es dir in der Stille:

Gott, wir vertrauen darauf, daß du siehst und verstehst und hilfst.
Laß uns und alle, die wir lieb haben, bei dir in guten Händen sein.
Schenke und bewahre uns deinen Glauben, deine Liebe, deine Hoffnung, damit wir leben können,
heute und morgen und in Ewigkeit.

Segen

Gottes Segen sei mit euch in den Wochen der Adventszeit.
Gott segne euer Warten mit Erfüllung,
eure Geduld mit Freude.
So segne euch und behüte euch Gott, der die Erfüllung all unseres Wartens ist,
der Vater, der Sohn und der Heilige Geist.
Amen.

Martina Gregory

Wir finden ein Kind
Weihnachtsgottesdienst
Lukas 2,12

Zur Situation

Zum Weihnachtsgottesdienst, der hier schon am 23.12. stattfindet, kommen fast alle Bewohnerinnen und Bewohner des Hauses. Auch viele Mitarbeiterinnen und Mitarbeiter sind da. Die Kapelle ist mit einem Baum geschmückt.

Deutlich war schon vor dem Gottesdienst, daß die Teilnehmenden den Wunsch hatten, viel zu singen. Lieder, die sie aus ihren Kindertagen kannten.

Symbol/Zeichen: *Säugling*

Die kopierte Zeichnung eines Säuglings wird verteilt.

Ansprache

Liebe Gemeinde,

eine meiner Angewohnheiten teile ich mit einigen Bewohnerinnen hier im Haus: ich blättere gern in Fotoalben mit den Bildern meiner Familie. Am liebsten gemeinsam mit meinen Kindern. Unsere Verwandten wohnen weit entfernt. Ich hoffe, so bleiben sie uns gegenwärtig. Und ich merke: So lernen meine Kinder auch mich besser kennen, wenn ich ihnen die Menschen zeige, die mir wichtig waren und sind, wenn ich davon erzähle, wie es war, bei uns zu Hause: auf Familienfesten, bei der Tante auf dem Bauernhof und wie ich jeden Abend mit der Milchkanne losgezogen bin und die Milch noch kuhwarm in die Kanne bekam. Auch mir selbst wird dabei meine eigene Lebensgeschichte wieder ganz lebendig. Viele Menschen, die meine Kindheit begleitet haben, sind längst verstorben. Andere, die mir wichtig sind, sehen heute ganz anders aus als damals. Meine Kinder kennen sie nur als alte Menschen – ich dagegen kannte sie in der Kraft ihrer Jahre.

Eine meiner Tanten, die in diesem Jahr mit 96 Jahren starb, spielt in meinen Erzählungen immer wieder eine große Rolle. Bäuerin war sie, lebte seit langen Jahren verwitwet und kinderlos allein auf einem kleinen Aussiedlerhof. Sie hatte ein hartes Leben – und das Leben hatte sie hart gemacht. Die warmherzige Frau, an die sich meine Eltern aus ihrer Jugend noch erinnern, habe ich nur noch aus Erzählungen kennengelernt. Ich erlebte sie nur streng, verbittert und hart. Gegen alles und jeden. Auch gegen sich selbst. Nur so konnte sie in ihrer Einsamkeit überleben. Streng, hart und eigenwillig. Das zeigen auch die Fotos von meiner Tante, die in den Alben zu finden sind. Das sieht man ihrem Gesicht an.

»Da erkennt man Tante Minchen gar nicht!« sagte mein jüngerer Sohn einmal, als wir Bilder ansahen. »Die sieht so anders aus!« Und tatsächlich: es gibt ein Bild in diesem Album, das sie ganz anders zeigt als sonst. Ein weiches Lächeln auf ihrem Gesicht – Wärme und Behutsamkeit zeigt dieses Foto. Was war geschehen?

Unter einem alten Apfelbaum in ihrem Garten saß sie mit meinem damals zwei Monate alten Sohn auf dem Arm. 88 Jahre alt war sie, aufrecht und selbständig, und ein Gesicht voller Liebe und Staunen war auf den Säugling in ihrem Arm gerichtet. Da erkennt man sie gar nicht – das konnte nur ein Kind merken. Sie war verändert. Schön geradezu ihr altes Gesicht, ihre Freude an dem kleinen Leben; ihr Arm war schützend um das Kind gelegt.
Warum ich Ihnen das gerade heute erzähle?

Gott ist Mensch geworden, das feiern wir an Weihnachten; er war so klein wie unsere Kinder, wenn sie zur Welt kommen, genauso wehrlos, runzelig und rot, genauso rührend – und er hat sicher bei allen, die ihm begegnet sind, dasselbe hervorgerufen was heute ein Kind hervorruft: Staunen, Freude und das Gefühl: hier ist ein Wunder geschehen, ein neues Leben hat begonnen. Und es hat den uralten Instinkt geweckt: hier will ich beschützen, dieses Kind vor den dunklen Seiten unserer Welt bewahren. Wenn ich das Bild meiner alten Tante betrachte, spüre ich etwas davon, wie ein solch kleines Kind in uns die besten Seiten hervorruft, die wir in uns tragen: die Fürsorge füreinander, die Liebe und das Ablegen all der vielen Panzer, mit denen wir uns sonst so oft vor den anderen Menschen schützen müssen.
So ein Kind braucht ja all unsere Liebe, braucht sie ganz dringend – es braucht Menschen guten Willens. Menschen, die sich bezaubern lassen von seinem Charme, seinem Lächeln – die aber auch bereit sind, die eigene Bequemlichkeit zurückzustellen, nachts aufzustehen, das Kind zu lieben, es zu hegen und zu pflegen – eben zu tun, was dem Kind dient. Und die dann diese eigentümliche Weichheit in sich spüren können: Hier kann ich meine ganze Liebe geben, ohne Angst haben zu müssen, sie sei dem anderen lästig, sie enge das Kind ein. Hier muß ich nicht befürchten, daß meine Liebe abgelehnt oder gar mißbraucht wird. Hier kann ich meine Panzer ablegen.
Gott ist Mensch geworden – das ist das eigentliche Wunder der Weihnacht. Gott hat sich in ein solch kleines Kind begeben, ist zur Welt gekommen. Abhängig hat er sich gemacht von der Güte der Menschen, die es umgaben. Abhängig von den Männern und Frauen, die sich an ihm freuten, die ihm Liebe gaben und für es sorgten. Gott, ein Kind – wie unsere Kinder.
Wie sollen wir das verstehen?
Ich verstehe es so: Gott, der ganz viel von uns Menschen versteht, ist nicht einfach zufällig in einem Kind zur Welt gekommen. Ich glaube, er hat das aus verschiedenen Gründen getan.
Einer ist sicherlich der, daß er als Mensch leben wollte. Als Mensch wie Sie und ich. Nicht als einer, der über die anderen viel zu bestimmen hat, der das große Wort führt; nicht als einer, der andere mit seinem Geld kaufen kann, Freunde

ohne Zahl besitzt; nicht als einer, der kämpfen will um die Macht in dieser Welt. All das hatte er schon ausgeschlossen, als er als Kind im Stall von Bethlehem zur Welt kam. Sonst wäre er in den Palast in Jerusalem gezogen. Nein, ich glaube, er wollte uns zeigen, daß man – genau wie er – mitten in dieser Welt ein Leben nach Gottes Willen führen kann. Daß unsere Welt kein Hindernis sein muß dabei, so zu werden, wie Gott uns haben will. Sondern daß unser Weg in dieser Welt ein Weg auf Gott zu sein kann – wenn wir uns dazu entscheiden.

Ein anderer Grund dafür, daß Gott als Mensch auf diese Erde kam, ist sicherlich der, daß wir nun wissen dürfen: Gott kennt diese Welt. Nicht nur aus der Theorie, in der ein Allmächtiger etwas geschaffen hat und sich dann denkt: wenn ein Mensch einsam ist, müßte er sich eigentlich traurig fühlen. Sondern daß wir wissen: er hat all das am eigenen Leibe erlebt: Hunger und Durst, Freundschaft und Feindschaft, Liebe und Verrat, Lachen und Weinen, Freude und Trauer, Elternliebe und Enttäuschung, Bäder in der Menge und die tiefe Einsamkeit in der Nacht von Gethsemane. Welche Not, die uns treffen könnte, hat er nicht kennengelernt? Und das kann für uns bedeuten: wir beten nicht zu einem, der unangreifbar über uns schwebt und keine Ahnung hat von dem, was unser Leben ausmacht. Sondern wenn wir beten, dann reden wir mit einem Fachmann für unsere Welt und unser Ergehen. Der, den wir um Hilfe bitten, weiß aus eigener Erfahrung, wie weh uns unser Leid tut; wie sehr wir betroffen sind, wenn Freundschaft oder Liebe verraten wird; wie es ist, um Hilfe zu rufen. Aber er kann uns auch aus eigener Erfahrung zeigen, daß das Leben uns nicht hart machen muß, daß wir uns und die anderen nicht aufgeben müssen. Er selbst hat es uns vorgelebt: es ist möglich, die Liebe füreinander zu bewahren, in allen Ungerechtigkeiten dieser Welt.

Und der dritte Grund schließlich, der Gott bewogen hat, als Kind im Stall von Bethlehem zur Welt zu kommen, war vielleicht der, den ich begriffen habe beim Anblick meiner alten Tante: vielleicht wollte Gott die guten Kräfte mobilisieren, die in uns angelegt sind: die Kraft zur Liebe, die Fürsorge für die Schwachen, die auf uns angewiesen sind, die Freude am Leben und das Staunen, wie wunderbar doch ein Leben ist: wirklich ein Wunder, jedes neue Leben: ein Wunder, das uns zur Aufgabe gemacht ist, das uns anvertraut ist.

Gott so klein, angewiesen auf uns und unsere Liebe. Das paßt nicht zum Bild des Allmächtigen, der die Welt von ferne regiert. Gott, ein Kind – das ist eine andere Form der Macht: ein liebender Gott, der nicht ohne uns sein will, der unsere Liebe braucht und uns diese Welt und alle Lebewesen auf ihr anvertraut hat. Derselbe Jesus, der an Weihnachten als kleines Kind zur Welt gekommen ist, ist ja der, der später gesagt hat: Was ihr einem meiner geringsten Schwestern und Brüder getan habt, das habt ihr mir getan. Und in seiner eigenen Gestalt hat er gezeigt, was er von uns erwartet: die Fürsorge und Liebe, die Behutsamkeit der

Welt und seinen Geschöpfen gegenüber, die ein Kind braucht, um zu wachsen. Und zwar nicht nur unsere eigenen Kinder, Enkelkinder und, wenn ich an Ihre Fotos denke, auch die Urenkelkinder, die mit soviel Liebe groß werden dürfen. Das gilt auch als Aufgabe im weiteren Sinn für die 7 Millionen Kinder, die jedes Jahr auf dieser Welt sterben müssen, auch sie sind unserer Liebe anvertraut, sind unserer Fürsorge empfohlen. Kinder und andere Menschen – ich glaube, es gilt für alle Menschen die uns begegnen: wir sind aufgefordert, ihnen mit Liebe zu begegnen, in ihnen Gott zu entdecken. Denn ein Erwachsener ist ja nichts anderes als ein Mensch, der einmal ein Kind war. Es geht darum, uns zu zeigen, daß wir unsere Panzer ablegen dürfen, daß wir weich sein dürfen und behutsam gegenüber allen Menschen dieser Welt. Das kann uns auch verletzlich machen. Manche haben Angst davor. Aber ich glaube, das hält uns lebendig.
Gerade alte Menschen haben oft einen innigen Zugang zu Kindern. Das sieht man ihren Gesichtern an, wenn sie Kindern begegnen. Die Verbindung zwischen alten Menschen und Kindern, Großeltern und Enkelkindern , bringt beiden ganz viel Gutes. Kinder brauchen Zeit. Die haben Sie oft mehr als Menschen in der Lebensmitte. Kinder brauchen Behutsamkeit. Die brauchen alte Menschen auch und können sie geben. Kinder brauchen Geduld. Die brauchen wir auch, wenn die Bewegungen langsamer werden. Die einen stehen am Anfang des Lebens – voller Staunen und Neugier. Die anderen gehen auf das Ende zu – oft voller Dankbarkeit und Liebe.
An Weihnachten hat das Kind in der Krippe die besten Seiten in den Hirten, in den Weisen und in vielen anderen hervorgelockt. Ich glaube, daß es das ist, was Gott von uns will: daß wir unsere besten Seiten entfalten und die Welt und ihre Geschöpfe so zärtlich lieben wie eine Mutter ihr Kind. Und daß wir dabei spüren können: auch wir werden so geliebt. Amen.

Liturgische Gestaltung

Lieder
Es ist ein Ros entsprungen, EG 30
Zu Bethlehem geboren, EG 32
Ihr Kinderlein, kommet, EG 43
O du fröhliche, EG 44
Stille Nacht, EG 46
Vom Himmel hoch, da komm ich her, EG 24

Psalm
Psalm 96,1–3.9

Lesungen
Jes 9,1.5f.
Lk 2,1–20 in Abschnitten gelesen, durch Liedstrophen unterbrochen

Kollektengebet
Laß uns hören auf die alten Worte, guter Gott.
Es ist die alte Geschichte, jedes Jahr.
Es ist eine neue Geschichte, jedes Jahr.
Wenn Weihnachten wird, wenn ich begreife,
wenn meine Augen sehen und mein Herz sich freut an dir, Gott,
dann wird Weihnachten in mir, jedes Jahr aufs Neue.
Amen.

Klage/Schuld
Immer wieder ergreifen uns wehmütige Gedanken, auch in dieser Weihnachtszeit.
Wie war es früher so schön, als wir noch selbst Kinder waren,
als unsere Kinder klein waren – als leuchtende Augen die Kerzen spiegelten und alles gut schien.
Laß uns dankbar an die vielen Weihnachtsfeste denken, an denen wir glücklich waren.
Oft will es schwer fallen, das Fest heute zu genießen.
Wehmut wandelt sich in Trauer über das Verlorene.
Gib uns Kraft, beides zu leben:
die Freude des heutigen Tages und die Wehmut über das Vergangene.
Herr, erbarme dich.

Fürbitte
Unser Herz ist froh, Gott, voller Zartheit,
wir sehen den Baum mit seinen Lichtern, wir riechen den Weihnachtsduft,
wir hören die alten Worte und singen vertraute Lieder.
Unser Herz ist froh, Gott, Dir sei Dank.
Wir dürfen feiern mit allen Sinnen, uns freuen an deiner Menschlichkeit.
Dafür danken wir.

Laß uns aber nicht vergessen, daß die Not in deiner Welt groß ist.
Menschen stehen gegen Menschen,
Streit herrscht in Familien, Krieg zwischen Völkern,
bittere Einsamkeit und Angst bestimmen das Leben vieler Menschen.
Wir bitten dich:

Öffne die Herzen der Menschen für deine Liebe,
laß sie zärtlich und behutsam miteinander werden.

Armut und Krankheit sind das Los vieler Menschen,
Elend und Hunger bestimmen ihr Leben.
Wir bitten dich:
Öffne die Herzen der Menschen für deine Liebe,
laß sie gerecht teilen und die Rechte der anderen achten wie die eigenen.

Auch unter uns sind Männer und Frauen, die unter der Last ihrer Jahre leiden: enttäuscht oder bitter geworden, hart oder ganz in sich gekehrt mit ihrem Kummer.
Wir bitten dich:
Öffne du unsere Herzen für deine Liebe,
laß uns aufeinander achten in Güte.

Du bist ein Kind geworden, hast dich unserer Fürsorge anvertraut.
Ja, die ganze Welt hast du uns anvertraut.
Gib uns die Kraft, an unserem Platz und mit unseren Möglichkeiten zu tun, was gut ist und den Menschen dient.

Segen
Gott ist Mensch geworden auf dieser Erde. Gott hat auf ihr gelebt wie wir, ist gestorben, wie auch wir sterben werden. Jesus Christus ist von den Toten auferstanden und hat dem Tod die Macht genommen, auch die Macht über unser Leben. Das feiern wir, wenn wir Christus feiern: Das Kind in der Krippe und den Mann auf Golgatha.
Er ist unter uns lebendig, das ist unsere Hoffnung. Sein Segen begleitet uns heute und in den Tagen, die kommen.
Aaronitischer Segen

Susanne Schildknecht

Mein Gott, mein Gott, warum hast du mich verlassen

Gottesdienst am Karfreitag
Psalm 22

Zur Situation

Der Gottesdienst richtet sich an die HeimbewohnerInnen. Der Karfreitag – einer der höchsten Feiertage ev. ChristInnen – ist im tiefsten Inneren der BewohnerInnen verwurzelt als Leidens- und Todestag Jesu. An diesem Tag gehört die gemeinsame Abendmahlsfeier als konstitutives Gottesdienstelement hinzu als

vergebende, befreiende, ermutigende und bestärkende Kraft Gottes. Zu dieser Feier sind – nach freier Entscheidung – auch die katholischen ChristInnen eingeladen, die dieses Angebot teilweise gern annehmen.
Da die BewohnerInnen in ihrem langen Leben schon selber genug Leidens-, Abschieds- und Todeserfahrungen gesammelt haben und der Ostergottesdienst erst nach den Osterfeiertagen gefeiert wird, darf ein Ausblick auf Ostern nicht fehlen. Es ist deshalb angemessen, am Karfreitag das Kreuz Jesu als Symbol des Leidens und Todes *und* als Symbol des Lebens und der Auferstehung zu deuten.
Ein Chor oder ein/e Solist/in sollten die Gottesdienstfeier mitgestalten, um auch neuere geistliche Lieder mit einbeziehen zu können.
Es ist üblich, beim Abendmahl auf liturgische Gesänge zu verzichten. Im Laufe der Zeit hat sich daraus eine eigene Form entwickelt.

Symbol: *Kreuz*

Als Symbole dienen das Altarkreuz des Hauses und ein buntes Kreuz aus El Salvador.

Ansprache

Die Predigerin/der Prediger nimmt das Altarkreuz mit Corpus Christi vom Altar!
Dieses Kreuz hat uns schon durch viele Gottesdienste hindurch begleitet. Ich frage mich:
Wieviele Menschen haben schon auf dieses Kreuz geschaut: Hoffend, fragend, zweifelnd, ratsuchend, bittend, klagend, bangend oder auch dankend?
Wieviele Menschen haben dieses Kreuz als Hilfe und Hoffnung erfahren?
Für wieviel Menschen war es die letzte Hoffnung in Krankheit oder auch im Sterben?
Wievielen Menschen mag der Sinn dieses Kreuzes aber auch verborgen geblieben sein?
Dieses Kreuz führt uns direkt zum Ort des Karfreitagsgeschehens: GOLGATHA, auch Schädelstätte genannt. An diesem Ort angekommen, hat Jesus schon ein großes Stück seines Leidensweges hinter sich, aber das schlimmste steht ihm hier noch bevor.
Zusammen mit zwei Verbrechern wird Jesus gekreuzigt, der eine rechts, der andere links von ihm.

Lied
Herzliebster Jesu, EG 81,1+2

In dieser bitteren Leidensszene am Kreuz steht auch bei Jesus: Angst, Schmerz, Verzweiflung, Traurigkeit, Ohnmacht und Verlassenheit.
Gerade in dieser Lebenssituation und angesichts des nahenden Todes stellt Jesus die verzweifelte Frage:
Mein Gott, mein Gott, warum hast du mich verlassen!?

So einsam und gottverlassen, so verzweifelt und traurig können auch wir uns in den verschiedensten Situationen unseres Lebens fühlen. So sinnlos uns solche Situationen oft erscheinen und so hilflos wir uns manchmal auch fühlen, wir müssen Leiden und Krankheit aushalten, so wie Jesus das bittere und brutale Leiden am Kreuz aushalten mußte.
Auch manche Sterbesituationen, bis hin zum eigenen Sterben, müssen wir aushalten.
Es gibt Situationen, in denen wir nicht einfach die Augen verschließen oder weglaufen können.
Genau das mußte Jesus erfahren, und genau in diesem Punkt berühren sich die Erfahrungen Jesu eng mit unseren Erfahrungen. Welche Keuze werden uns im Leben auferlegt? Welche Lasten drohen uns zu erdrücken, und dennoch müssen wir sie tragen? Durch welche Situation ›müssen wir hindurch‹, müssen sie tragen, mittragen oder auch ertragen und uns damit gedanklich auseinandersetzen, z.B.:

- wenn ein Mensch im Sterben liegt, auf den Tod wartet und uns der Abschied sehr traurig macht.
- wenn ein Arbeitsloser oder eine Altenheimbewohnerin sich nutzlos vorkommt und keinen Sinn, keine Erfüllung mehr im Leben sieht.
- wenn ein großer Streit in der Familie nicht beendet werden kann, weil die Meinungen sich gegeneinander verhärtet haben.
- wenn ein Mensch eine schwere Krankheit erleidet und keine Aussicht auf Heilung mehr besteht.

In solchen Situationen können auch wir uns hilflos und verlassen vorkommen und stellen verzweifelt die Frage: Warum nur? Warum?
Mein Gott, mein Gott, warum hast du mich verlassen?

Chor/Solistin: Gott, mein Gott, warum hast du mich verlassen, EG 381,1-3(4)

So sehr wir uns schöne, frohe und erfüllte Lebenszeiten wünschen, es gibt auch sie unausweichlich: Leidens- und Krankheitszeiten, Krisen-, Problem- und Not-

zeiten, die wir auf uns nehmen und tragen müssen wie ein Kreuz. Dazu möchte ich Ihnen eine Legende erzählen:
»Die Menschen waren mit ihren Kreuzen unterwegs.
Sie mühten sich ab mit ihrer schweren Last.
Doch einem war sein Kreuz zu lang.
Kurzerhand sägte er ein gutes Stück ab.
Nach langer Pilgerschaft kamen alle an einen Abgrund.
Keine Brücke führte in das Land,
das ewige Freude und Gottes sichtbare Nähe versprach.
Alle legten nach kurzem Zögern ihre Kreuze über den Abgrund.
Und siehe: Sie paßten gerade.
Der aber sein Kreuz abgesägt hatte, um es leichter zu machen, stand nun betroffen und verzweifelt.«
(in: W. Hoffsümmer, Kurzgeschichten 1, 5. Aufl. Mainz 1983, S. 38f.)

Diese Legende zeigt, daß wir nicht glücklich, nicht froh werden können, wenn wir unser Leid verdrängen, es leichter machen wollen als es ist oder gar davonlaufen. Die Erfahrung zeigt: Das Leid holt uns ein!
Dies zeigt auch eine Erfahrung, die ich während einer Bibelarbeit zu einer neutestamentlichen Heilungsgeschichte machte. Plötzlich brach eine Frau in Tränen aus, schluchzte laut auf und lief hinaus. Eine von uns lief ihr nach. Die Frau weinte eine lange Zeit, bis sie endlich über das reden konnte, was sie so bedrückte. Und dann erzählte sie von ihrem fast 20 Jahre alten, spastisch gelähmten Sohn, den sie zu Hause umsorgt. Bislang hatte sie das Leiden so hingenommen; sie hatte gedacht, da mußt du hart sein, da mußt du durch. Während der Bibelarbeit wurde ihr klar, wie sehr sie ihre Traurigkeit, ihre Gefühle über Jahre unterdrückt hatte. Nach dem Gespräch äußerte sie: Mir hat es gut getan, daß das alles einmal herauskommen konnte. Jetzt kann ich das Leiden mittragen und ich weiß, daß ich darüber reden muß.
An dem Erlebnis mit dieser Frau ist mir klar geworden, daß trotz mancher Grenzerfahrungen das Tragen des Kreuzes uns einen Sinn, neuen Lebensmut, Erfahrungen der Hoffnung angesichts des Leidens erschließen kann. Es ist mir deutlich geworden, wie wichtig es ist, über unsere Leiden und Traurigkeiten zu sprechen.

Chor oder Solistin: Warum leiden viele Menschen, Strophe 1

Am Karfreitag ist das Kreuz für uns allein ein Leidens- und Todessymbol, das deutlich einen Endpunkt markiert. Die Passionszeit, durch die wir gehen, zeichnet

mit dem Karfreitag den äußersten Tiefpunkt des Lebens- und Leidensweges Jesu, nämlich: Tod, Ende, Aus.
Doch gehört zur Passionszeit und zu Karfreitag eben auch Ostern dazu. Und deshalb muß das Kreuz für uns kein Zeichen, kein Symbol des Todes allein bleiben. Vielmehr kann es von Ostern her *auch* ein Zeichen der Hoffnung und ein Symbol neuen Lebens sein.

Chor oder Solistin: Warum leiden viele Menschen, Strophe 2 (s.S. 139, Lieder)

Daß Tod und Leben im Kreuz zusammengehören, wurde mir bei Besuchen im Krankenhaus deutlich:
Vor einiger Zeit wurde ich zu einer schwerkranken Frau ins Krankenhaus gerufen. Es war klar, daß sie bald sterben würde. In ihrem Zimmer hing an einer Wand ein Kreuz, das für mich in dieser Situation ein Leidens- und Todessymbol war. Die Frau äußerte, daß sie bald sterben würde. Wir beteten das Vaterunser, sprachen über Sterben und Tod, und am Ende legte ich ihr die Hand zum Segenszuspruch auf die Stirn.
Ein anderes Mal besuchte ich eine Frau im Krankenhaus, die gerade ein Kind zur Welt gebracht hatte. Auch in ihrem Zimmer hing ein Kreuz. In dieser Situation war das Kreuz ein Zeichen für das Leben, für neue Hoffnung – und das nicht erst, nachdem wir gestorben sind, sondern schon hier und jetzt.
Genau diese Botschaft gibt uns auch das Kreuz aus El Salvador (ein solches Kreuz zeigen). Betrachten wir ein solches Kreuz am Karfreitag, dann steckt darin auch die große Hoffnung auf ein Leben in Zufriedenheit und Liebe, eine Hoffnung, die uns das Leben gerade angesichts von (materieller) Not und von Traurigkeit neu wagen läßt.
Das Kreuz aus El Salvador ist ein buntes Lebenskreuz, bunt wie die vielfältige Gnade Gottes. Leidende Menschen zeigen mit diesem Kreuz, woher sie ihre Kraft schöpfen – selbst noch angesichts eines schrecklichen Bürgerkrieges, angesichts von Mord und Gewalt in El Salvador. Sie zeigen mit diesem Kreuz, wozu Gott sie ermutigt: Zu einem Glauben, der dem Tod nicht das letzte Wort läßt. Diesem Kreuz ist anzusehen, daß christlicher Glaube mutmachend, frohmachend und fröhlich ist. Denn nach Karfreitag können wir uns auf Ostern freuen. Das Kreuz aus El Salvador kann uns ermutigen, es neben unser Kreuz in die Kirchen zu stellen und damit die Passionszeit, Karfreitag und Ostern nicht mehr länger getrennt voneinander zu sehen, sondern bewußt zusammenzudenken. Das Kreuz aus El Salvador kann unsere Sichtweisen vom Kreuz bereichern.
Möge die Passionszeit ein Anlaß für uns sein, »darüber nachzudenken und dankbar zu sein, daß Gott uns dieses begrenzte Leben gab, und daß Jesus Christus es

mit uns trägt und mit uns leidet, damit wir auch in den dunkelsten Augenblicken niemals ganz ohne Hoffnung, Zuversicht und Trost sind«.
(P. Gerlitz, in: Miteinander das Jahr erleben. Ein Familienbuch, hg. v. M. Tworuschka und R. Schupp, Lahr 1992, S. 54)

Lied
In dir ist Freude, EG 398,1+2

Liturgische Gestaltung

Lieder
Herzliebster Jesu, EG 81,1+2
O Haupt voll Blut und Wunden, EG 85,1-3.5.6.9.(10)
Gott, mein Gott, warum hast du mich verlassen, EG 381,1-3
Holz auf Jesu Schulter, EG 97 (Chor/Solistin)
zu Beginn:
Morgenglanz der Ewigkeit, EG 450,1-3
Tut mir auf die schöne Pforte, EG 166
zum Abendmahl:
Bewahre uns, Gott, EG 171 (Chor/Solistin)
Nun danket alle Gott, EG 321
während der Predigt:
Warum leiden viele Menschen (Chor/Solistin) (in: Gehen – sehen – handeln. Weltgebetstagsordnung 1994, hg. v. den deutschen Weltgebetstagskomitees der Bundesrepublik West und Ost nach der Vorlage von Frauen aus Palästina, S.10f.)
In dir ist Freude, EG 398

Psalm
Psalm 22 nach EG 709.1

oder:
Mein Gott, mein Gott, warum hast du mich verlassen?
Mit deinen eigenen Worten, Gott, rufe ich dich an,
denn du allein verstehst mich wirklich und fühlst mit mir.
Du allein weißt, was es heißt,
wenn ich traurig bin oder schwerkrank,
wenn ich um einen Menschen trauern muß,
wenn ich an meiner Lebenssituation leide.

Auf dich warte ich, eile doch, mich zu erlösen!
Aber in dem allen werde ich nicht aufhören,
von dir zu sprechen!
Ich will dich in unseren Gemeinden rühmen,
denn du hast die Leidenden nicht verachtet.
Du wendest dich nicht stillschweigend ab.
Du offenbarst dich als Erlöser aller Menschen.
Der Tag wird anbrechen, da aller Welt Enden
deine Gerechtigkeit sehen und schmecken werden!
Denn dein ist das Reich und die Kraft
und die Herrlichkeit in Ewigkeit.
Auch in diesem Land. Amen.

(Zephanja Kameeta, in: Zephanja Kameeta, Gott in schwarzen Gettos, Erlanger Verlag für Mission und Ökumene, 1983, S. 19ff.)

Lesungen
Jes 53,1-12
Mt 27,33-56 (auf diese Lesung beziehen sich einige Predigtgedanken)
2. Kor 5,14b-21

Eingangsvotum
Wir feiern diesen Gottesdienst im Namen Gottes.
Gott hat die Welt erschaffen
und hat mir den Atem des Lebens geschenkt.
Im Namen Jesu Christi,
der als Mensch lebte, litt, starb, auferstand und der immer wieder neue Hoffnung erwachen läßt.
Im Namen des Heiligen Geistes,
der die ganze Welt umfaßt,
mich in traurigen Zeiten tröstet
und mich mit neuem Lebensmut stärkt.

Kollektengebet
Gott,
in deinem Namen sind wir hier zusammengekommen,
um miteinander Gottesdienst zu feiern.
Wir sind hier mit allem, was uns das Leben so schwer macht.
Jeder Mensch hier trägt sein persönliches Leidenskreuz.
Wir sind hier mit unserem Glauben und unseren Zweifeln,
mit unseren Ängsten und Hoffnungen,

mit unserer Traurigkeit und Freude,
mit unserer Kraftlosigkeit und mit unserem Mut zum Leben.
Jesu Kreuz öffnet uns den Blick auch für unsere Leiden,
unsere Krankheit, unsere Traurigkeiten, unseren Tod.
Jesu Auferstehung weitet unseren Blick, so daß wir
hoffen, aufatmen und aufleben können.
Das zu erleben und zu spüren, darum bitten wir dich
durch Jesus Christus. Amen.

Klage/Schuld
Jesus Christus,
wir haben verlernt zu klagen.
Stattdessen gehen wir hart mit uns um
und antworten anderen auf die Frage nach unserem Befinden:
Ich will nicht klagen!
Weil wir vor anderen gut und sicher dastehen wollen,
überspielen wir, was uns bedrückt, weichen aus.
Aber so ›fressen‹ wir den Schmerz in uns hinein
und verhärten unsere Herzen.
Dabei hast du uns Mut gemacht zu klagen.
Du hast ausgesprochen, was dich am Kreuz bedrückte;
du hast geklagt: Mein Gott, mein Gott, warum hast du mich verlassen!?
Damit ermutigst du uns, unsere Gedanken und Gefühle offen auszusprechen –
vor Gott und auch vor Menschen.
Diese Aussprache mag ein erster Schritt sein, unser Leben wieder neu zu wagen.
Dazu hilf uns! Erbarme dich über uns!

Fürbitten
Jesus Christus, um dein Kreuz herum versammelt,
stellen auch wir die bange Frage: Mein Gott, mein Gott,
warum hast du mich verlassen!?
Und dennoch spüren wir, daß du allen Leidenden, Sterbenden,
Traurigen, Gefolterten, Verzweifelten, Hilflosen
nahekommen willst, indem du selbst leidest.
Wir bitten dich: Laß uns deine Nähe spüren.

Wir bekommen ein Bild davon,
wie dunkel es in der Welt, in der wir leben, sein kann,
und spüren gleichzeitig unsere tiefe Sehnsucht nach Licht und Helligkeit.
Wir bitten dich: Erhelle die Dunkelheiten unseres Lebens.

Dein Tod am Kreuz führt uns die Grenzen unseres eigenen Lebens
deutlich vor Augen, und von Ostern her wagen wir die große Hoffnung,
daß der Tod nicht der Schlußpunkt ist und daß wir auf das Kommen deines
Reiches hoffen dürfen,
in dem es kein Kreuz, kein Leid, keine Traurigkeit mehr gibt,
sondern Leben in Fülle.
Wir bitten dich: Laß uns Spuren deines Reiches schon jetzt erfahren, damit wir
spüren, daß unsere Hoffnung, unser Glaube nicht vergeblich ist.
Amen.

Segen
Der unbegreifliche Gott
erfülle dein Leben mit seiner Kraft,
daß du entbehren kannst
ohne hart zu werden,
daß du leiden kannst,
ohne zu zerbrechen,
daß du Niederlagen hinnehmen kannst,
ohne dich aufzugeben,
daß du schuldig werden kannst,
ohne dich zu verachten,
daß du mit Unbeantwortbarem leben kannst,
ohne die Hoffnung preiszugeben.
(Antje-Sabine Naegeli, in: Otto Haußecker (Hrsg.), Der Herr segne dich, Evang. Jugendwerk in Württemberg 10. Aufl. 1997)

Fortsetzung:
So segne dich (der unbegreifliche) Gott
und stärke dich auf deinem Weg durch das Leben.
Amen.

Abendmahlsliturgie
Der Friede Gottes sei mit euch allen. Amen.
Als Zeichen unserer Gemeinschaft in Jesus Christus feiern wir nun miteinander das Abendmahl.
Dabei erinnern wir uns an das letzte Mahl, das Jesus gefeiert hat:
In der Nacht vor seinem Tode am Kreuz saß Jesus mit seinem engsten Kreis zusammen und feierte das Passahmahl als Fest der Befreiung. Dabei sprach er davon, daß er verraten, verhaftet, verurteilt und getötet würde. Da fühlten sich seine Jünger sehr allein gelassen, von ihm und von allen anderen. Sie

waren traurig, unsicher, sie hatten Angst. Sie hatten mit ihm zusammen das Leben verändern wollen. Jetzt sahen sie in allem keinen Sinn mehr. Und weil sie merkten, wie schwer es ist, auf der Seite Jesu zu stehen, merkten, daß sie den Mut dazu nicht mehr hatten, fühlten sie sich feige und schuldig; zudem suchten sie auch nach einem Weg, der sie von ihren Lasten und Schuldgefühlen befreite.
(nach P. Horst, Nichts soll uns einschüchtern, in: ku praxis 9, Abendmahl, Gütersloh 2. Auflage 1981, S. 77)

Gebet vor dem Mahl
Gott,
wir nehmen und essen, wir nehmen und trinken.
Wir suchen, was uns von unseren Alltagslasten befreit.
Wir möchten finden, was uns näher zusammenbringt.
Gott, laß es nicht vergeblich sein!
Vergib uns! Hilf uns! Stärke uns auf unseren Wegen!

Einsetzungsworte
Auf diese Worte hören wir, wenn wir das Abendmahl miteinander feiern. Jesus Christus hielt diese Gemeinschaft für alle offen – ohne Unterschiede. Er aß und trank nicht nur mit denen, die immer dabei waren, sondern auch mit denen, die ausgeschlossen und ausgestoßen waren. Wenn wir das Abendmahl miteinander feiern, können Türen zu Menschen geöffnet werden. Es können Wege zu Menschen gefunden werden, die uns fremd sind oder fremd geworden sind.
Immer leben wir vom gegenseitigen Geben und Nehmen, von dem, was wir brauchen, um in Gott menschlich zu bleiben. Wo das geschieht, werden neue Anfänge möglich. Wo das geschieht, wird unsere Welt heil. Darauf setzen wir unser Vertrauen und unsere Hoffnung.

Vater unser
Gott stiftete
ein Gedenken,
das man
nicht nur hören,
sondern auch
schmecken kann.
Wir werden
vom Brot der Gnade

kosten und
aus dem Kelch der Barmherzigkeit
trinken.
Und es wird uns
Zeichen sein
seiner Nähe,
seiner Hilfe,
seiner Stärkung.

(Peter Klever, in: Peter Klever, Nimm dir etwas Zeit, © Verlag Ernst Kaufmann, Lahr 1991, S. 26)

Einladung
Und nun kommt, es ist alles bereit, seht und schmeckt, wie freundlich Gott ist.

Austeilung (Intinctio)
Brot und Wein stärken und bewahren dich im Leben und im Glauben!

Danket dem Herrn, denn er ist freundlich und seine Güte währet ewiglich.

Dankgebet
Gott, wir danken dir,
daß wir als deine Gäste miteinander Brot und Wein teilen konnten.
Wir bitten dich: Gib uns Kraft zum Teilen
unserer Sorgen und Ängste,
unserer Traurigkeiten und Leiden,
unserer Träume und Hoffnungen.
Laß uns in deiner Gemeinschaft miteinander verbunden bleiben.
Denn du bist uns in Jesus Christus vorausgegangen – durch Leiden und Tod hindurch
in ein neues Leben.
Gott, du schenkst uns in Jesus Christus die Hoffnung auf Auferstehung der Menschen.
Dafür danken wir dir. Amen.

Christiane Karp-Langejürgen

Mit Eiern, Lamm und Hasen

Ostergottesdienst mit Ostersymbolen
Markus 16,1-8

Zur Situation

Der Gottesdienst ist gut besucht, eine gemischte, festlich gestimmte Gemeinde. Schon das Osterfrühstück im Speisesaal war festlich. Das ganze Haus ist geschmückt. Die Ostergemeinde wird traditionell begrüßt mit dem Ostergruß: »Der Herr ist auferstanden, Halleluja. Er ist wahrhaftig auferstanden. Halleluja.«

Symbol: Ostern

Auf dem Altar steht ein Körbchen mit buntgefärbten Eiern, ein Osterhase aus Schokolade, ein Osterlamm aus Kuchenteig (hatten die Bewohner auf dem Frühstückstisch), der Blumenschmuck besteht aus Forsythienzweigen. Auf dem Kerzenleuchter brennt eine neue Altarkerze: die Osterkerze.

Ansprache

Liebe Gemeinde hier im Haus,

auf unserem Altar finden Sie heute viele Dinge, die zu Ostern gehören: Ich halte ein Ei empor: Solche Ostereier gehören seit Ihrer Kindheit zu Ostern. Auch heute Morgen haben Sie an ihrem Frühstücksplatz ein Ei gefunden. Ich glaube, Sie verbinden mit diesen bunten Eiern viele Erinnerungen. *Die BesucherInnen des Gottesdienstes lassen deutlich erkennen, daß die bunten Eier zu den guten Erinnerungen ihres Lebens gehören. Zu den unterschiedlichen Lebensphasen gehören unterschiedliche Erinnerungen. Als Kinder haben fast alle zu Ostern Eier gesucht. Geschenke zu Ostern gab es nicht, aber Eier und Süßigkeiten. Später haben viele selbst Eier gefärbt und für die eigenen Kinder*

oder Enkel versteckt ... Viele erinnern sich gern an Osterspaziergänge mit der ganzen Familie.
Ich zeige den Osterhasen: und wieder fallen den BesucherInnen Erinnerungen ein: der erste Schokoladenhase. Die erste Süßigkeit nach den langen Fastenwochen. Nach dem Krieg die Billigschokolade – schlecht im Geschmack, doch heiß ersehnt. Lauter gute Erinnerungen. Und der Kinderglaube: der Osterhase hat die Eier gebracht und versteckt. Der Osterhase war wichtig. Schon einige Tage vor Ostern suchten sie als Kinder nach ihm.
Auch das Kuchenosterlamm ruft Erinnerungen hervor: Nach der Fastenzeit der erste Kuchen. Hasen- und Lammformen hatten viele zu Hause. Und auch hier die Erhaltung der Bräuche über die eigene Kindheit hinaus. Das Stichwort Lamm Gottes fiel nicht. Zu Ostern wurde in manchen Familien ein Osterlamm gegessen.
Die Frühlingszweige werden angesprochen: Freude am Erwachen der Natur, Sehnsucht nach Wärme und hellen Tagen, erste Frühlingsboten.
Mit diesen Osterzeichen haben Sie gelebt, mit diesen Zeichen bin auch ich erwachsen geworden. Und wie Sie es mit ihren Kindern gemacht haben, so habe ich auch diese Bräuche bewahrt und mich an ihnen gefreut. Ohne Eier, Hasen, Lamm und Frühlingszweige gab es kein Osterfest. Aber vielleicht geht es Ihnen auch da wie mir: die Antwort auf die Frage:»Was hat denn das alles mit Ostern zu tun?« ist gar nicht so einfach. Es gehört einfach alles dazu, wie der Christbaum und die Kerzen zu Weihnachten. Aber warum?
Denn wir wissen ja:»eigentlich« feiern wir zu Ostern die Auferstehung Jesu. Das haben wir vorhin in der Lesung aus dem Markusevangelium gehört. Wir feiern, daß Jesus am dritten Tage auferstanden ist von den Toten. Neues Leben aus dem Tod, neues Leben durch den Tod. Das hören wir, das glauben wir. Aber es ist so schwer vorstellbar. Es widerspricht ja allem, was wir immer wieder erleben. Daß ein Mensch stirbt, kennen wir. Das erleben wir auch hier im Haus immer wieder mit. Ein Mensch, der unter uns gelebt hat, ist nicht mehr, er oder sie wird zum Friedhof gebracht und beerdigt. Das ist zwar traurig, aber das kennen wir und wir leben damit. Es ist eine Realität unserer Welt: was vergangen ist, ist vergangen. Was vorbei ist, ist vorbei. Wer tot ist, ist eben tot. Damit finden wir uns ab.
Vorgestern, am Karfreitag, haben wir im Gottesdienst an den Tod Jesu gedacht. Haben die Geschichte von der Kreuzigung gehört, uns ins Gedächtnis rufen lassen: Jesus ist gestorben – ohne daß er etwas Todeswürdiges getan hatte.»Für uns« heißt es: damit wir für unsere Schuld, für unsere bösen Taten und Gedanken nicht büßen müssen. Ein trauriges Ende und schwer zu begreifen. Aber ich höre immer wieder: Ostern ist noch schwerer zu verstehen. Vielleicht, weil neues Leben nach dem Tod unserer Erfahrung widerspricht.

Gut zu hören, daß es nicht nur uns hier in ... so geht. Es ging ja den drei Frauen, die am Ostermorgen zum Grab unterwegs waren, genauso. Sie kauften Öle, so wird in der Bibel berichtet. Einen Toten wollten sie ehren, ihn salben, wir würden vielleicht sagen: ihn konservieren – wenigstens für ein paar Tage. Größer war ihre Hoffnung nicht; denn ihn dem Tod zu entreißen, lag ja nicht in ihrer Macht. Wie wir heute hatten sie ihre Erfahrungen mit dem Tod. Und die hießen: wer gestorben ist, der ist und bleibt tot.
Keine Hoffnung, nur Trauer beschwerte ihr Herz. Die Sorge: wer rollt uns den schweren Stein an die Seite, bewegte sie. Selbst diese Frauen, die so nah bei Jesus gelebt hatten, erwarteten kein Wunder, kein Leben im Grab. Ihre Phantasie ging nicht weiter als unsere. Sie entsetzten sich – so wird es beschrieben. Selbst die Worte des Jünglings im Grab überzeugten sie nicht. Sie gingen fort, ergriffen die Flucht. Sie redeten mit niemandem von dem, was sie erlebt hatten. Es war ihnen unheimlich. Erst als sie dem Auferstandenen begegneten, als sie ihn sahen, als er zu ihnen sprach, konnten sie begreifen: er lebt.
Wie sollten wir es leichter verstehen? Wie sollten wir das Unbegreifliche begreifen?
Aber vielleicht ist Ostern, ist Auferstehung auch nicht mit unserem Verstand zu erfassen, nicht mit unseren Erfahrungen vergleichbar! Vielleicht ist dieses neue Leben nur zu glauben, gegen unser Alltagswissen. Vielleicht ist die Freude nur andeutungsweise zu empfinden, an unserer Wirklichkeit festzumachen.
Vielleicht brauchen wir deshalb die vielen Zeichen: Eier, Hasen, Lämmer und Zweige. Zeichen des Lebens, auch wenn wir gar nicht sofort wissen, was diese Zeichen denn eigentlich mit der Auferstehung Jesu zu tun haben. Auch wenn diese Zeichen gar keinen christlichen Ursprung haben.
Denn Eier wurden schon lange vor Christi Geburt und Tod, lange vor seiner Auferstehung verschenkt. Zeichen des Frühlingserwachens der Natur. Die ersten Zeichen dafür, daß die Welt zu neuem Leben erwacht. Hinter einer harten Schale, unsichtbar für unser Auge, entsteht Leben. Unsichtbar, aber wirklich. Wenn die Zeit gekommen ist, pickt das Küken die Schale des Eies entzwei und kommt hervor. Leben aus dem Tod? Jedenfalls neues Leben, wo vorher noch keins war. Und wenn die Eier bunt gefärbt sind, erfreuen sie das Auge, geben einen Vorgeschmack auf die bunten Farben des Frühlings.
Hasen: ganz früh im neuen Jahr werden sie geboren. Nach den langen Winterwochen machen sie den Anfang. Bei uns hinter dem Haus sind es die Kaninchen. Lange ehe die anderen Tiere ihre Jungen werfen, sind die kleinen Nager schon unterwegs und freuen sich des Lebens.
Ähnlich die Lämmer, Boten des Frühlings und Erinnerung an die jüdische Herkunft Jesu. Zeichen der Gnade Gottes waren sie. Bei jedem Passafest wurden sie gegessen. Zur Erinnerung, daß Gott sein Volk aus der Sklaverei in Ägypten

in die Freiheit geführt hat. Zum Gedenken daran, daß der Türpfosten mit dem Blut der Lämmer bestrichen wurde, damit der Todesengel in der Nacht des Auszugs aus Ägypten die Israeliten verschone. Zur Erinnerung, daß Schmerz und Rettung zusammengehören im Volk Israel, im Leben Jesu wie in unserem eigenen Leben.

Die ersten Zweige des Frühlings: in der Wärme springen die Knospen auf, neues Grün bedeckt die Bäume. Der Winter und seine Kälte, seine Dunkelheit, gehen vorbei. Immer wieder schenkt Gott einen neuen Frühling, einen neuen Anfang.

Das schönste Osterzeichen für mich aber sind die Kerzen. Die Katholikinnen und Katholiken unter uns haben am Ostersonntag sicher oft eine Osterkerze erhalten. Die Flamme der Freude, das Licht, das die Dunkelheit erhellt. Die Freude des Festes soll uns erinnern an das Licht der Auferstehung, an das Licht, das Gott in unser Leben bringen kann. Nach der dunklen Nacht der Trauer, der Hoffnungslosigkeit der Jünger und der drei Frauen, die zum Grab gingen, sahen diese dann beim Sonnenaufgang die neue Wirklichkeit: Jesus lebt. Auch sie verstanden nicht gleich, was das bedeutete. Aber in ihren Herzen war nicht mehr die dumpfe Traurigkeit. Eine Ahnung nur hatten sie. Eine Ahnung davon, daß Tod nicht immer Tod bleibt. Daß Gottes Macht weiter reicht als unsere Hoffnung. Daß Leben möglich ist, wo Gott wirkt. Daran erinnert die Kerze. Immer wieder erinnert sie uns an die Wahrheit von Ostern: Gott will, daß neues Leben, daß Freude herrscht. So wie Jesus nicht im Tod geblieben ist, werden auch wir nicht im Tod bleiben müssen. Das können wir nicht beweisen, das können wir wirklich nur glauben. Aber vielleicht helfen uns die Zeichen von Ostern, glauben zu können. Und wir können die Erfahrung machen, daß Jesus lebt: Wenn wir ihm in unserem Leben begegnen, wie die Frauen später Jesus begegnet sind. Wenn wir erfahren, daß er auf unser Gebet antwortet und unsere dunklen Stunden in helle Tage verwandelt. Amen.

Liturgische Gestaltung

Lieder
Christ ist erstanden, EG 99
Wir wollen alle fröhlich sein, EG 100
Auf, auf, mein Herz mit Freuden, EG 112
Gelobt sei Gott im höchsten Thron, EG 103
Frühmorgens, da die Sonn aufgeht, EG 111,1–3.9.13–15
Er ist erstanden, EG 116

Psalm
Psalm 118,15.17.22–24

Lesungen
Mk 16,1–8 (zugleich Predigttext – falls nur eine Lesung verwandt wird)
2 Sam 2,1–2.6–8a (falls eine zweite Lesung gewünscht ist)

Kollektengebet
Gott, Quelle immer neuen Lebens,
Wir feiern, daß du in der Auferstehung Jesu die dunkle Macht des Todes gebrochen hast.
Du läßt uns das Leben verkünden.
Mach uns bereit zu hören. Mach uns bereit, zu glauben und zu hoffen.
Öffne unsere Herzen, daß wir das Lob deiner Liebe singen.
Laß uns verstehen, daß das Leben siegt.
Amen.

Klage/Schuld
Jesus Christus, lebendiger Gott,
wir hören von der Macht des Lebens, von der Kraft der Liebe.
Vor Augen sehen wir die Gewalt des Bösen, die Macht des Todes.
Wo wir nur das Ende sehen, da schaffst du einen neuen Anfang.
Wir bitten dich: öffne unsere Herzen, damit wir dich erkennen im Dunkel unserer Zeit.

Gnadenspruch
Der Herr ist auferstanden. Er ist wahrhaftig auferstanden. Halleluja.

Fürbitte
Laßt uns zu Gott, dem Herrn des Leben beten:
Wir hören deine Botschaft: Jesus lebt.
Und wir glauben: auch wir werden leben, in deiner Nähe.
Entsetzt euch nicht, so hat der Engel gesagt:
Fürchtet euch nicht, das Leben ist stärker als der Tod.
Mach uns Mut, daran festzuhalten, guter Gott.
Wir rufen gemeinsam: Herr, erbarme dich.

Jesus lebt, das hören wir. Die Liebe besiegt den Haß.
Der am Kreuz starb, blieb nicht im Tod.
Laß uns die Freude spüren, den Jubel des Sieges.

Freut euch in dem Herrn, so heißt es.
Gib uns die Kraft, diese Freude wahrzunehmen und zu leben.
Wir rufen gemeinsam: Herr, erbarme dich.

Wir dürfen leben, weil Jesus lebt. Das feiern wir zu Ostern.
Das macht unser Leben hell.
Laß das Licht von Ostern in unser Leben scheinen,
in alle Tage, die wir leben.
Wir brauchen uns nicht zu fürchten, unser Herr lebt.
Gib uns den Glauben an das Leben.
Wir rufen gemeinsam: Herr, erbarme dich.

Dein Leben schenkst du dieser Welt. Alle dürfen leben aus deiner Güte.
Darum bitten wir dich für die, die dich nicht kennen,
für alle, die in der Furcht des Todes und des Schreckens leben,
für alle, die im Dunkel leben und die in Sorgen sind.
Öffne ihre Herzen, damit sie im Dunkel unserer Welt erkennen:
Es gibt das Licht, es gibt das Leben. Wir brauchen uns nicht zu fürchten.
Wir rufen gemeinsam: Herr, erbarme dich.

Wenn wir in diesem Gottesdienst singen und beten,
dann sei du bei uns, höre unsere Freude und unsere Not.
Laß uns dein Leben spüren.
Amen.

Segen
Geht mit dem Segen Gottes in die Tage, die kommen.
Gott gebe euch erleuchtete Augen des Herzens, seine Liebe lebe in euch.
Geht mit dem Vertrauen: Jesus lebt und auch wir sollen leben. Lebt mit dem Glauben: er lebt auch in uns.
So segne euch und behüte euch der allmächtige und barmherzige Gott, der Vater, der Sohn und der Heilige Geist. Amen.

Susanne Schildknecht

Geh aus, mein Herz

Sommerfest

Zur Situation

In erster Linie richtet sich der Gottesdienst an die HeimbewohnerInnen, die teilweise anläßlich des Sommerfestes auch von ihren Angehörigen begleitet werden. Traditioneller Bestandteil dieses Gottesdienstes ist das Lied »Geh' aus, mein Herz, und suche Freud in dieser lieben Sommerzeit«, – das das Thema des Gottesdienstes bildet.
Zu solchen besonderen Anlässen wird eine etwas längere Predigt erwartet. Das Sommerfest ist einer der Höhepunkte des Jahres, auf den sich viele BewohnerInnen schon Tage und Wochen vorher freuen.

Symbole, Zeichen: *Blumenstrauß*

Am Ende der Predigt erhalten die BewohnerInnen aus dem bunten Altarstrauß jeweils eine Blume als Zeichen der reichhaltigen Fülle des Gartens Gottes im Sommer. Zugleich bilden die Blumen ein Sinnbild für die Vielfalt der Menschen im Haus.
Zum Segen reichen sich alle die Hände als Zeichen der Gemeinschaft untereinander und mit Gott.

Ansprache

Geh aus, mein Herz, EG 503,1-4
Gottes Liebe sei mit uns allen! Amen.

Liebe Gemeinde!

Sommer, Sonne, Wind und Meer, heiße Tage, kühle Getränke, bunte Früchte, reifendes Getreide, blühende Gärten,
Sommerzeit, Urlaubszeit, Badezeit, Erntezeit, Grillzeit,

Sommerfeste in Gärten, auf Terassen, Balkonen und Straßen,
Verweilen auf der Bank unter der alten, schattenspendenden Kastanie vor dem Haus,
der Sommer, eine Einladung an uns:
Geh' aus mein Herz und suche Freud in dieser lieben Sommerzeit an deines Gottes Gaben ...
Dieses Lied – immer wieder gern gesungen – fordert jede/n auf: Geh' hinaus, lebe mehr nach außen, öffne dich, schau', was der Garten Gottes dir alles zu bieten hat, schau', was alles wächst, blüht und gedeiht – ist das nicht Grund genug zur Freude? Das Lied fordert uns heraus, die vielfältigen Geschenke des Sommers zu entdecken und zu nutzen.

Geh aus, mein Herz, EG 503,5-8

Mit diesen Liedstrophen will Paul Gerhardt uns den Sommer schmackhaft machen. Er dichtet dieses Lied 1653, 5 Jahre nach dem Ende des 30jährigen Krieges. Er selbst war gerade 11 Jahre alt, als der Krieg ausbrach und 41 Jahre, als er mit der Besiegelung des westfälischen Friedens in Münster und Osnabrück zu Ende ging. Mit 12 Jahren verlor er seinen Vater, mit 14 Jahren seine Mutter. In seiner Ehe litt er unter dem Tod mehrerer Kinder. Paul Gerhardt, der Leben und Sterben in enger Verbindung erlebt, kann sich auch nach 30 Jahren Krieg, nach Zerstörung, nach Toten und Verletzten, nach Kämpfen und Grausamkeiten, noch am Reichtum des Sommers erfreuen:
• an den Bäumen, die voller Laub stehen,
• an den blühenden Blumen,
• am Zwitschern der Vögel, die ihre Jungen speisen,
• an den Bienen, die Honig produzieren,
• am Getreide, das auf den Feldern wächst.
In allem, was die Natur uns zu bieten hat, sieht er viele Zeichen von Gottes Güte verborgen. Solange das alles noch wächst und gedeiht, gibt es in diesem irdischen Leben noch genug Grund zur Freude. All dies läßt hoffen, daß das Leben – auch angesichts der Not, der Kriegsfolgen und des Todes – dennoch weitergeht.
Diese Erfahrung Paul Gerhardts mag Ihnen sehr vertraut sein, die Sie fast alle ebenfalls erlebt haben, was Krieg, Not und Tod bedeuten und was uns dennoch an der Hoffnung festhalten läßt, daß das Leben weitergeht.
Dazu noch ein Erlebnis: In der Zeit des Golfkrieges 1991 erzählten mir Frauen immer wieder, wie bedrückend, beängstigend und lähmend dieser Krieg für sie sei. Eines Tages schenkte mir eine Frau ein Körbchen mit frisch gelegten

Hühnereiern. Dazu sagte sie mir:«Als ich heute morgen in den Stall kam, legten die Junghühner gackernd ihre ersten Eier. Das war mir ein Hoffnungszeichen, daß das Leben weitergeht.« – Immer, wenn ich das Körbchen sehe, erinnere ich mich wieder an diese Begebenheit.

Geh aus, mein Herz, EG 503,9-11

In diesen 3 Strophen nimmt Paul Gerhardt die Schönheit der Natur und des Lebens als Anlaß zur Frage, was den Menschen nach diesem Leben auf der Erde einmal in Gottes Welt erwartet. Die Antwort gibt er in Strophe 10:»Welch' hohe Lust, welch' heller Schein, wird wohl in Christi Garten sein?«
Die Vielfalt des Sommers steht wie ein Gleichnis für die Herrlichkeit der neuen Welt Gottes, die nach dem Tod auf uns wartet:«Denn dein ist das Reich und die Kraft und die Herrlichkeit in Ewigkeit. Amen.« – so haben wir es schon unzählige Male mit dem Vaterunser gebetet.
Gottes neue Welt wird als eine helle, leuchtende und farbige Welt beschrieben; eine Welt, in der aller Schmerz und alles Leiden überwunden sein wird; eine Welt voller Freude. Deutlich spricht das auch die Johannesoffenbarung im vorletzten Kapitel der Bibel aus:
»Ich sah einen neuen Himmel und eine neue Erde; ... und Gott wird bei ihnen wohnen ... Und Gott wird abwischen alle Tränen von ihren Augen, und der Tod wird nicht mehr sein, noch Leid, noch Geschrei, noch Schmerz wird mehr sein. Denn das Erste ist vergangen. ... Siehe, ich mache alles neu!« (Offb 21,1-5)
Manchmal können wir Spuren dieser neuen Welt Gottes schon in unserem Leben entdecken:
Immer dann, wenn ein Mensch getröstet wird .
Immer dann, wenn ein Mensch nach langer Krankheit neuen Lebensmut bekommt.
Immer dann, wenn Menschen einander verstehen.
Mit dieser Verheißung der neuen Welt im Rücken können wir gestärkt unser Leben neu wagen.

Geh aus, mein Herz, EG 503,13-15

In den letzten 3 Strophen bittet Paul Gerhardt Gott um Hilfe und den Segen, daß die reichen Früchte des Sommers zu Früchten des Glaubens heranreifen mögen. Eine glaubende Frau, ein glaubender Mann soll wie ein guter Baum sein, der Wurzeln treibt, wächst und allem standhält, oder wie eine schöne Blume, die ihren festen Platz im Garten Gottes hat.
In diesem Garten stehen stolze Rosen neben kleinen, bescheidenen Veilchen; Wicken ranken sich nach allen Seiten bunt in die Höhe, und die Margeriten

stehen gesellig beieinander. Da mag jede Blume im Garten ein Sinnbild für das bunte Gemisch der Menschen sein. Alle haben ihre unterschiedlichen Bedürfnisse:
Einige brauchen viel Nahrung, andere sind sehr pflegeleicht; einige brauchen viel Zuwendung, Pflege und Zuspruch, einige gedeihen im Schatten, andere brauchen viel Licht und Wärme, um sich optimal entwickeln zu können.
So einzigartig wie die Blumen sind auch wir Menschen – darüber läßt uns der Sommer staunen.
Als Zeichen dafür, daß wir alle blühende Blumen in Gottes Garten sind, möchte ich ihnen aus dem bunten Altarstrauß eine Blume mit auf den Weg geben. Möge diese Sommerblume sie einladen, den Sommer zu erleben und zu genießen!
Darum: Geh' aus mein Herz und suche Freud in dieser lieben Sommerzeit ...
Amen.

Liturgische Gestaltung

Lieder
Geh' aus mein Herz (während der Predigt gesungen), EG 503
Wenn ich, o Schöpfer, deine Macht, EG 506
Himmel, Erde, Luft und Meer, EG 504
Lobt Gott in allen Landen (nach der Melodie EG 501), EG 500
Himmels Au, licht und blau, EG 507
Komm, Herr, segne uns, EG 170

Psalm
Psalm 104,1–5.10–15.19–23.29–33
Der Psalm wird gelesen, unterbrochen von der Antwort der Gemeinde:
Wie schön sind deine Werke, Gott, weise geordnet. Unser Herz jubelt dir zu!

Lesungen
Mt 6,25-34 Sorget nicht
Gen 8,22 Solange die Erde steht
Lk 13,6-9 Der verdorrte Feigenbaum

Kollektengebet
Dich, Gott, suchen wir
in dem Licht der heller werdenden Sonne,
das durch die Dunkelheiten und Traurigkeiten unseres Lebens scheint.

Dich, Gott, bitten wir:
Sei du jetzt mitten unter uns
und laß uns deine heilende und tröstende Nähe spüren,
wenn wir dein Wort hören.
Sei du uns Licht und Kraft auf unseren Wegen
und schenk uns Mut zum Glauben und Leben durch dein Wort.
Amen.

Klage, Schuld
Du, unser Gott,
wie oft sehen wir nur auf uns,
auf das, was uns gerade bewegt,
auf das, was uns gerade schmerzt und traurig stimmt,
auf das, was wir vermissen und nicht mehr können.
Wir sehen dann nicht mehr die Chancen, die du uns zum Leben bietest.
Darum laß uns erkennen,
welche Fülle des Lebens der Sommer für uns bereithält,
da, wo wir nur auf uns selbst sehen:
Erbarme du dich über uns.

Fürbitten
Gott, du Mitte deiner Gemeinde,
sei du den Menschen nahe, die krank sind, und denen, die leiden;
sei du den Menschen nahe, die ihre Hoffnungen und Träume verloren haben.
Wir bitten dich: Sei du die wärmende Sonne unseres Lebens
und schenk uns Begegnungen mit Menschen,
die unser Leben heller und freundlicher machen.

Gott, du Mitte deiner Gemeinde,
sei du uns nahe, wenn wir uns schwach und hilflos fühlen und denken:
Wir können ja doch nichts ändern!
Wir bitten dich: Sei du die kraftschenkende Sonne unseres Lebens,
die unser Leben mit Liebe und Phantasie füllt.

Gott, du Mitte deiner Gemeinde,
sei du den Menschen nahe, die in diesen Tagen auf der Flucht sind
und unter Krieg zu leiden haben.
Wir bitten dich: Sei du ihnen die wegweisende Sonne ihres Lebens,
die sie auf Wege des Friedens führt.

Gott, du Mitte deiner Gemeinde,
sei du uns nahe, wenn wir an diesem Tag den Sommer miteinander feiern.

Wir bitten dich: Laß uns Gemeinschaft untereinander erfahren,
die uns Freude schenkt,
damit wir erleben, daß du die wärmende Sonne unseres Lebens bist.

Segen
Gott, die lebendige Quelle aller Hoffnung, Kraft und Liebe,
segne dich, daß dein Leben reich wird, Frucht bringt und sich erfüllt;
und behüte dich,
daß du bewahrt bleibst vor allem Unheil an Leib und Seele.
Gott lasse sein Angesicht leuchten über dir,
daß du dich getröstet weißt und geborgen in jedem Augenblick;
und sei dir gnädig, daß dir auch in dunklen Zeiten Zeichen der Hoffnung aufleuchten.
Gott erhebe sein Angesicht auf dich,
daß dich die Strahlen göttlicher Liebe durchwärmen und deinem Leben Richtung weisen;
und gebe dir Frieden,
daß deine Zerrissenheit heilt und du in Einklang leben kannst mit dir und der Welt.

(Christa Spilling-Nöker [nach Num 6,24-26], in: Martin Schmeisser (Hg.), Deine Güte umsorgt uns, Segen empfangen und weitergeben, © Verlag am Eschbach, Eschbach/Markgräflerland, 6. Aufl. 1995)

Christiane Karp-Langejürgen

Komm, bau ein Haus

Gottesdienst zur Einweihung eines Hauses
Matthäus 7,24–27

Zur Situation

Der Gottesdienst richtet sich an eine Altenheimgemeinde als Teil einer Gesamtgemeinde – oder: an eine Gesamtgemeinde in der besonderen Situation eines Altenheims, das in ihrem Umfeld eingerichtet, eingeweiht, umgebaut, bezogen ... wird. Ort ist das Altenheim selbst.

Symbol/Zeichen: *Baum*

Ein Baum (egal welcher Größe; es kann auch ein kleines Bäumchen in einem Blumenkübel sein) wird im Anschluß an den Gottesdienst gepflanzt als Zeichen des Wachstums, der Verwurzelung, der menschlichen Aufgabe, zu hegen und zu pflegen; Liedblatt mit dem Motiv eines Baumes, unter dem zwei Stühle stehen.

Ansprache

Liebe Gemeinde, liebe Bewohnerinnen und Bewohner dieses Hauses, liebe Mitarbeitende, liebe Nachbarinnen und Nachbarn; eben: liebe Gemeinde, ob wir dem klugen Mann gleichen? Oder eher dem törichten? Hier in dieser Gegend, in dieser Stadt, in anderen Städten haben viele auf Sand gebaut. Auf Heidesand. Die meisten Häuser aber stehen immer noch. Zumindest sind sie nicht gleich bei einem Platzregen umgefallen. Selbst die nicht, die zwar nicht unbedingt auf Sand, aber eben mitten im Bergbaugebiet mit seinen Bergsenkungen und Instabilitäten, gebaut sind. Manche Häuser haben einige Risse und Schieflagen – und zuweilen bangen ihre Bewohnerinnen und Bewohner sehr wohl, und fürchten, daß sie schließlich doch bei der nächsten geringsten Belastung einstürzen werden. Auf Felsen sind Häuser hier nicht gebaut. Aber kluge Baumeister, Statiker, Architekten haben anstelle des Felsens das Fundament gesetzt und genau berechnet, für welche Haushöhe und -größe welches Fundament richtig ist. Dieses Haus hat ein festes Fundament! Ein festes Fundament. Vielleicht das wichtigste an einem Haus. Damit es nicht den Halt verliert. Damit es denen, die darin wohnen, zum Schutz wird. Wir singen zunächst den Refrain von »Komm, bau ein Haus«.

Komm, bau ein Haus, MLB 83, Refrain

Ein Haus, das uns beschützt, brauchen wir. Das beschützt vor Kälte und Wind und Regen – auch vor zu großer Hitze. Ein wetterfestes, stabiles Haus im Sinne des Wortes. Und im übertragenen Sinn. Ein Haus, das uns beschützt, in dem wir Schutz finden – weil wir selbst nicht immer in der Lage sind, uns zu schützen: vor der Kälte, die uns begegnet bei Behördengängen und mit der Menschen uns begegnen, auch Menschen, an denen uns sehr viel liegt; vor dem Wind, der uns in einer Gesellschaft ins Gesicht bläst, in der nur Leistung zählt; der uns wegzublasen droht von da, wo wir uns wohlgefühlt haben; vor dem Regen, in dem wir oft stehengelassen werden, wenn die Gelenke schmerzen, wenn die Beine nicht mehr können, wenn die Augen nur noch unscharf sehen, wenn die Ohren nicht mehr hören – und auch, wenn der Geist nicht mehr so funktioniert, wie wir es uns wünschen. Ein Haus, in dem wir Schutz finden auch vor zu großer Hitze! Oder noch besser: »Pflanz einen Baum, der Schatten wirft!« Damit wir geschützt sind: vor der Hitze starker Auseinandersetzungen und Debatten; vor der Hitze, mit der die Jungen ihre Erwartungen formulieren, und mit der sie uns zuweilen in die Ecke drängen. »Komm, bau ein Haus, das uns beschützt« – ein stabiles, mit einem festen Fundament. Am besten auf Felsen! Und: »Pflanz einen Baum, der Schatten wirft!« Der stehen bleibt und nicht gleich bei jedem Sturm die Äste abwirft! Wir singen den Refrain mit der ersten Strophe.

Komm, bau ein Haus, ML B 83, Refrain und Vers 1

Ja, liebe Gemeinde, viele Tiere, viele lebendige Wesen sollen im Haus sein. In diesem stabilen Haus sollen sie ihren Ort haben. Die Wellensittiche und Kanarienvögel, die Hamster und Katzen – die hier schon gewohnt haben, aber auch die komischen Vögel, die Papageien – auch wenn sie viel reden; und auch Frau Schwalbe die Schwätzerin; die Maulwürfe – auch wenn sie fast nichts sehen; die Schildkröten – auch wenn sie fast nichts hören; die Bären – auch wenn sie mal brummen; die Trampeltiere – auch wenn sie mal ungeschickt sind; oder die Elefanten – die sich im Porzellanladen nicht zu bewegen wissen; auch die Mücke – die manchmal sticht; die Maus – die ganz grau und unscheinbar ist; der Pfau – der sich eitel und stolz präsentiert; der Hund – der manchmal zu laut bellt – und vielleicht sogar mal beißt. Sie alle sollen ihren Ort haben in diesem Haus. Mit all ihren Eigenheiten. Und sie sollen das bekommen, was sie brauchen. Nahrung für Leib und Seele. Natürlich gibt's Regeln auf dem Gelände, aber in Kreise wird niemand gesperrt. Nicht Schema F wird angewendet, sondern munter soll und kann es zugehen. Jeder und jede soll nach ihrer, nach seiner Art leben dürfen – und die anderen nach ihrer Art leben lassen. Wir singen den Refrain und die zweite Strophe.

Komm, bau ein Haus, ML B 83, Refrain und Vers 2

Ja, liebe Gemeinde. Kinder, auch Kinder gehören in dieses Haus, in dem so viele alte Menschen wohnen. Zuallererst sicher die eigenen Kinder und Enkel – die ja selbst keine Kinder mehr sind. Aber auch Kinder im Wortsinn. Am Anfang und am Ende des Lebenskreises gehören Menschen zusammen. Kinder bringen Erinnerungen, bringen Leben, bringen Entspannung und Fröhlichkeit in ein Haus, in dem ja auch das Leid zu Hause ist. Auch Kinder aus der Gemeinde sind das. Kinder aus dem Kindergarten, aus dem Konfirmandenunterricht. Kinder, die wie die Alten, Kinder Gottes sind. Kinder, die fröhlich tanzen können – und ihre eigenen Kreise ziehen. Kinder, die sicher auch manchmal die Ruhe stören, die aber lernen können, mit den Alten nach deren Rhythmus zu tanzen. Wir wünschen uns sehr viele Besuche hin und her. Kinder in diesem Haus, alte Menschen im Kindergarten. Bewegung wünschen wir uns. So, wie es möglich ist. Wir singen den Refrain und die dritte Strophe.

Komm, bau ein Haus, ML B 83, Refrain und Vers 3

Endlich, liebe Gemeinde! In der dritten Strophe werden sie ausdrücklich genannt, die Alten. Lad sie ein ins Haus. Sie sind eingeladen – und viele sind längst hier. Und es geht nicht nur um dieses Haus, sondern es geht um das Haus der Gemeinschaft insgesamt. Um das Haus der christlichen Familie, um die Gemeinde. Die Alten sind gefragt. Sie sollen und werden Ohren finden, die zuhören – und viele, die profitieren von dem, was sie zu berichten wissen, von ihrem Urteil, von ihrem Wissen. Natürlich: manche können nicht mehr das erzählen, was ihnen einmal wichtig war; manche bekommen ihre Gedanken nicht mehr so zusammen, wie sie es früher geschafft haben. Das ist so. Aber auch das, was vielleicht nicht unmittelbar zu verstehen ist für andere, soll erzählt werden können. Bei unserem Baum, der Schatten wirft; bei unserem Baum, der schützen soll, wie das Haus. Bei unserem Baum, unter dem schon zwei Stühle stehen (vgl. Motiv des

Liedblatts!) – und zu denen können immer noch mehr gestellt werden. Stühle, auf denen man im Kreis sitzt und erzählt. Denn, liebe Gemeinde, manchmal ist es zu still um die Alten. Manchmal – so soll es hier nicht sein – hören sie tagelang keine liebevolle Stimme, und finden kein Verständnis für das, was sie wünschen und sagen. Wir singen den Refrain und die vierte Strophe.

Komm, bau ein Haus, ML B 83, Refrain und Vers 4

Gemeinsam wohnen – das wäre doch was. Das Leben teilen – das wäre doch was. Die Stärken und Schwächen der anderen akzeptieren, das wäre doch was. Liebe Gemeinde, ob ein Haus eine gute Atmosphäre hat, können wir nicht dem Zufall überlassen. Jeder und jede trägt einen Teil dazu bei – jeder Bewohner und jede Bewohnerin, jeder Besucher, jede Besucherin, jeder Mitarbeiter, jede Mitarbeiterin. Ob ein Baum wirklich Wurzel fassen kann, ob er wächst und gedeiht, liegt daran, ob er gepflegt wird. Gießen – das ist unsere gemeinsame Arbeit, Hege und Pflege – des Baumes und der Menschen. Damit die Kreise, die das Leben zieht, rund werden – so wie die Jahresringe der Bäume; damit die Freude wächst. Wir haben vorhin das Gleichnis vom Hausbau gehört. Es ist das Schlußgleichnis der Bergpredigt. Vorhin ging es nur um das Bild des Hauses. Jetzt geht es noch einmal um den Vergleichspunkt: wer diese meine Rede hört – und tut sie – gleicht einem klugen Mann ... Wer diese meine Rede hört – und tut sie nicht – gleicht einem törichten Mann ... Die Rede Jesu, in der er sein Programm ansagt, gilt für die Gemeinde, gilt für den Hausbau, gilt für das Bäumepflanzen: Sie zu tun – darauf kommt es an. Sich an die Nächsten erinnern, sich ihnen zuwenden; dem Bruder vergeben; eine Meile mitgehen; die andere Wange hinhalten; sanftmütig sein ... Das sind große Worte, die wir umsetzen müssen; die in unserem alltäglichen Handeln Wirklichkeit werden müssen. Manchmal gelingt es ganz gut. Ein anderes Mal fällt es uns schwer. Aber immer dürfen und sollen wir uns daran erinnern, daß das Tun des Wortes Gottes eine Verheißung hat: das Fundament, die Liebe Gottes, läßt das Haus fest stehen. Es wird nicht so schnell umgepustet oder weggeschwemmt. Das ist unsere Hoffnung, daß der Hausbau gelingt. Amen.

Liturgische Gestaltung

Lieder
Geh aus, mein Herz, und suche Freud, EG 503, 1 – 3.8.14 (falls der Gottesdienst im Sommer stattfindet)
Nun danket alle Gott, EG 321

Du meine Seele, singe, EG 302
Komm, bau ein Haus, ML B 83
Kanon: Lobe den Herrn, meine Seele
Komm, Herr, segne uns, EG 170

Psalm
Psalm 1

Lesung
Mt 7,24–27

Kollektengebet
Gott, du gibst uns deine Zusage,
du verheißt uns deine Kraft, du schenkst uns deine Nähe an jedem Tag.
Hilf uns, daß wir für einander zuverlässig bleiben
und daß wir eine Gemeinschaft deiner Liebe sind und werden.
Amen.

Klage
Verwurzelt möchten wir sein
in deiner Liebe
und in der Gemeinschaft der Menschen, mit denen wir leben,
in dieser Stadt,
in dieser Gemeinde.
Aufrecht möchten wir sein
in unserem Denken und Reden,
in unserem Handeln,
in den Begegnungen mit allen Menschen um uns her.
Offen wie eine Krone möchten wir sein:
die Schutz gibt – denen, die ihn brauchen;
die Heimat bietet – denen, die ein Zuhause suchen.
Gott, wie ein Baum möchten wir sein,
gepflanzt an Wasserbächen,
und Frucht bringen zu unserer Zeit.
Die Älteren von uns wissen es:
Das Leben hat viele Früchte gebracht.
Hilf uns, sie zu genießen!
Und die Jüngeren wissen:
Sie zehren von den Früchten der Älteren.
Aber sie setzen auch ihre eigenen Früchte ein für das Miteinander.

Gott, laß uns wie ein Baum sein,
ein guter Baum, der dir und den Menschen Frucht bringt.
Amen.

Fürbitte
Gott, zuallererst beten wir für die, die in diesem Hause leben:
Sei du ihnen Trost in schweren Stunden.
Sei du ihnen Linderung in ihrem Schmerz.
Hilf ihnen in ihrem Miteinander – und laß es gedeihlich sein!
Schenke ihnen frohe Erinnerungen
und frohe Stunden in Gemeinschaft mit Menschen, die es gut mit ihnen meinen.
Dann beten wir für die Mitarbeiterinnen und Mitarbeiter in diesem Haus:
Gib ihnen Kraft und Geduld,
ihre Arbeit in Verantwortung und Liebe zu tun.
Gib ihnen Phantasie und Mut, miteinander neue Wege zu gehen
zum Wohl derer, die ihnen anvertraut sind –
und auch zu ihrem eigenen Wohl.
Wir beten für die, die beteiligt sind am Bau des Hauses:
Laß sie in Zuverlässigkeit ihre Kraft einsetzen.
Und laß sie auch genießen, was sie geschaffen haben.
Gott, wir beten zu dir für diese Gemeinde:
Laß sie eine wirkliche Gemeinschaft sein.
Dir zur Ehre – und sich selbst zur Stärkung.
Laß uns miteinander leben in dieser Gemeinde:
Die Alten und die Jungen, die Gesunden und die Kranken,
alle so, wie sie sind.
Wir beten für diese Stadt:
Laß diejenigen, die Entscheidungen treffen müssen, kluge Entscheidungen treffen.
Wir beten für dieses Land.
Laß Menschen in Frieden miteinander leben.
Gott, wir beten für diese Welt, für deine ganze Schöpfung:
Laß das, was wir bauen und pflanzen Frucht bringen.
Laß uns einander zum Segen werden.

Segen
Wir werden nun einen Baum pflanzen, einen Gemeindebaum mitten in der Gemeinde, einen Baum, dessen Wurzeln hoffentlich gut anwachsen, der stark verwurzelt sein wird.
Einen Baum, der einen starken Stamm hat – und irgendwann – Schatten spendet.

Einen Baum, der Zeichen sein soll für das Wachsen und Gedeihen der Liebe Gottes hier und an allen Orten.
Deshalb bitten wir noch einmal:
Gott schütze dich – wie die Krone eines Baumes schützt.
Gott schenke dir Festigkeit und Stärke und Kraft – wie der Stamm dem Baum.
Gott lasse dich fest verbunden sein mit dem Grund seiner Liebe – wie ein Baum tief verwurzelt ist in der Erde.
Gott gewähre dir Hege und Pflege, Nahrung und Licht auf deinen Wegen – die du zu deinem Leben brauchst.
Es segne dich der allmächtige und barmherzige Gott, der Vater, der Sohn und der Heilige Geist. Amen.

Heike Hilgendiek

Kartoffeln gehören auf den Tisch

Erntedankgottesdienst

Jakobus 1,17a

Zur Situation

Die versammelte Gemeinde singt gern. Im Liedteil sind viele frohe Danklieder aufgeführt. Wir haben an diesem Tag viel gesungen. Die meisten Frauen waren lange Jahre Hausfrauen, die Männer haben zum Teil unter Tage gearbeitet oder der Zeche zugearbeitet, waren meist in den Nachkriegszeiten im Ruhrgebiet.

Gegenstand/Zeichen: *Kartoffel*

Jede/r GottesdienstbesucherIn erhält zu Beginn des Gottesdienstes eine Kartoffel. (Die müssen selbstverständlich gut abgewaschen sein). Auf dem Altar liegen ein Stück Speck, Mehl sowie ein Bund Ähren. Falls die Kartoffeln nicht ausgeteilt werden, steht ein Korb auf dem Altar. Für das Ende der Predigt sollte der/die PredigerIn wissen, was im Haus »läuft« und entsprechend variieren.

Ansprache

Liebe Schwestern und Brüder,

zu Beginn dieses Erntedankgottesdienstes haben Sie alle eine Kartoffel bekommen. Einfach eine ganz normale Kartoffel. Ich weiß nicht, wann Sie zuletzt so eine rohe und ungeschälte Kartoffel in der Hand gehalten haben. Aber ich weiß, daß sie alle viel mit Kartoffeln zu tun hatten in ihrem Leben. Wieviele davon haben Sie im Laufe ihres Lebens wohl gegessen? Wieviele geschält und gekocht? Wieviel aus dem Keller in die Küche getragen? Wieviele in den Boden gelegt, angehäufelt und aufgelesen?
Manche von ihnen erinnern sich noch gut an die Nachkriegszeiten, als Sie hier aus der Stadt mit der Eisenbahn ins Münsterland gefahren sind zum Ham-

stern. Und wenn sie nach vielen Mühen mit einer Seite Speck, einem Sack Kartoffeln und etwas Mehl nach Hause kamen, wußten sie zufrieden: für eine Weile haben wir jetzt wieder das Nötigste im Haus. Manchmal tauschten Sie dabei wertvolle Gegenstände ein. Eine silberne Taschenuhr gegen einen Sack Kartoffeln. Oder den guten Anzug gegen etwas Speck. Zigaretten gegen Mehl war kein seltener Tausch. Auch die Kohle hier aus dem Revier wurde getauscht. Ihre Arbeit, ihr Deputat gegen Kartoffeln, Speck oder Mehl.
Speck und Mehl kann man so schlecht in der Hand halten, ohne sich zu beschmutzen. Deshalb sehen sie beides hier vorn auf dem Altar. Die Kartoffel dagegen können sie in die Hand nehmen, sie fühlen. Ihre Schale, ihre Rundungen, ihre Unebenmäßigkeiten. Sie fühlt sich gut an, nicht wahr? Fühlen Sie doch einmal mit geschlossenen Augen. Wenn man sie lange genug in der Hand hält, nimmt sie unsere Wärme an. Vielleicht riechen Sie sie auch? Ihr haftet ein Erdgeruch an. Der Geruch der Erde, in der sie gewachsen ist; der Erde, in der aus einer Pflanzkartoffel ein ganzer Korb voll Kartoffeln reifen kann.
Schmecken können wir die rohe, ungeschälte Kartoffel nicht – das wäre ungesund. Aber vielleicht fallen Ihnen Gerichte ein, die Sie aus Kartoffeln zubereitet oder gegessen haben?!
(Hier nannten die BesucherInnen u.a. Reibeplätzchen, Kartoffelklöße, Himmel und Erde, Salzkartoffeln, Pellkartoffeln, Pfennige – sog.Backofenkartoffeln –, für feine Leute: Herzoginkartoffeln, Kartoffelkuchen, Bratkartoffeln, Kartoffelsuppe, Kartoffelauflauf, Kartoffelpüree, Kartoffelsalat – Erinnerungen an Kartoffeln, die im Kartoffelfeuer geröstet wurden, wurden wach – die ersten Kartoffeln im Jahr, die nach den Wintermonaten (mit den alten Kartoffeln) so lecker waren, die Kartoffeln im Altenheim, zu denen es meist eine gute Soße gibt, Kartoffelchips und Pommes frites ... – ein lebhaftes Gespräch über die Kartoffel, die sie alle kannten, meist mochten und in zahllosen Varianten zubereitet und gegessen hatten. Ein Teilnehmer brachte schließlich noch das Sprichwort: Wenn die Kartoffeln und das Brot gut sind, kann das andere nicht mehr viel verderben. Dieses Wort fand Zustimmung – gespickt mit Erinnerungen an schwere Zeiten, als eine Kartoffel »wirklich etwas wert war«.)
Soviele Erinnerungen kann eine Kartoffel wachrufen. Wir haben heute jeder nur eine Kartoffel in der Hand. Eine unscheinbare Erdfrucht. Aber durch sie können wir viel erfahren.
Über die Fruchtbarkeit der Erde: Aus einer Kartoffel z.B., die im Frühling in die Erde gelegt wird, werden viele. Erde, Sonne und Regen wirken zusammen. So wächst der Keim und durchbricht die harte Kruste des Erdreichs. Blätter und Blüten entfalten sich nach oben; und unten im Verborgenen wurzelt die Pflanze, entfaltet sie ihren eigentlichen Reichtum: unsere Nahrung.

Durch eine Kartoffel können wir auch erfahren, wie gesund die natürliche Nahrung ist: mit Kartoffeln sind Sie durch schwere Zeiten gekommen. Mit ihren Mineralstoffen und Vitaminen hat sie Ihr Wohlbefinden erhalten.
Durch eine Kartoffel schließlich können wir erfahren, daß unsere Nahrung nicht allein durch unsere Mühe und Arbeit gewonnen wird. Unsere Arbeit ist erforderlich: wir müssen die Kartoffeln setzen, müssen sie häufeln, müssen Unkraut jäten und die gefürchteten Kartoffelkäfer sammeln – schlimmstenfalls werden sie mit Chemikalien vernichtet. Wir können uns noch so sehr mühen: wir verantworten nur einen Teil der Wachstumsbedingungen: das richtige Maß an Regen, Wärme und Wind zu bestimmen, liegt nicht in unserer Hand. Es gibt gute Erntejahre und schlechte. Jahre, in denen wir Überfluß haben und Jahre, in denen die Nahrungsmittel knapper sind und die Preise höher. Aber alle Jahre unseres Lebens haben wir geerntet oder die Ernte anderer genießen dürfen. Alle Jahre unseres Lebens war etwas da, jedenfalls genug, um das Überleben zu sichern. Auch in den schweren Jahren gegen Ende des Krieges und in den Jahren danach. Und das ist nicht einfach eine Selbstverständlichkeit, sondern ein Segen, Gottes Segen für uns. Das zu verstehen, heißt auch, ihm dankbar zu sein.
Lassen sie uns zum Dank für die Ernte, die uns auch in diesem Jahr einen Winter bescheren wird, in dem wir keinen Hunger leiden müssen, das alte Erntedankfestlied singen:

Wir pflügen und wir streuen, EG 508 alle vier Strophen

Gesungen haben wir von allen guten Gaben. Gesprochen haben wir nur von der Ernte auf den Feldern.
Darum werden wir nun noch ein wenig weiter denken und reden. Denn am Erntedankfest danken wir, wie wir gesungen haben, für alle guten Gaben, von denen wir leben. Wir danken Gott, weil er uns soviel Gutes gönnt. Im Brief des Jakobus steht es so:
Alle gute Gabe und alle vollkommene Gabe kommt von oben herab, von dem Vater des Lichts. (Jak 1,17)
Alle gute Gabe ist also ein Geschenk. Ein Geschenk können wir dankbar entgegennehmen und genießen, uns daran freuen. Alle gute Gabe: damit ist gemeint: alles, was wir brauchen und was uns gut tut. Auch die Kleinigkeiten, bei denen wir im Alltag das Danken oft vergessen. Alle gute Gabe ist mehr als Essen und Trinken, mehr noch als ein Dach über dem Kopf und eine warme Heizung, mehr als Kleidung und Schuhe, mehr als Medikamente und ein guter, verständnisvoller Arzt. All das haben wir. Soviel wir brauchen. Und noch mehr. Ich kann hier gar nicht alles aufzählen, das weiß ich. Vielleicht füllen Sie die

Stichworte, die ich nenne mit den Namen und Begriffen, die Sie für Ihr Leben einsetzen können.

Wichtig für unser Leben sind die Menschen aus unseren Familien, sie kommen zu Besuch oder telefonieren. Menschen, die wir lieben und denen wir lieb sind. Gott sei Dank gibt es sie.

Wichtig und gut für unser Leben sind die Pflegekräfte hier im Haus: die Männer und Frauen, die sich mühen um unser Wohlergehen, Tag und Nacht, auch am Wochenende. Gott sei Dank sind sie da.

Wir brauchen auch die Frauen, die hier im Haus für die Sauberkeit sorgen, die neben ihrer Arbeit oft ein freundliches Wort haben oder eine kleine Handreichung erledigen. Gott sei Dank sind sie um uns.

Wir brauchen den sozialen Dienst, die Mitarbeiterinnen und Mitarbeiter, die beim Eingewöhnen helfen, die das tägliche Programm mit Singen, Gedächtnistraining und Gymnastik organisieren. Gott sei Dank tun sie das.

Wichtig sind aber auch die vielen Arbeitskräfte im Hintergrund, die wir gar nicht jeden Tag sehen: die Mitarbeiter und Mitarbeiterinnen in der Küche, der Wäscherei und der Verwaltung, die Friseurin und die Fußpflegerin, die ins Haus kommen. Gott sei Dank sorgen sie für uns.

Und Gott sei Dank sind noch viele Männer und Frauen hier im Haus, die sich ehrenamtlich engagieren: der Besuchsdienst und der Andachtskreis z. B.

Zu nennen sind hier auch die vielen Mitbewohner und Mitbewohnerinnen, die uns freundlich begegnen, die sich für uns interessieren, mit denen wir unsere Tage verbringen. Gott sei Dank sind sie um uns.

Wenn diese Menschen alle so nacheinander genannt werden, merkt man erst, wieviele Menschen täglich um uns sind. Wie gut, daß sie da sind, wie gut, daß wir miteinander leben können.

Alles, was wir wirklich brauchen – nicht alles, was wir wünschen – haben wir. Oder – weniger vollmundig geredet: vieles haben wir. Ich glaube, das ist Grund, wenigstens einen Tag im Jahr ausdrücklich dafür zu danken und zu bitten, daß Gott seine Hand weiterhin über uns halten möge. Amen.

Liturgische Gestaltung

Lieder
Wir pflügen und wir streuen, EG 508 (innerhalb der Predigt),
Nun laßt uns Gott, dem Herren Dank sagen und ihn ehren, EG 320,1–4.7+8
Nun danket alle Gott, EG 321
Nun danket all und bringet Ehr, EG 322
Lobet den Herren, den mächtigen König, EG 316

Ich singe dir mit Herz und Mund, EG 324,1–5.12+13
Danke für diesen guten Morgen, EG 334

Psalmen
Psalm 145,15–18
Psalm 8
Psalm 34,2–9

Lesung
Lk 12,15–21

Kollektengebet
Gott, du hast die Welt geschaffen und bewahrst sie jeden Tag!
Bis heute hast du uns am Leben erhalten.
Gute und schwere Jahre haben wir erlebt.
Du warst bei uns, dafür danken wir Dir.
Bleibe bei uns auch in den Tagen, die kommen.
Das bitten wir durch Jesus Christus, Amen.

Klage/Schuld
Wir wissen es, guter Gott, du hast uns deine Welt gegeben.
Wir leben auf ihr und leben von ihr.
Wenn wir es recht betrachten, haben wir viel.
Aber immer wieder überkommt uns die Sehnsucht nach mehr,
nach mehr Glück, mehr Liebe, mehr Essen, mehr Luxus.
Immer wieder treibt uns die Sorge, ob wir auch in Zukunft genug zum Leben haben.
Wir verlieren das richtige Maß und werden unzufrieden.
Laß uns Zufriedenheit finden, Gott, und dankbar genießen, was du uns gibst.

Gnadenspruch
Gott hat ein Versprechen gegeben, das bis heute für uns gilt: Solange die Erde steht, soll nicht aufhören Saat und Ernte, Frost und Hitze, Sommer und Winter, Tag und Nacht. (Gen 8,22)

Fürbitte
Guter Gott,
nicht alle Menschen dieser Erde haben, was sie zum Leben brauchen.
Wir wissen, die Erde bringt genug hervor, um alle zu nähren.
Aber es ist nicht gerecht verteilt.

So gibt es Menschen, die haben im Überfluß, und Menschen, die leiden Hunger.
Heute bitten wir dich besonders für die, die Not leiden:
stille du ihren Hunger.
Lenke die Herzen derjenigen, die politische Verantwortung in dieser Welt tragen,
damit sie bereit sind, ihre Verantwortung weltweit wahrzunehmen.
Mach auch uns bereit, zu geben von dem, was wir haben.
Laß uns großherzig sein.
Für die Hungernden rufen wir zu dir:
Wir bitten dich, erhöre uns.

Viele Menschen leiden an Hunger nach Gerechtigkeit.
Unterdrückt und verfolgt, fürchten sie um ihr Leben.
Laß die Welt aufmerksam werden, mach unsere Herzen weit
besonders für diejenigen, die in unserem Land Schutz suchen.
Für die Verfolgten rufen wir zu dir:
Wir bitten dich, erhöre uns.

Auch unter uns leiden Frauen und Männer an Hunger nach Liebe.
Niemand ist da, der zu ihnen gehört.
Sie sehnen sich nach Freundlichkeit und Wärme.
Mach uns bereit, ihnen voller Zuwendung zu begegnen.
Für die Einsamen rufen wir zu dir:
Wir bitten dich, erhöre uns.

Für uns alle bitten wir:
Laß uns immer mehr verstehen, daß wir alle in Deiner Welt zusammengehören.
Daß Du für alle Menschen dieser Welt da bist.
Und daß wir deine Hände und Füße in dieser Welt sein sollen.
Amen.

Segen
Nehmt zwei Worte mit in die Tage, die kommen:
Gott hat versprochen: Solange die Erde steht, soll nicht aufhören Saat und Ernte, Frost und Hitze, Sommer und Winter, Tag und Nacht.
Und Jesus Christus hat versprochen: Ich bin bei euch alle Tage bis an der Welt Ende.
So dürfen wir leben: mit allem, was wir zum Leben brauchen: Nahrung und

Liebe gibt er uns. Wir sind nicht allein gelassen. Gott geht mit uns und segnet uns:
Aaronitischer Segen.

Einleitung zum Abendmahl
Durch deinen Sohn Jesus Christus sagen wir dir Dank.
Du hast uns alles gegeben, was wir zum Leben brauchen:
Nahrung für Leib und Seele, ein Dach über dem Kopf,
Menschen, die uns zur Seite stehen.
Dafür loben wir dich mit allen deinen Geschöpfen und singen das Lied deiner Herrlichkeit:

Sanctus

Einsetzungsworte
Wir haben Brot zum Leben:
Essen und Trinken und das Wort der Liebe.
Beides finden wir im Abendmahl.
Wir erinnern uns an den letzten Abend, an dem Jesus mit seinen Jüngern beisammen war.

Susanne Schildknecht

Ich gebe dir den Schlüssel
Buß- und Bettag
Jakobus 5,16; Matthäus 16,19

Zur Situation

Der Buß- und Bettag ist kein staatlicher Feiertag mehr. Den alten Menschen ist er vertraut und wichtig. Viele sind zum Gottesdienst gekommen. Es ist für die meisten ein Tag, an dem sie das Abendmahl feiern möchten. In ihrer Jugend gingen besonders die Menschen, die z.b. aus Ostpreußen und Schlesien stammen, nur am Karfreitag und am Buß- und Bettag in die Kirche. Die Stimmung ist eher düster. Vor dem Abendmahl wird hier (zusätzlich zu Klage/Schuld zu Beginn des Gottesdienstes) das Sündenbekenntnis gesprochen.
Vor dem Gottesdienst erinnere ich daran, daß in der Buß- und Bettagsliturgie das Halleluja entfällt.

Symbol oder Zeichen

Alle BesucherInnen des Gottesdienstes erhalten einen Schlüssel – zu Erinnerung an den Gottesdienst, Zeichen der »Schlüsselgewalt«.

Ansprache

Nach den Unterschieden zwischen der evangelischen und der katholischen Kirche gefragt, liebe Gemeinde, antworten viele Protestanten – oft ganz spontan – ohne langes Nachdenken:
Die Katholiken müssen beichten – wir nicht! Und nicht selten verrät der Gesichtsausdruck dabei auch, was in den Gefragten bei dieser Antwort vorgeht: sie sind froh und erleichtert: »Wir nicht!!« Um so größer ist dann oft die Verwunderung, ja nahezu Enttäuschung, wenn sie erfahren, daß es auch in der evangelischen Kirche sehr wohl eine Beichte gibt. Der äußeren Form nach ist sie zwar etwas anderes als die klassische Beichte in der katholischen Kirche, inhaltlich aber fast genauso wie dort.

Beichte, da beschleicht viele von uns das Gefühl von Verhör, wir haben Hemmungen, schämen uns oder haben sogar Angst.
die Angst, einem anderen gegenüber zugeben zu müssen, daß wir etwas falsch gemacht haben:
Angst, als Person in Frage gestellt und dadurch womöglich erniedrigt zu werden
Angst einer anderen, die dann über mich Bescheid weiß, ausgeliefert zu sein. Und wer ist das schon gern?
Ja, dieses erleichterte »Wir nicht!« kommt nicht von ungefähr und scheint durchaus einen guten Grund zu haben. Dennoch – und das hat auch seinen guten Grund – sind wir heute am Buß- und Bettag zu einem Gottesdienst zusammengekommen, in dem die Buße eine wichtige Rolle spielen soll. Der Buß- und Bettag ist ja kein offizieller Feiertag mehr. Es war der besondere Wunsch hier im Haus, diesen Tag nicht zu übergehen. Und der Gottesdienst ist so gut besucht wie sonst selten im Jahr. Das sagt mir, daß dieser Tag mit seinem Gottesdienst uns wichtig ist, ein Tag, an dem wir besonders nachdenken wollen über uns und unser Verhalten, denn dazu ist der Buß- und Bettagsgottesdienst da. Die Bereitschaft, über begangene Fehler und Versäumnisse, über eigenes Unvermögen und belastende Schuld nachzudenken und nach Möglichkeiten zu suchen, diese Lasten abzulegen gehört zu diesem Tag. Das ist der Gedanke der Buße. Das Beten aber gehört besonders zu diesem Tag, weil wir wissen: wir brauchen mehr als unseren guten Willen, als unsere eigene Kraft, um von dem, was uns bedrückt, frei zu werden.
Wir kennen das alle: wenn wir etwas auf dem Herzen haben, wenn uns Fehler unterlaufen sind, die uns leid tun, wenn wir keine innere Ruhe mehr haben, weil wir diese Fehler die ganze Zeit mit uns herumschleppen, wenn wir deshalb bedrückt sind, traurig, verschlossen, ja krank an der Seele, dann tut es gut, mit jemandem reden zu können, sich aussprechen zu können, einem anderen den eigenen Kummer mitteilen zu können; denn geteiltes Leid ist halbes Leid, sagt das Sprichwort.
Im Neuen Testament wird eine solche Situation beschrieben:
Wer krank ist, heißt es dort, soll den Brüdern seine Verfehlungen offen sagen, sie sollen für ihn beten; dann wird er gesund werden. (Jak 5,16)
Denn, so ließe sich fortfahren, wer erst einmal losgeworden ist, was ihn bedrückt, dem wird's besser gehen.
Zur Zeit als Jesus lebte, sagte man Brüder – heute würde man besser sagen: Mitmenschen. Es ist dabei egal, ob ich mit einem Mann oder mit einer Frau rede, kein Wort steht in der Bibel von Priestern oder Pfarrern einer Amtskirche – denn die gab es damals noch gar nicht. Der vertraute Mitmensch war gemeint, der, mit dem ich mich im Glauben an Jesus Christus verwandt fühle, der

getaufte Christ, hatte und hat bis heute das Recht und die Pflicht, sich Zeit zu nehmen für die Sorgen und Nöte seiner Nächsten, sich anzuhören, was der oder die zu sagen hat; ihm oder ihr die Möglichkeit zu geben, sich auszusprechen und ihm oder ihr zu zeigen, daß man sie dennoch mag. Das hilft manchmal mehr als viele kluge Ratschläge.

Mit anderen Worten: die Beichte in der evangelischen Kirche ist immer auch ein Gespräch, ein Gespräch, in dem die Sorgen, die auf der Seele eines Menschen lasten, aufgenommen, ernstgenommen und schließlich – von Gott – weggenommen werden. Für dieses Aufnehmen, ernstnehmen und wegnehmen, hat Jesus einmal in einem Gespräch mit Petrus ein schönes Bild verwendet. Jesus hat damals gesagt: Ich will dir die Schlüssel des Himmelreichs geben: alles, was du auf Erden binden wirst, soll auch im Himmel gebunden sein, und alles, was du auf Erden lösen wirst, soll auch im Himmel gelöst sein. (Mt 16,19)

In einer neuen Bibelübersetzung wird dieser Vers so übersetzt: ›Ich will dir die Schlüssel zu Gottes neuer Welt geben. Wen du hier auf Erden abweisen wirst, den wird Gott auch abweisen. Wen du hier auf Erden annehmen wirst, den wird auch Gott annehmen‹.

Als Christinnen und Christen ist uns von Gott der Schlüssel gegeben zu unseren Mitmenschen, damit wir ihre bedrückten Herzen erreichen können und ihnen Wege des Neuanfangs ermöglichen helfen. Damit hat Gott uns eine große Aufgabe und eine enorme Verantwortung übertragen, nämlich: so miteinander zu sprechen, daß wir uns gegenseitig helfen, unsere Lasten loszuwerden, uns einander anzuvertrauen, was uns bedrückt. Das soll helfen, uns neu zu sehen, vor uns selbst anders dazustehen – aber auch vor anderen Menschen. Es soll uns frei machen von dem Teil unserer eigenen Vergangenheit, der uns bedrückt. Wenn wir so reden, dann handeln und reden wir im Namen Gottes.

Deshalb liefern wir uns auch in der Beichte keinem Menschen aus, sondern wir vertrauen uns einem Mitchristen, einer Mitchristin an, damit der oder die uns im Namen Jesu Christi freispricht von allem, was uns belastet. Manchmal wird es gut sein, wirklich mit einem Menschen zu sprechen. Manchmal wird es besser sein, einfach mit Gott selbst zu reden, zu beten. Aber es tut gut, ehrlich zu sein und dann zu spüren: ich werde genauso geliebt wie vorher, nicht mehr aber auch nicht weniger, und mir ist leichter geworden.

Wenn wir beichten, dann geht es um uns selbst, um unsere Schuld, und es geht um Gott, dem wir offen und ehrlich, ungeschminkt und ohne Maske gegenübertreten können. Dafür ist er ja besonders da, der Buß- und Bettag, und ich bedauere sein Wegfallen als wichtigen Feiertag unserer Kirche. Denn es kommt nicht oft vor, daß Menschen sich Zeit nehmen, darüber nachzudenken, was ihr

Leben an eigener Schuld belastet. Sie suchen viel zu selten die Möglichkeit, in einem vertraulichen Gespräch diese Belastungen loszuwerden.
Nun, heute ist so ein Tag, an dem das Nachdenken wichtig ist: In diesem Gottesdienst wollen wir unsere Gedanken vor Gott aussprechen. Wir wollen uns auf das besinnen, was uns belastet, was uns bedrückt, was uns Kummer macht. Unsere Fehler, unsere Versäumnisse, unsere Schuld. Dabei heißt Beichten, Buße tun in neuem Deutsch: umkehren – also: sehen, was ich falsch getan, gedacht, gesagt habe – was ich vielleicht unterlassen habe, um dann mit Gott einen neuen Anfang zu machen.
Gott zu sagen, was ich auf dem Herzen habe, heißt: ihn zu bitten, es zu vergeben – um dann neu zu sein. In der Bibelstunde hat das neulich jemand verglichen mit einem Kleid, das verschmutzt in die Wäsche kommt und dann wieder schön ist und an dem man sich wieder freuen kann.
Nehmen wir uns nun die Zeit für uns selbst: besinnen wir uns auf das, was jede und jeder von uns Gott sagen möchte.
Wir wollen es in der Stille vor Gott aussprechen, und Gott bitten, uns freizusprechen von aller Schuld, uns einen Neuanfang zu ermöglichen.
Gönnen wir uns diesen Augenblick der Besinnung: der Beichte.

Pause

Gott, du willst uns einen neuen Anfang ermöglichen –
wir haben dir in der Stille gesagt, was uns bedrückt,
wo wir deine Vergebung brauchen.
Sei du uns gnädig und vergib uns,
wo unsere Schuld zu Trennung geführt hat:
zwischen uns und dir – zwischen uns und unseren Mitmenschen.
Sei du unser barmherziger Gott und bleibe uns treu.
Mach unsere Herzen leicht.
So hören wir auf dein Versprechen:
Kommt her zu mir alle, die ihr mühselig und beladen seid,
ich will euch erquicken.
Amen.

Heute möchte ich Ihnen auch noch einmal ausdrücklich ein Gesprächsangebot machen: manchmal ist es gut, alles, was uns bedrückt, allein vor Gott zu bringen. Manchmal ist es besser, ein vertrauliches Gespräch mit einem Menschen zu führen. Wenn Sie das wollen und ich Ihnen dabei Gesprächspartnerin sein kann, will ich das gern tun. Sprechen Sie mich doch bitte an.

Liturgische Gestaltung

Lieder
Liebster Jesu, wir sind hier, EG 161
Ist Gott für mich, so trete, EG 351,1–3
Befiehl du deine Wege, EG 361,1.2.4
Such, wer da will, ein ander Ziel, EG 346,1–5
Laß mich dein sein und bleiben, EG 157

Psalm
Psalm 130,1–6

Lesungen
Mt 11,25-30: Kommt her zu mir alle, die ihr mühselig und beladen seid.
Lk 15,11–24: Vom verlorenen Sohn

Kollektengebet
Gott, du bist barmherzig.
Wir sind heute hier, um über uns und unser Leben nachzudenken.
Öffne unsere Herzen und unsere Ohren für dein Wort.
Laß uns an deine vergebende Liebe glauben.
Amen

Klage/Schuld
Gott, der du unsere Herzen kennst,
du weißt, wie wir uns manchmal quälen mit Gedanken an die Fehler unseres Lebens.
Sie stehen vor uns und vieles ist nicht mehr zu ändern.
Du siehst, wie wir kämpfen gegen die Traurigkeit, die uns so oft lähmend ergreift.
Sie regiert unser Herz und läßt uns die Tage durch die Hände rinnen.
Du kennst unsere Gedanken,
unsere Angst vor dem Leben und vor dem Tod,
du weißt auch um unsere Bosheiten und Schwächen.
Selbst wenn wir uns mühen, scheitern wir oft mit unseren guten Absichten.
Wir haben nicht die Kraft, dagegen anzugehen.
Wir brauchen deine Hilfe. Höre uns und erbarme dich.

Gnadenzusage
Wir hören wir Worte des Propheten Jeremia: Ich weiß wohl, was ich für Gedanken über euch habe, spricht unser Gott: Gedanken des Friedens und

nicht des Leidens, daß ich euch gebe Zukunft und Hoffnung.
Wenn ihr mich von ganzem Herzen suchen werdet, so will ich mich von euch finden lassen.
(nach Jer 29,11.13b.14a.)

Fürbitte
Gott, wir haben in diesen Gottesdienst alles das mitgebracht, was wir erlebt haben,
mit unseren Familien, unseren Mitmenschen,
im Speisesaal und in der Fernsehecke, gestern und heute.
Wir denken an das, was wir an Leid erfahren haben,
was wir selbst angerichtet haben und wo wir Zuschauer waren.
Wir denken an die schlimmen Worte, die gesagt wurden,
wir denken an das Wegschauen und Weghören,
wir denken daran, wo wir andere beleidigt haben.
Das alles tut uns herzlich leid und wir bitten dich um deine Vergebung,
wenn wir zu dir rufen:
Herr, erbarme dich.

Gott, wir denken auch an die,
die ein Wort der Verzeihung und ein Wort der Buße oder Umkehr niemals über die Lippen bringen,
die das Leid der anderen gar nicht mehr sehen.
Wir denken auch an unsere persönliche Schuld, die uns belastet,
die wir dir in der Stille sagen können.
Das alles tut uns herzlich leid und wir bitten dich um deine Vergebung,
wenn wir rufen:
Herr, erbarme dich.

Gott, wie oft haben wir uns über andere lustig gemacht,
haben über Schwächere hergezogen,
wie oft haben wir deine Gebote mißachtet.
Wir können befreiter leben, wenn du uns befreist.
Wir können aufatmen, wenn wir wissen,
daß du uns vergibst und uns unsere Schuld nicht anrechnest.
Diese Vergebung können wir erfahren und weitergeben.
Wir können fähig sein, auch anderen zu vergeben,
und um Verzeihung zu bitten, wo wir einander verletzt haben.
Guter Gott, du bist unsere Hoffnung,
darum bitten wir dich und rufen:
Herr, erbarme dich.

Deine Vergebung macht uns reich, und wir können neu leben und handeln.
Dein Sohn Jesus Christus hat uns das zugesagt.
Seine Liebe macht uns zu Menschen,
die einander verzeihen und vergeben können.
In der Stille laßt uns jetzt noch einmal an alles das denken, was uns belastet und bedrückt,
wo wir Schuld auf uns geladen haben,
wo wir Gott und unsere Mitmenschen um Verzeihung bitten.
Laßt uns in der Stille beten.

Stille

Das alles tut uns herzlich leid. Gott, sei uns Sündern gnädig! Verleihe uns deinen guten Geist,
der uns zur Buße, ja zur Umkehr treibt.

So frage ich euch: Ist dies euer aufrichtiges Bekenntnis und begehrt ihr Vergebung der Sünden um Christi willen, so antwortet: Ja

Gemeinde: Ja

Der allmächtige Gott hat sich euer erbarmt um des Leidens und Sterbens Jesu Christi willen.
In der Kraft des Befehls, den Gott seiner Kirche gegeben hat, verkündige ich euch: Euch sind eure Sünden vergeben im Namen des Vaters und des Sohnes und des Heiligen Geistes. Amen.

Es folgt die Feier des Abendmahls

Segen
Gott hat uns versprochen, daß er mit uns geht. Darauf wollen wir vertrauen.
Schuld, die uns bedrückt hat, hat er uns vergeben. Darum dürfen wir uns auch selbst vergeben.
Wir dürfen neu anfangen, in seinem Namen und unter seinem Segen. Darum geht nun mit Freude in die Tage, die kommen. Er selbst, euer Gott, wird mit euch sein.
Und so segne euch Gott, der Vater; er gebe euch Kraft, neu zu beginnen.
So segne euch Jesus, euer Bruder; er gebe euch seine Liebe.
So segne euch Gott, die Kraft des Heiligen Geistes; sie gebe euch Phantasie für neue Wege der Liebe.
Geht mit Gott. Amen.

Susanne Schildknecht

Andachten im Altenheim

Gott kennt mich mit Namen

Jesaja 43,1

Wir feiern diese Andacht im Namen des Vaters und des Sohnes und des Heiligen Geistes. Amen.
Der Text für diese Andacht steht im Propheten Jesaja, Kap. 43,V. 1:
» So spricht der Herr, der dich erschaffen hat: Fürchte dich nicht, denn ich habe dich erlöst; ich habe dich bei deinem Namen gerufen; (du bist mein) du gehörst zu mir »!
Nicht fürchten – das sagt sich so leicht. Wo doch unser Leben von unserer Furcht so geprägt wird! Und vor was wir uns nicht alles fürchten?! Unser Leben ist voll von dem, was uns das Fürchten lehrt! Und Jesus hat doch auch zu seinen Jüngern gesagt: »In dieser Welt habt ihr Angst«.
Damals hat der Prophet Jesaja dieses Wort im Namen Gottes zum Volk Israel gesprochen. Das war mit seinen Menschen in viel Not geraten. Es hatte Krieg gegeben. Andere Völker hatten geraubt und geplündert, gemordet und geschändet, wie das im Krieg ist – bis auf diesen Tag. Daran erinnern sich sicher auch noch viele von Ihnen. Und Ängste sind vielen von Ihnen wahrlich auch nicht erspart geblieben:
Angst um das nackte Leben, um das tägliche Brot, Angst um Sicherheit und um die Zukunft. Angst und Furcht sind auch heute für viele Menschen tägliche Realität.
Angst kommt von Enge – und entsteht da, wo Menschen in ihren Lebensmöglichkeiten eingeengt werden, oder wo ihnen die Lebensmöglichkeiten ganz

genommen werden. Das macht uns soviel Not, daß uns ganz eng auf der Brust werden kann und wir uns fühlen, als sei uns die Luft abgeschnürt worden. Wir fürchten uns davor, daß uns jemand in unserem Leben so einengt und wir es nicht verhindern können.
Angst ändert uns aber auch! Oft beginnen Menschen in Zeiten der Angst um das eigene Leben oder um das Leben der Menschen, die ihnen lieb sind, nach Gott zu fragen – oder wieder nach Gott zu fragen. Oft sind es auch Zeiten der äußeren Not, die uns nach Gott fragen lassen. Das war so zu den Zeiten Jesajas, das ist auch heute so. Sie haben das ja auch miterlebt, bei uns nach dem Krieg. Vorher haben viele Menschen nicht mehr nach Gott gefragt. Haben Gott einen guten Mann sein lassen. Heil erwarteten sie weniger von Gott als von Adolf Hitler. Zur Zeit Jesajas erhofften die Menschen Heil durch Sterndeuter und Traumdeuter, Horoskope oder Astrologen, die sie befragten. Gott war aus ihrem Alltag verschwunden und schließlich vergessen. Sie hatten Ersatz gefunden, meinten sie. So geht es vielen Menschen heute auch! Heil und Hilfe brauchen viele. Heil und Hilfe suchte und sucht man an vielen Orten, aber nicht bei Gott. Die Sehnsucht nach jemandem, der unser Leben mitführt, mitgestaltet, der es behütet, ist bei vielen Menschen vorhanden. Unser Text gibt eine Antwort auf diese Sehnsucht, denn er sagt, daß da einer nach uns ruft und uns weiterhelfen will auf unserem Weg. Gott weiß, daß wir Menschen zwar Ohren haben, aber trotzdem oft nicht auf sein Wort hören. Daß wir oft anderweitig beschäftigt sind, momentan kein Interesse haben, ihn zu hören, weil er uns stört in unserem Alltagstrott. Und, obwohl das so ist, hat Gott das Gespräch mit uns Menschen nicht abgebrochen: er spricht immer wieder neu zu uns durch Sein Wort. Wie gut, daß da wieder einer mit dem Gespräch beginnt und nicht aufgibt!
Er sagt: »Ich habe dich doch geschaffen und was du bist, bist du doch durch mich. Deshalb fürchte dich nicht! Ich habe dich erlöst.«
Weil ich dich lieb habe und zu dir stehe, weil ich dich kenne und für dich da bin, habe ich dich bei deinem Namen gerufen. Gott spricht uns ganz persönlich an und meint auch uns hier in ... Und das ist gut so! Ich brauche mich nun nicht mehr zu fürchten- egal, was mir Angst machen will; ich bin von all dem befreit, was mich von Gott trennt. Gott ruft nach mir.
Ich stelle mir das so vor, wie es manchmal in einem Kaufhaus passiert, wenn sich ein Kind, nennen wir es Julia, auf eigene Wege macht und sich schließlich in dem großen Geschäft verläuft. Wenn Julia die Mutter ganz aus den Augen verloren hat, bekommt sie Angst und weint. Keiner kann ihr helfen; sie ist untröstlich. Doch da – plötzlich hört sie die Mutter ihren Namen rufen. Da läuft sie der Stimme nach – hin zu ihrer Mutter. Alle Angst ist verflogen und die Tränen sind getrocknet. Sie weiß wieder, wo sie hingehört.

Gott ruft mich mit meinem Namen – er vergißt ihn nicht, wie uns das manchmal mit den Namen anderer Menschen passiert . Und er bekennt sich zu mir, auch wenn ich oft so tue, als würde ich ihn nicht kennen. Ich gehöre zu ihm, auch wenn ich ihn immer wieder vergesse oder von ihm weglaufe. Uns kann nichts trennen. Das tröstet mich und macht mir Mut auf meinen Lebenswegen . Gott sagt in Vers 12: » Ich bin der Herr über alle deine Not und deine Ängste – und außer mir ist da kein Heiland, der dir wirklich helfen kann.«
In dieser Welt haben wir Angst, das gehört zu unserem Leben. Aber es ist gut, zu wissen, daß wir unseren Ängsten nicht allein ausgesetzt sind. Es ist gut, daß wir die richtige Adresse kennen, wo wir unsere Angst immer wieder hinschikken können. Gott wartet auf unsere Antwort. Amen.

Liturgische Gestaltung

Gebet
Wir danken Dir, Herr Jesus Christus, daß Du uns Leben in Fülle schenkst.
Du gibst unserem Leben Sinn und Ziel – auch, wenn wir alt und gebrechlich werden.
Du bist bei uns – wie der Boden, der uns trägt,
wie die Luft, die wir atmen,
wie das Brot, das uns stärkt,
wie das Wasser, das unseren Durst stillt,
wie das Haus, das uns schützt
und die Sonne, die unsere Tage hell macht und uns wärmt.
Deshalb bringen wir alle unsere Ängste und Sorgen zu Dir.
Wir danken Dir für Deine Liebe, die niemals endet.
Amen.

Und nun geht in die Tage, die vor Euch liegen mit dem Segen unseres Gottes: Es segne Euch und behüte Euch der allmächtige und barmherzige Gott, der Vater und der Sohn und der heilige Geist. Amen.

Lied
Weißt du, wieviel Sternlein stehen, EG 511

Günter Grab

Herbstandacht

Daniel 3,33

Der Herbst beginnt. Wieder einmal. Herbst, damit verbinde ich: fallende Blätter, Kastanien, Schmuddelwetter, Wälder, die sich orange, gelb, rot und braun färben.

Vor ein paar Jahren begegnete mir in der Herbstzeit ein Foto mit einem Spruch aus dem Alten Testament, aus dem Buch Daniel. Beides war auf einem Kalenderblatt abgebildet für den wohl typischsten Herbstmonat, für den Oktober.

Der Spruch erinnert ein bißchen an einen Lobvers aus einem Psalm. Er lautet: »Gottes Zeichen sind groß und seine Wunder mächtig, sein Reich ist ein ewiges Reich, und seine Herrschaft währt für und für.« (Dan 3,33)

Zu diesem Spruch gehört das Foto: Ein Sonnenuntergang am Meer. Irgendwo im Süden. Ein Glockenturm steht im Vordergrund. Seine Bauweise ist typisch für Länder wie Spanien oder Griechenland. Leuchtend weiß hebt er sich von der Landschaft ab.

Der Sonnenuntergang selbst ist wunderschön: in leuchtenden Farben umspannt er den gesamten Himmel, spiegelt er sich im Meer wider.

Und doch: als ich den Kalender an dieser Stelle aufschlug, war ich unzufrieden mit dem Foto. Das war doch keine Herbststimmung! Erst ein zweiter Blick brachte mich darauf, wie sehr dieser Sonnenuntergang gerade für den Oktober paßt.

Die Farben des Sonnenuntergangs schillern in gelb, orange und rot. Es sind dieselben Farben, in die sich die Blätter unserer Bäume im Herbst verfärben. Es sind die Farben, die wir im Laub auf den Straßen entdecken. Der Sonnenuntergang auf dem Foto spiegelt die Farben unseres »goldenen« Oktobers wider, wie er im Volksmund oft genannt wird.

Der Sonnenuntergang auf dem Foto ist gewaltig! Er umspannt den gesamten Himmel, soweit das Auge reicht. Ja, anhand dieses Fotos kann man den Worten bei Daniel zustimmen: Gottes Zeichen sind groß und seine Wunder mächtig.

Vielleicht erinnern Sie sich an eine Herbstwanderung, die Sie in ihrem Leben gemacht haben. Vielleicht erinnern Sie sich an den Blick von einem Berg über Wälder und Täler, die in der Sonne farbenfroh glänzen. Auch bei einem solchen Anblick kann man manchmal von ganzem Herzen sagen: Ja, Gott, deine Zeichen sind groß, die Wunder deiner Schöpfung sind mächtig.

Liebe Gemeinde, große Schauspiele der Natur, ein Sonnenuntergang oder ein weiter Blick über Wälder und Täler, regen uns an zum Nachdenken, zum Staunen, vielleicht zum Loben und Danken. Das ist naheliegend. Doch die Größe Gottes, seine Wunder, spiegeln sich auch im Kleinen wider. Vielleicht findet jemand von Ihnen auf einem Spaziergang in diesen Tagen ein einzelnes Blatt, das er aufhebt und mitnimmt, weil ihm die Farbe so gut gefällt. Vielleicht schenkt Ihnen eine Besucherin, ein Nachbar oder ein Enkelkind eine Kastanie, weil die glänzende, braune Oberfläche diesen Menschen fasziniert hat. Vielleicht können Sie von Ihrem Fenster aus einen Baum beobachten, wie er seine Farbe verändert. All das sind kleine Wunder der Natur, über die wir uns freuen können. Kleine Wunder, die Gottes Größe widerspiegeln. Gottes Größe ist für uns auch im Kleinen immer wieder etwas Wunderbares, etwas Unbegreifliches, das sich Jahr für Jahr wiederholt.

Auf dem Foto war ein Glockenturm abgebildet. Ich stelle mir vor, daß die Glocken zum Abend hin läuten, während am Horizont die Sonne in ihrem gewaltigen Farbenspiel untergeht. Diese Glocken und ihr Läuten sind für mich ein Zeichen des Dankes für Gottes Größe und seine Wunder. Wenn ich ab und zu im Oktober ein Blatt betrachte oder einen herbstlich gefärbten Baum, dann spüre ich manchmal eine kleine Freudenregung in mir, vielleicht einen leichten Glockenschlag, ein Zeichen der Dankbarkeit.

Ich wünsche Ihnen viele solcher dankbaren, staunenden Momente, wenn Sie Gottes Schöpfung, seinen Wundern, in diesem Herbst begegnen, in großen aber auch in kleinen Dingen!

Amen.

Liturgische Gestaltung

Gebet

Unser Gott! Du hast diese Welt geschaffen und begleitest deine Schöpfung jeden Tag neu.
Wir begegnen deiner Schöpfung in vielen Dingen:
in gewaltigen Naturschauspielen, in einem Baum oder einzelnen Blatt,
in jedem Menschen, der uns in unserem Leben begleitet.
Hab Dank, daß wir an deinen Wundern teilhaben dürfen.
Ja, hab Dank, daß wir selbst ein Teil deiner Wunder sind.
Schenke uns offene Augen für die großen und kleinen Zeichen deiner Herrlichkeit.
Schenke uns, daß wir sie in ihrer Schönheit wahrnehmen
und zu Freuden unseres Alltags machen.

In der Gewißheit, daß du die Hand bist, die schafft und erhält,
loben wir dich in Jesus Christus.
Amen.

Lieder
Du meine Seele, singe EG 302,1-3
Lobet den Herren, denn er ist sehr freundlich EG 304,1.3.5

Barbara Knabe

Das Licht scheint in der Finsternis

Römer 13,12

zu halten im November

Wir sind zusammen im Namen des Vaters und des Sohnes und des Heiligen Geistes. Amen.
Liebe Gemeinde!
Heute hören wir auf einen Vers aus dem Brief des Apostels Paulus an die Gemeinde in Rom, aus Römer 13,12:
» Die Nacht ist vorgerückt, der Tag aber nahe herbeigekommen. So laßt uns ablegen die Werke der Finsternis und anlegen die Waffen des Lichts.«
Da liegt man nachts im Bett und findet keinen Schlaf. Man dreht und wälzt sich, hängt den Gedanken nach und hat den Eindruck, daß die Zeit stillsteht. Wenn dann irgendwo eine Uhr schlägt, so weiß man doch wenigstens, wie lange es noch dauert mit der Nacht, bis es hell wird und endlich der Morgen kommt. Ich glaube, es gibt kaum einen unter uns, der das nicht kennt. Mit zunehmendem Alter kommt das wohl noch häufiger vor, daß wir uns in der Dunkelheit der Nacht nach dem Licht des Tages sehnen. In solchen Nächten scheinen bedrückende Gedanken und Probleme immer größer zu werden. Sie wachsen einem förmlich über den Kopf. Die Sorgen, die über uns herfallen, werden als quälend und zermürbend erlebt; sie wollen in der Nacht und der Dunkelheit einfach nicht weichen und lassen uns nicht los. Manchmal ist es, als ob man mit bösen, wilden Tieren kämpfen muß, wobei einem die Beine zum Weglaufen zu schwer und die Arme zum Kämpfen zu lahm sind. Man findet keinen klaren Gedanken. Viele machen dann schnell das Nachtlicht an, um wieder Ruhe zu finden. Das sind anstrengende Nächte. Wie erleichternd ist es, wenn dann nach einer solch unruhigen Nacht die Morgendämmerung aufsteigt und das Licht der aufgehenden Sonne den neuen Tag ankündigt. Mit zunehmendem Licht muß jetzt auch das letzte Dunkel weichen. Die Last der Nacht fällt von uns ab, und die Gedanken wenden sich den Hoffnungen eines neuen Tages zu. Wir können wieder aufatmen und mit Zuversicht und Mut den neuen Tag beginnen. In einem Lied heißt es: »In der Mitte der Nacht – ist der Anfang eines neuen Tages.« Wenn die Hälfte der Nacht überschritten ist, dann wissen wir, daß der neue Tag naht und bald beginnt – wenn auch die letzten Stunden vor dem Morgen die dunkelsten und kältesten Stunden der Nacht sind.

Wir leben jetzt zwischen Allerheiligen und Advent, und das Licht spielt für uns eine große Rolle. Zugegeben, es sind oft nur recht kleine Lichter, die wir haben, aber sie sind uns Zeichen. Die Lichter auf den Gräbern, die Laternen zum Martinszug und erst recht die Lichter in der Adventszeit drücken unsere Hoffnung aus, daß Gott uns nicht im Dunkeln sitzen läßt. Dahinter steht das Vertrauen, daß in den Dunkelheiten unseres Lebens, in menschlicher Angst und Not, Gottes Nähe und Hilfe erfahrbar ist. Wir hören am Ende des Kirchenjahres, also jetzt im November, viel von den dunklen Seiten unseres Lebens, von Schuld und Tod, von Nacht und Dunkelheit. Das kann uns deutlich machen, wie sehr wir das Licht zum Leben brauchen. Wir können die Dunkelheit nur schlafend und in der Hoffnung auf einen neuen Morgen ertragen. Das gilt für diesen Tag und besonders auch für das Ende unseres Lebens. So sind diese kleinen Lichter Wegweiser und Hinweise für unsere Hoffnung und unseren Glauben, daß durch Jesus Christus Licht in diese Welt und in unser Leben gekommen ist und deshalb unser Leben hell werden kann. Der Tag ist nahegekommen, d.h., der Advent Christi steht vor der Tür; Christus wird wiederkommen – auch zu uns! Paulus sagt, daß wir uns durch dieses Licht auch untereinander das Leben heller und angstfreier machen können. Das, was Menschen nur im Dunkel der Nacht tun können, was das Tageslicht scheut, kann nicht gut und gottgewollt sein. Paulus nennt sie »Werke der Finsternis«, z. B.: Haß, Neid, Streit, Rachsucht und andere schlimme Dinge. Dann nennt er uns die »Waffen des Lichts«, die diese »Werke der Finsternis« besiegen: »Liebe, Vertrauen, Vergebung, Freude«. Wir können das Licht, das Christus uns schenkt, an andere Menschen weitergeben. Wir können dem Haß mit Liebe begegnen, der Trauer mit Ermutigung, dem Neid mit Großzügigkeit und der Lieblosigkeit mit Freundlichkeit.

Paulus meint, daß dann, wenn wir Christen so das Licht Christi in die Welt tragen, Hoffnung und Frieden wachsen und die Finsternis in den Herzen der Menschen weichen muß. Genauso, wie eine kleine Laterne der Kinder die Dunkelheit der Nacht heller macht und weithin als freundliches Signal erkennbar ist, kann ein liebes Wort die Welt verändern! Deshalb sagt uns dieses Wort von Paulus, daß es nicht genügt, vom Licht zu reden, sondern daß man es – wenn auch nur mit einer kleinen Laterne – hinaus in die Dunkelheit dieser Welt tragen muß.

Ich glaube, daß auch dieser Tag jedem von uns Gelegenheiten dafür bieten wird, etwas von diesem Licht Christi unter uns anzuzünden, damit es heller wird in uns und unter uns in unseren Häusern und Familien. Amen.

Liturgische Gestaltung

Luthers Morgensegen
Das walte Gott Vater, Sohn, Heiliger Geist. Amen.
Ich danke dir, mein himmlischer Vater, durch Jesus Christus, deinen lieben Sohn,
daß du mich diese Nacht vor allem Schaden und Gefahr behütet hast,
und bitte dich, du wollest mich diesen Tag auch behüten vor Sünden und allem Übel,
daß dir all mein Tun und Leben gefalle;
denn ich befehle mich, meinen Leib und Seele und alles in deine Hände.
Dein heiliger Engel sei mit mir, daß der böse Feind keine Macht an mir finde.
Amen.

Aaronitischer Segen

Günter Grab

Gott, stärke unseren Glauben!

Lukas 17,5

So hieß einmal ein Monatsspruch.
Im Zusammenhang lautet der Text bei Lukas im 17. Kapitel:
»Und die Apostel baten den Herrn: Stärke uns den Glauben! Der Herr aber sagte: Wenn ihr Glauben hättet so groß wie ein Senfkorn, dann könntet ihr zu diesem Maulbeerbaum sagen: Reiß dich aus und versetze dich ins Meer, und er würde euch gehorchen.«
Die Apostel, also die von Jesus zur Weitergabe der frohen Botschaft Beauftragten, bitten ihn darum, daß er ihren Glauben stärkt. Den Aposteln ist deutlich geworden, daß ihnen zur Verbreitung der guten Nachricht noch ein ganzes Stück Glaube fehlt.
Dieses bestätigt Jesus im Grunde, indem er ihnen den mangelnden Glauben an dem einprägsamen Beispiel mit dem Maulbeerbaum deutlich macht.
Wieso einprägsames Beispiel? Aber damit können wir doch nichts anfangen, oder?
Wie sollte es möglich sein, daß ein Baum sich selbst entwurzelt und – schlimmer noch – sich an einer anderen Stelle, nämlich ausgerechnet im Meer, auch noch aus eigener Kraft wieder einpflanzt?!
Für uns scheint das im ersten Moment unmöglich! Und doch macht gerade dieses Beispiel deutlich, welche Kraft hinter dem Glauben stecken kann – welche Kräfte dadurch freigemacht werden.
Jesus hat durch die Kraft seines Glaubens Wunder bewirkt! Wenn er nicht aus dieser Kraft des Glaubens gewirkt hätte, wäre er lediglich ein Gaukler, ein Zauberkünstler und Scharlatan gewesen.
Doch Jesus hat Dinge verändert!
Die Voraussetzung dafür war der Glaube! Auch heute noch, ja gerade heute, ist der Glaube an die Wirklichkeit Gottes Voraussetzung, um unser Leben zu ändern. Das haben die Apostel später – also nach der Auferstehung Jesu Christi – erfahren; und auch wir können das heute erfahren.
Durch den Glauben an Jesus können wir entscheidend darauf einwirken, daß unsere Welt sich verändert. Eine Welt, die unendlich viel Kummer, Elend, Ungerechtigkeit, Arroganz und Hilfeschreie in sich vereinigt.

Ohne den Glauben und die damit verbundene Hoffnung zur Veränderung, müßten wir zwangsläufig resignieren oder sogar verrückt werden.
Die Apostel haben damals schon um Stärkung dieses alles verändernden Glaubens gebeten!
Worum bitten wir heute?
Geht es in unserem Leben wirklich noch um eine Veränderung – oder wollen wir uns vielleicht nur in persönlicher Sicherheit wiegen, einer Sicherheit, die sich nur um uns selbst dreht?
Gehen wir noch den Weg des Glaubens – den Weg des Risikos in dieser Welt?
Die Jünger haben damals mit Jesus eine entscheidende Veränderung in ihrem Leben erfahren und wurden durch die Stärkung des Glaubens immer tatkräftiger und mutiger. Davon konnten auch Rückschläge, Leiden und Verzweiflung sie nicht abbringen!
Das haben Menschen aus der fernen und nahen Vergangenheit auch erlebt!
Menschen, die gezeigt haben, daß Glaube wirklich auch Unmöglicherscheinendes bewirken kann.
Etwas Unmögliches wie etwa die Verpflanzung eines Baumes aus dessen eigener Kraft!
Glaube bewirkt Wunder! Jesu Angebot, ja seine Forderung zum Glauben und zum Handeln aus diesem Glauben heraus, wie Sie es hoffentlich in dieser diakonischen Einrichtung erleben, hat selbst heute noch Gültigkeit. Gerade heute noch! Oder vielleicht auch heute wieder!
Lassen wir uns auf dieses Angebot ein! Deshalb: »Herr, stärke uns den Glauben!«

Liturgische Gestaltung

Gebet

Gott, Glaube kann Wunder wirken.
Das haben Menschen immer wieder erlebt.
Laß auch uns darauf vertrauen und mit dir leben,
heute und morgen.
Amen.

Reinhard Müller

Barmherzigkeit Christi

Matthäus 5,7

Bild: Rembrandt, Hundertguldenblatt

Selig sind die Barmherzigen; denn sie werden Barmherzigkeit erlangen (Mt 5,7)

Liebe Hausgemeinde!
Folgende kleine Geschichte wird uns überliefert: Ein Rabbi fragte seine Schüler: »Wann wird die Nacht zum Tage?« Darauf antwortete einer der Schüler: »Vielleicht, wenn man einen Hund von einem Schaf unterscheiden kann?« «Nein«, sagte der Rabbi. Da meinte ein anderer: »Vielleicht, wenn man einen Dackel von einem großen Baum unterscheiden kann?«»Nein«, sagte der Rabbi. Da bedrängten ihn seine Schüler: »So sag uns doch, wann wird die Nacht zum Tage?«
Da antwortete der Rabbi: »Wenn du in das Gesicht eines Menschen blickst und dabei entdeckst, daß er dein Bruder ist.«
Diese Erzählung erinnert uns an Jesus Christus, der unser Bruder wurde. Auf dem Bild (»Hundertguldenblatt«) von Rembrandt ist Christus so dargestellt. Er ist umgeben von Behinderten, Lahmen, Blinden, Aussätzigen und anderen Benachteiligten. Sie treten aus ihrem Schattendasein in das Licht, das von ihm ausgeht, ihre Gesichter erhellt und mit Hoffnung erfüllt.
Jesus sah bekümmert die große Zahl Hilfsbedürftiger, die zu ihm kamen. Menschen sind nötig, die sich ihrer annehmen, sie kleiden, ihnen zu essen und zu trinken geben, Wunden verbinden und sie pflegen, wie es in unserem Hause tagein, tagaus geschieht. Und es ist gut zu wissen, daß Gottes Reich der Liebe und Gerechtigkeit da beginnt, wo Jesus tätig ist und wo in seinem Namen gehandelt wird. Wir spüren am eigenen Leibe, wie wohl es tut, wenn uns Jesus Christus in unserer Bedürftigkeit erkennt und uns annimmt , wenn er uns in unserer Schwäche hilft, uns zum Bruder wird. Das ermuntert uns, selbst auch für andere zur Schwester, zum Bruder, sozusagen zu Christus zu werden. Dazu müssen wir keine großen Taten vollbringen, dazu müssen wir nicht jung und gesund sein. Schwesterlichkeit, Brüderlichkeit zeigt sich oft in kleinen Gesten der Liebe, die dem anderen zeigen: ich nehme dich wahr, ich bin für dich da. Oder: ich brauche dich.
Wie oft erlebe ich es, daß zwei Bewohnerinnen sich an die Hand fassen und sich gegenseitig stützen, wenn sie zum Essen gehen oder zum Gottesdienst kommen. Wir brauchen einander wie das tägliche Brot und wie die Luft zum Atmen. Gott vermag uns dazu stets neue Kräfte zu geben.
Um diesen Geist der Hingabe für andere sollen wir immer wieder bitten.
Wir sind eine große Hausgemeinschaft: Bewohner und Bewohnerinnen, Mitarbeiterinnen und Mitarbeiter, die Gott zu ihrem Dienst beauftragt hat, ob sie sich dessen immer bewußt sind oder nicht. Ich denke, jede von ihnen, jeder

unter uns kann etwas von der Güte und Barmherzigkeit Gottes ausstrahlen, die uns an jedem Tag begleiten will. Jede kann etwas von dieser Liebe weitergeben, aber auch etwas von dieser Liebe bekommen, in das Licht Christi treten. Und das gilt für jeden neuen Tag.
Denn »die Güte des Herrn ist's, daß wir nicht gar aus sind; seine Barmherzigkeit hat noch kein Ende, sondern sie ist alle Morgen neu« (Klgl 3,22.23).

Liturgische Gestaltung

Gebet
Gott, du rufst uns aus dem Dunkel ins Licht.
Du gibst uns Schwestern und Brüder an die Seite,
du läßt uns Brüder und Schwestern werden.
Das hilft uns und den anderen.
Laß uns zu einer Gemeinschaft werden, die in deinem Licht lebt.
Amen.

Dieter Grotehusmann

Gott hat uns den Schlüssel anvertraut

Symbol: Schlüssel

Matthäus 16,13–20

Zeichen/Symbol: *Schlüssel*
Zu Beginn der Andacht bekommt jedeR GottesdienstteilnehmerIn einen Schlüssel. Die Schlüssel sind ganz unterschiedlicher Art: Haustürschlüssel, Zimmertürschlüssel, Sicherheitsschlüssel, Schlüssel von Schränken oder Schreibtischen, von Schmuckkästchen, alte und verrostete, nicht mehr funktionsfähige Schlüssel, neue, moderne Schlüssel ...

Begrüßung mit Psalm 108,6
Erhebe dich, Gott, über den Himmel und deine Herrlichkeit über alle Lande!

Schlüssel – Meditation

Zunächst beschreiben die TeilnehmerInnen ihre Schlüssel, äußern Vermutungen über ihren Zweck.

Erster Gesprächsabschnitt
Im ersten Gesprächsabschnitt geht es um den Sinn des Ab- oder Verschließens:
Was wird abgeschlossen? Warum wird etwas verschlossen?
(Schutz von Eigentum, von Wertvollem, Bewahrung vor Mißbrauch, Abwendung von Gefahr, Angst ...)
und um den Sinn des Öffnens oder des Aufschließens:
Wann und warum schließe ich etwas auf?
(Zugang zu Dingen des täglichen Gebrauchs, Zugang zu Besonderem, um sich daran zu freuen – Schmuck –, um es zu präsentieren ...)

Zweiter Gesprächsabschnitt
Im zweiten Gesprächsabschnitt geht es um das Verschließen oder Öffnen im übertragenen Sinn:

Sich einem Menschen verschließen (Wem habe ich mich verschlossen, wem verschließe ich mich und warum? Wer bleibt mir hier in diesem Haus verschlossen und warum? Was bleibt oder wird mir verschlossen durch mein Leben hier in diesem Haus? Der eine oder die andere hat den Schlüssel zu sich selbst verloren ...)
Sich einem Menschen öffnen (Wem habe ich mich geöffnet, wem öffne ich mich und warum? Wer erschließt sich mir in diesem Haus? Was erschließt sich mir neu in diesem Haus? Etwas von sich preisgeben, weil es bei einem anderen Menschen einen guten Ort zu haben scheint ...)
Ich brauche den richtigen Schlüssel zu einem Menschen, zu einem Problem, zu einer Sachfrage: den Schlüssel zum Herzen eines Menschen, um ihn zu verstehen, um sie wirklich zu erkennen ... Ich kann den Schlüssel zu mir selbst in die Hand anderer legen ...

Lesung: Mt 16,13–20: Das Bekenntnis des Petrus

Gedanken zur biblischen Geschichte
Petrus scheint den richtigen Schlüssel zu Jesus zu haben. Er verkennt ihn nicht, sondern erkennt ihn als den, der er ist. Andere versuchen es mit anderen, nicht passenden Schlüsseln.
Jesus öffnet sich selbst, legt den Schlüssel zu sich selbst in die Hände des Petrus. Er legt ihn in die Hände von Menschen ... damit Menschen Gottes Nähe erfahren, Gott erkennen können, und sich als Bilder Gottes selbst erkennen, sich selbst öffnen können ...
Menschen haben den Schlüssel zu Gott und zueinander. Sie dürfen ihn benutzen – an jeder Station des Lebens. Aber sie dürfen ihn nicht mißbrauchen, nichts offenbaren, was verschlossen bleiben soll.
Mit einem Schlüssel gehe ich sorgsam um: mit dem Schlüssel trage ich Verantwortung – für mich selbst und für andere Menschen.

Liturgische Gestaltung

Gebet
Gott, du hast uns den Schlüssel anvertraut,
den Schlüssel zu dir und den Schlüssel zu unseren Mitmenschen.
Hilf uns, daß wir ihn sorgsam bewahren
und daß wir ihn benutzen zum Wohl der anderen und auch zu unserem eigenen Wohl.
Gott, du schenkst uns die Möglichkeit, offen oder verschlossen zu sein.

Hilf uns, uns zur rechten Zeit zu öffnen und uns selbst preiszugeben.
Aber hilf uns auch, zur rechten Zeit das Kostbare zu bewahren.
Gott, am Ende vertrauen wir dir alle Schlüssel wieder an.
Die zu unseren Herzen und die zu unseren Gütern.
Du wirst sie gut bewahren.
Wir wissen es.
Amen.

Lieder
Ich singe dir mit Herz und Mund, EG 324,1–3.13
Sollt ich meinem Gott nicht singen, EG 325,1.10
Bewahre uns Gott, behüte uns Gott, EG 171
Wie groß ist des Allmächtgen Güte, EG 662,1.2.6

Heike Hilgendiek

Gott macht sich klein
Fußwaschung Jesu, Gründonnerstag
Johannes 13,1-15

Zur Situation

Altenpflegeheim mittlerer Größe. Zur Andacht am Gründonnertsag erscheinen ca. 25-30 Bewohnerinnen und Bewohner des Hauses.

Gedanken zu dem Bild »Die Fußwaschung« von Otto Pankok (1893-1966) aus: Leben und Leiden Jesu, 24 Bilder von Otto Pankok, Bildsatz 4 der Beratungsstelle für Gestaltung, Frankfurt, Bild Nr. 13, Textheft zur Geschichte des Malers Otto Pankok; Papierbild und Dia (© Eva Pankok, Hinxe-Drevenach)

Das Bild wird vor dem Gottesdienst verteilt (Format A 5) und ist evtl. als projiziertes Dia großformatig sichtbar.

Ein Schüler kam zu einem Rabbi und fragte:
»Früher gab es Menschen, die Gott von Angesicht zu Angesicht gesehen haben. Warum gibt es die heute nicht mehr?«
Darauf antwortete der Rabbi: »Weil niemand sich so tief bücken kann.«

Stille der Betrachtung

Der Menschensohn ist nicht gekommen, um sich (be)dienen zu lassen, sondern um zu dienen und sein Leben zu geben zur Erlösung für viele. Matthäus 20,28

Stille der Betrachtung

Fußwaschung. Arglos, ja fast gelangweilt sitzen sie herum – die Jünger. Die Köpfe gesenkt oder aufgestützt. Einige scheinen zu schlafen – vor Erschöpfung oder aus Langeweile, oder weil sie traurig sind. In Wahrheit sind sie tieftraurig, weil sie beim Mahl vom Tod Jesu gehört haben. Von Verrat hat er gesprochen; und keiner traut dem anderen mehr, alle fühlen sich verdächtigt und unsicher. Aber dann ist er aufgestanden. So, als sollte nun eine neue Geschichte beginnen: Er wendet sich ab und tut etwas Seltsames. Damit hat niemand gerechnet. Das entsetzte Staunen steht den beiden Jüngern vorn noch im Gesicht geschrieben. »Was tut er da bloß? Nicht doch! Wie kann er nur? Halt, warum tust du das? Sollten nicht wir es sein, die dir ...« Die Sätze bleiben ihnen im Halse stecken. Sie sind so entsetzt, weil ihr Freund und Rabbi hier genau das tut, was in Israel seit alters her nur den Sklaven befohlen wurde, als Zeichen der Gastfreundschaft in einem sandigen und sehr staubigen Land: die Schürze umbinden, die Schüssel und das Wasser holen, niederknien und die Füße der Gäste waschen, dann abtrocknen – einem nach dem anderen.
Sklavendienst ist das! Denn ehrlich und Hand aufs Herz, wer würde das schon freiwillig tun?
Petrus – vorn im Bild – ist nicht wohl in seiner Haut. Wie verwundert schaut er den Freund und Meister an. Verkrampft die Rechte, zur Faust geballt, fast als wolle er zuschlagen. Die linke Hand zur Abwehr erhoben – übergroß, übermächtig ist seine Abwehr. Und die Augen – fast treten sie heraus aus ihren Höhlen, starren verwundert auf den knienden Jesus.
Er tut es wirklich; ja, er tut den Sklavendienst.
Wie stark, wie kraftvoll erscheint Petrus neben, nein über, weit über dem knienden Jesus.
Und der?
Fast am Rand des Bildes – dunkel und unscheinbar – tut er etwas, was die Botschaft seines Lebens wie mit einem dicken Stift unterstreicht. Sein Gesicht ist kaum zu erkennen, seine Kleidung ist schmutzig. Tiefer geht es nicht mehr. Wo ist sein Gesicht?

Hat er sein Gesicht verloren bei dieser Sklavenarbeit? Und das wie oft schon auf seiner Reise? Wenn sie ihn verspotteten als Fresser und Weinsäufer, wenn sie ihn verlachten, weil er den Mächtigen nicht nach dem Munde sprach? Hat er sein Gesicht verloren – und wird dann auch noch sein Leben verlieren?
Stille der Betrachtung
Warum kann heute niemand mehr Gott sehen?
Weil sich niemand mehr so tief bücken kann!
Wirst du das begreifen, Petrus?
Begreifen wir das?
Begreifen Sie, begreife ich, warum mein Leben so verlaufen ist? Warum läßt Gott mich manchmal so allein mit meiner Krankheit? Warum quälen mich nachts die Sorgen so?
Begreife ich, daß ich das Schwere immer noch mit mir herumtrage? Ich werde es nicht los ...
Ja, ich begreife: ich bin nicht allein, wenn ich mich mit meinen Sorgen herumschlage. Ich bin nicht allein, wenn die schwachen Stunden mich so mürrisch werden lassen.
Da ist einer, der kennt das auch:
Jesus hat sich ganz klein gemacht – auch für mich, auch für dich.
So ist Jesus und so bleibt Gott uns treu: Nicht hoch oben – schwebend über allem, nicht auf der Seite der Einflußreichen und Starken; bei denen ist er nicht. Er ist auf der Seite der Schwachen, der Kranken, der Verzagten.
Warum kann heute niemand mehr Gott sehen?
Weil sich niemand mehr so tief bücken kann!
Amen.

Liturgische Gestaltung

Lieder
Das Wort geht von dem Vater aus, EG 223
Das sollt ihr, Jesu Jünger, nie vergessen, EG 221

Psalm
Psalm 121,1-8

Peter Burkowski

Abendandacht

Psalm 63,6–9

Das ist meines Herzens Freude und Wonne, wenn ich dich mit fröhlichem Mund loben kann;
Wenn ich mich zu Bett lege, so denke ich an dich, wenn ich wach liege, sinne ich über dich nach.
Denn du bist meine Hilfe, und unter dem Schatten deiner Flügel frohlocke ich.
Meine Seele hängt an dir; deine rechte Hand hält mich. (Psalm 63,6–9)

Liebe Schwestern und Brüder,
daß die Gedanken dann aufstehen und gewissermaßen spazierengehen, wenn wir uns hinlegen und schlafen wollen, kennen wir. Manche von Ihnen erzählen, das geschehe immer häufiger, je älter sie werden. Klar, mit jedem Jahr, das wir leben, verändert sich ja auch unser Schlafrhythmus. Lernen wir als Kinder oft mühsam die Nächte durchzuschlafen, verringert sich dann das Schlafbedürfnis bei den meisten Menschen kontinuierlich. In der Jugend werden manchmal ganze Nächte durchgetanzt – und trotzdem kann man am nächsten Tag seine Arbeit tun. Im Alter, das erleben wir auch hier im Haus, wechseln sich Wachheit und Schlaf immer öfter miteinander ab. Da sehen wir immer mal wieder eine der Bewohnerinnen, die zwischendurch ein kleines Nickerchen macht, dann wieder wach wird und wieder einschläft. So verändert sich der Alltag. Nicht unbedingt so, daß wir immer mehr schlafen, sondern der Schlaf wird anders über die 24 Stunden verteilt. Und wenn jemand am Tag viel geschlafen hat, dann sind die Nächte oft lang. »Ich kann nicht einschlafen!« heißt es oft. Die Nachtschwester ist dann eine willkommene Abwechslung. Ein paar Worte werden gewechselt. Aber die Stunden von Mitternacht bis zum Sonnenaufgang können lang werden.
Vor ein paar Jahren noch habe ich den Psalmvers »Wenn ich mich zu Bett lege, so denke ich an dich, wenn ich wach liege, sinne ich über dich nach« allenfalls auf mein Nachtgebet bezogen. Wachliegen kannte ich nicht. Und also sann ich auch nachts nicht über Gott nach. Weil ich eben schlief.
Inzwischen kenne ich das auch: wach zu werden und nicht wieder einschlafen zu können. Und wenn ich mich dann mit dem Gedanken quäle: »Ich muß doch wieder einschlafen!«, wird es nicht besser. Im Gegenteil: unzu-

frieden und unruhig drehe ich mich hin und her. An Schlaf ist kaum zu denken.
Die Minuten dehnen sich zu kleinen Ewigkeiten, so scheint es mir. Der Schlaf läßt sich nicht herbeizwingen. Das war auch die Erfahrung, die einige von ihnen berichteten, als wir in der Bibelstunde über den 63. Psalm nachdachten. Er bekommt seinen Sinn, wenn man die Erfahrung durchwachter Nächte mitbringt.
So unterschiedlich, wie wir alle sind, sind auch unsere Einschlafrezepte. Ich habe Ihnen ganz neugierig zugehört, als Sie von ihren Nächten erzählten. Da haben sie ja viel mehr Erfahrung als ich. Von Unruhe war die Rede, von der Sehnsucht nach Schlaf und Vergessen, von Gedankenketten, die nicht unterbrochen werden können, von der Sorge, am nächsten Morgen müde und griesgrämig zu sein. Vom bewährten Schäfchenzählen haben sie gesprochen, vom Gedanken daran, einfach eine Schlaftablette zu nehmen, um diesen Nächten auszuweichen. Und davon, daß das ja nur wenig hilft, weil die Ruhe, die die Schlaftablette bringt, nur kurz ist, weil die Abhängigkeit von ihr droht.
Was hilft? Was gibt uns Ruhe, nimmt die unruhigen Gedanken auf? Was läßt uns diese Nächte ertragen? Ein Gebet? Ein Bibelvers?
Richtig spannend wurde das Gespräch über die wachen Stunden, als eine der Teilnehmerinnen formulierte: »Ich habe mein Schlafproblem gelöst!« Alle erwarteten einen Geheimtip, der dann auch folgte. Sie fuhr nämlich fort: »Mich quälte nachts oft das Gefühl, daß ich meine Zeit so nutzlos vertue, daß mich soviel Schweres bedrückt, und daß ich so einsam bin. Und dann habe ich angefangen zu beten. Ein Vaterunser. Psalmverse, die ich auswendig kenne. Ich habe mein ganzes Leben vor Gott ausgebreitet, dabei Gutes und Schweres bedacht und gemerkt: es gibt ganz viel, für das ich dankbar bin. Ich habe begonnen, für die Menschen, die ich kenne, zu beten. Ich habe sie alle ins Gebet genommen. Das veränderte meine Nächte. Statt immer wieder dieselben Gedanken im Kopf zu bewegen, konnte ich in die Zukunft denken. Und das Beste war: ich konnte meine Sorgen jemandem anvertrauen. Ich war nicht mehr allein mit meinen Gedanken. Nach und nach wurden mir meine nächtlichen Wachstunden richtig lieb. Außerdem schlafe ich dann oft ganz beruhigt wieder ein!«
So persönlich sprechen wir selten von der eigenen Gebetspraxis. Aber hier war dieser eine Beitrag die Eröffnung eines guten Austausches. Denn nun erzählten auch andere davon, wieviel Ruhe es bringen kann, nachts zu beten. Sich nicht mehr allein und schutzlos der Dunkelheit der Nacht und der eigenen Seele ausgeliefert zu fühlen. Wie gut es tut, sich selbst vor Gott zu bringen und diejenigen, die wir lieben. Davon werden die wachen Nachtstunden oft nicht

weniger. Aber sie quälen nicht mehr, sondern sind gewissermaßen geschenkte Zeit. Zeit für mich und die Menschen, die mir wichtig sind. Und der ruhige Schlaf danach ist schließlich auch nicht zu verachten.
Gott als Schlafmittel? Ein Gebet wirkt bei mir besser als eine Schlaftablette – so hat es eine der Teilnehmerinnen lächelnd ausgedrückt. Das kann ich mir gut vorstellen. Denn eine Schlaftablette stillt nur die Sehnsucht nach Schlaf – nach Vergessen. Ein Gebet dagegen stillt eine ganz andere Sehnsucht: die Sehnsucht nach jemandem, der bei mir ist, die Sehnsucht nach einer, die meine Sorgen und meine Freuden teilt wie eine beste Freundin, die Sehnsucht nach einem, dem ich ehrlichen Herzens danke sagen kann, der mich schützt – wie es der Psalm sagt: unter dem Schatten von Flügeln. Nach einem, der es wert ist, daß ich ihm vertraue, der meine Hand hält und mich nicht allein läßt; nach einer, die mir dazu hilft, wieder fröhlich zu werden.
All das haben die Frauen aus der Bibelstunde erfahren und berichtet. Das macht mir Mut, es auch zu versuchen – wenn ich nachts wach liege, wenn meine Gedanken spazierengehen, den Weg zu Gott einzuschlagen und mit ihm zu reden, bis der Schlaf kommt. Amen.

Liturgische Gestaltung

Lieder
Herr, bleibe bei uns, EG 483
Der Mond ist aufgegangen, EG 482
Mein schönste Zier, EG 473
Mit meinem Gott geh ich zur Ruh, EG 474
Der Tag ist um, die Nacht kehrt wieder, EG 490
Abend ward, bald kommt die Nacht, EG 487

Gebete
Der Tag geht zu Ende, Gott,
wir legen ihn in deine Hände.
Du weißt, was uns gelungen ist.
Du siehst, was uns nicht gelungen ist.
Den Ärger, den Streit, die Trauer des heutigen Tages nimm uns ab, Gott.
Laß uns mit Freude an die Liebe denken, die wir erfahren haben,
mit Dankbarkeit an die Liebe, die wir selbst geben konnten.
Laß uns in deiner Liebe still werden und Ruhe finden.
Behüte uns in dieser Nacht.
Amen.

oder:
Der Tag, mein Gott, ist nun vergangen, EG 266: alle 5 Verse gelesen
Luthers Abendsegen, EG 894

Psalm
Psalm 46,2–5

Segen
Gott gebe euch eine ruhige Nacht.
Gebe euch friedliche Gedanken:
Stille – in euren Herzen und draußen auf den Fluren.
Gott lasse euch spüren, ich bin bei euch,
wenn die Welt im Schlaf liegt.
Wie die Decke, die euch wärmt,
das Bett, das euch Halt gibt,
das Licht, das euch leuchtet,
so sei Gott bei euch.
So segne und behüte euch Gott in dieser Nacht.
Amen.

Susanne Schildknecht

Abendmahlsfeier mit Einzelnen

Zur Situation

Der Wunsch, Abendmahl außerhalb des »offiziellen« Gottesdienstes zu feiern, hat unterschiedliche Gründe.
Manchmal möchte jemand sich, wenn der Tod spürbar naht, noch einmal vergewissern, daß der Gott, der ihn oder sie das ganze Leben begleitet hat, auch jetzt da ist. Spüren, daß wahr wird: der Glaube, der im Leben trägt, trägt im Sterben und durch das Sterben hindurch.
Mitunter sucht jemand die Gelegenheit zu einem Beichtgespräch, das dann in die Feier des Abendmahls als Zeichen der Versöhnung mündet. »Mit Gott ins Reine kommen«, so benannte einmal eine alte Dame ihr Bedürfnis.
Bisweilen sucht auch jemand einen »intimeren« Kontakt mit Gott und/oder dem Pfarrer, der Pfarrerin, als es in der Kapelle möglich ist.
Zeit und Nähe und einen geschützten Raum zum Zusammensein – in dem Bewußtsein, daß Christus versprochen hat: »Wo zwei oder drei zusammen sind in meinem Namen, da bin ich mitten unter ihnen.«
Und häufiger ist der Grund auch schlicht und einfach, daß jemand, der nicht mehr aufstehen und wie früher in die Kapelle kommen kann, trotzdem das Abendmahl in einem bestimmten Zeitrhythmus oder an besonderen Festtagen feiern möchte. Bei vielen alten Menschen sind dies die Feiertage, mit denen sie schon ihr Leben lang den »Gang zum Altar« verbinden: Karfreitag, Ostern und der Buß- und Bettag. Aber auch die Sterbetage der Eltern, des Ehepartners oder andere persönlich bedeutsame Gedenktage können der Anlaß sein.
Die Grundstimmung der Bewohnerinnen und Bewohner ist, je nach dem Anliegen, das mit dem Abendmahl verbunden wird, sehr unterschiedlich. Diese Stimmungslage zu erfragen oder zu erspüren, hilft bei der konkreten Gestaltung der Feier, da dann die Textauswahl auf die Situation abgestimmt werden

kann. Es müssen nicht viele Worte gewechselt werden – Small talk ist hier nicht angesagt – aber es tut den alten Menschen gut, sich persönlich wichtig genommen zu wissen.

Oft ist der Tisch schon gedeckt für das Fest, auf dem Nachttisch oder dem Zimmertisch: eine weiße Decke, brennende Kerze, Blumen und ein Kreuz. Diese Vorbereitungen trifft das Personal, wenn vorher bekannt ist, daß Abendmahl gefeiert werden soll. Das erlebe ich nicht nur bei kirchlichen Trägern. Wenn das nicht möglich ist, decke ich selbst den Tisch. Immer so, daß, auch bei bettlägerigen BewohnerInnen, der »Altar« von den alten Menschen gesehen werden kann. Bei Menschen mit schlechtem Sehvermögen erläutere ich »nebenbei«, was ich tue, damit sie ein inneres Bild von den Vorbereitungen entwickeln können.

Die Feier selbst ist auf die Bedürfnisse der einzelnen Menschen ausgerichtet. Dem entsprechen die Körperhaltung, die Ruhe, die Textauswahl und die eventuell gesungenen Lieder. Oft können die alten Menschen selbst nicht mitsingen – freuen sich aber, wenn ein Lied ihrer Wahl erklingt. Manchmal singen sie dann einzelne Worte mit, die in der Tonhöhe passen, oder Textpassagen, die ihnen wieder einfallen. Das gesungene Wort hat einen sehr hohen emotionalen Stellenwert. Der Charakter der Feier wird deutlicher betont. Wenn sich ein/e SeelsorgerIn traut, auch allein zu singen, ist das für die alten Menschen eine Hilfe, die Situation der gottesdienstlichen Abendmahlsfeier nachzuempfinden.

Abendmahl ist in Wort und Zeichen Hören und Spüren der Nähe und Liebe Gottes. Daher ist es sehr wichtig, die Körperlichkeit einzubeziehen. Der kranke Leib, die bedürftige Seele sehnt sich nach Nahrung. Das bedeutet, daß die Nähe Gottes durch die Nähe eines Menschen Ausdruck findet. Dazu hilft ein persönliches Gebet in der Abendmahlsliturgie, das die Anliegen des alten Menschen aufnimmt, sie wichtig nimmt. Erwartet wird meist eine Abendmahlsliturgie mit Psalm, Sündenbekenntnis, Lesung und kurzer Auslegung, den vollständigen Einsetzungsworten, dem, wenn möglich, gemeinsam gesprochenen Vaterunser und einen persönlichen Segen, den ich oft unter Handauflegung spreche. Gott ganz privat im Zimmer – das erfordert von der/m SeelsorgerIn die Bereitschaft zu sehr viel Nähe, zu persönlichem Reden von Gott und Gottes Liebe. Diese private Feier gibt aber vielen alten Menschen eine ganz individuelle Hilfe, die durch das Zusammenwirken von Wort, Zeichen und der Nähe eines Menschen zustandekommt.

Manchmal möchten auch Angehörige oder MitarbeiterInnen, die eine innige Beziehung zu den alten Menschen haben, dabeisein. Dann wird der Charakter der Feier etwas anders sein, aber dennoch sehr persönlich ausgerichtet bleiben.

In der evangelischen Kirche gibt es kein Pendant zur Krankensalbung der katholischen Kirche. Das ist schmerzlich spürbar, wenn ein Mensch, der im Sterben liegt, nach dem Abendmahl verlangt, aber nicht mehr schlucken kann – oder wenn z. B. der Mund nicht frei ist wegen der Sauerstoffzufuhr. Dann kann das Zeichen nicht in der hergebrachten Form »stattfinden«. Da aber kein anderer liturgischer Vorgang in den Gefühlen der Menschen so verwurzelt ist, bleibt »nur« die Feier des Abendmahls. Sie ist dann entsprechend zu gestalten. Das Brot wird eingetaucht und kann eventuell als ganz winziges Stückchen gegeben werden. Wenn das nicht mehr geht, unterlasse ich auch das. Der Wein – oder Traubensaft – kann mit dem Finger auf die Lippen getupft werden. Manchmal zeichne ich mit dem Wein ein Kreuz auf die Stirn. Vielleicht fallen Ihnen andere Möglichkeiten dazu ein. Wichtig für die alten Menschen bleibt, selbst wenn Brot und Wein nicht mehr angenommen werden können, der vertraute Ritus. In dieser Situation gehört der/die SeelsorgerIn selbstverständlich zu den »zwei oder drei«, sollte selbst mit das Abendmahl nehmen und auch so Gemeinschaft zeigen.

Kommt ein/e SeelsorgerIn »von außen« in ein Altenheim, hilft es zur inneren Einstellung auf die Situation, wenn man im Stationszimmer vorspricht, sich kurz allgemein erkundigt, gegebenenfalls in Begleitung einer vertrauten Pflegeperson das Zimmer betritt. Dann ist der Kontakt leichter hergestellt.

Ob PfarrerInnen mit oder ohne Talar auftreten, ist von der jeweiligen Situation abhängig. Auch das kann man ruhig bei den BewohnerInnen oder, wenn diese nicht mehr sprechen können, bei den Angehörigen erfragen.

Der Ablauf einer Abendmahlsfeier für Einzelne

Persönliche Begrüßung und Einstimmung.
Liedvers nach Wunsch
Im Namen des Vaters und des Sohnes und des Heiligen Geistes. Amen.
Psalmlesung:

Mögliche Psalmen
Psalm 121, Psalm 23 (Vertrauen, Geborgenheit)
Psalm 4,2.4.5.7-9, Psalm 13 (Trost)
Psalm 27,1.4-11.13f., Psalm 31,2-6.8-11.15.16a (Nähe Gottes)
Psalm 51,2-14, Psalm 39,3-9.13f. (Buße, Beichte),
Psalm 90,2-12 (Todesnähe)
Psalm 91,1-6.9-16 (Suche nach Schutz und Heil)

Psalm 103: (Persönliches Lob für Gottes Treue)
Psalm 139 in Auszügen: (Gott kennt mich)

Gebet
Jesus Christus,
wir sind hier, um dein Mahl zu feiern.
Wir hoffen auf deine Gegenwart und denken an deine Zusage:
Wo zwei oder drei in meinem Namen versammelt sind, da bin ich mitten unter ihnen.
Laß uns deine Nähe spüren
in Brot und Wein,
in der Liebe untereinander,
in unseren Herzen.
Vater im Himmel, du bist bei uns und hältst uns in deiner guten Hand.
Sende deinen Geist und laß dein Wort in uns lebendig werden,
daß wir getröstet und gestärkt unseren Weg gehen.
Gib uns Glauben, der trägt,
Vertrauen, das standhält,
und die Hoffnung, daß du an unserer Seite bist, heute und in Ewigkeit.
Herr/Frau ... sucht in dieser Stunde deine Nähe.
Immer wieder hat sie/er erfahren, daß du helfen kannst,
auch in großer Not.
So bitten wir dich nun ganz besonders darum, daß du diese Erfahrung in dieser Stunde erneuerst.
Wir rufen zu dir:
Herr, erbarme dich.

Lesung und kurze Ansprache,
die das Anliegen der oder des alten Menschen aufgreift
Mögliche Lesungen:
Jes 40, 26.29–31: Trost in Kraftlosigkeit
Jes 55,5-11: Vergewisserung, wenn das Schicksal unverständlich scheint
Mt 9,1–8: Heilung des Gelähmten (die Trennung von Gott wird überwunden durch Gott selbst)
Mt 14,22–33: Jesus und der sinkende Petrus auf dem See (Jesus hilft durch die Not – ohne sie sofort zu beseitigen)
Mk 10,46–52: Heilung des Blinden von Jericho (Jesus schenkt einen neuen Blick)
Offb 21,3–5a: Das neue Jerusalem (hinter unserer Angst liegt ein Neues, das wir erwarten dürfen)

Lk 15,1–7 oder 11–24: Verlorenes Schaf bzw. Verlorener Sohn (Gott sucht uns
– wir gehen nicht verloren)

Präfation
Es ist würdig und recht, dich zu preisen, Gott, der du für uns sorgst mit Güte.
Du hast die ganze Welt erschaffen und jeden Menschen, der auf ihr lebt.
Auch uns hast du das Leben gegeben und uns begleitet bis zum heutigen Tag.
Dafür danken wir dir.
Jesus Christus, du bist für uns auf die Welt gekommen, hast gelebt wie wir,
hast Schmerzen und Leid erfahren wie wir,
bist für uns gestorben und auferstanden
und hast uns damit Zukunft geschenkt in Ewigkeit.
Darum wollen wir dich loben, vereint mit allen Heiligen:

Sanctus (gesprochen oder gesungen)

Einsetzungsworte
Christus selbst hat uns eingeladen: Kommt her zu mir, alle, die ihr mühselig
und beladen seid, ich will euch erquicken. Darum:
Laßt uns nun schmecken und sehen, wie freundlich Gott ist.

Austeilung

Gnadenzusage (Sendungswort)
Gott will uns stärken und ermutigen. Darauf hören wir.
Mögliche Gnadenzusagen:
Jes 41.10: Fürchte dich nicht, ich bin mit dir; weiche nicht, denn ich bin dein
Gott. Ich stärke dich, ich helfe dir auch, ich halte dich durch die rechte Hand
meiner Gerechtigkeit.
Jes 43,1 b: Fürchte dich nicht, denn ich habe dich erlöst, ich habe dich bei
deinem Namen gerufen; du bist mein.
Jes 54,10: Es sollen wohl Berge weichen und Hügel hinfallen, aber meine
Gnade soll nicht von dir weichen, und der Bund meines Friedens soll nicht
hinfallen, spricht Gott, dein Erbarmer.
Jer 29, 11 Denn ich weiß wohl, was ich für Gedanken über euch habe, spricht
Gott: Gedanken des Friedens und nicht des Leides, daß ich euch gebe das
Ende, des ihr wartet.
Joh 5,24 b: Wer mein Wort hört und glaubt dem, der mich gesandt hat, der
hat das ewige Leben und kommt nicht in das Gericht, sondern ist vom Tode
zum Leben hindurchgedrungen.

Segen
Was Gott uns allen zusagt, spreche ich nun Ihnen/Dir noch einmal ganz persönlich zu (wenn es angebracht ist, unter Handauflegung)

Gott segne dich und behüte dich.
Er lasse sein Angesicht leuchten über dir und sei dir gnädig.
Gott erhebe sein Angesicht auf dich und gebe dir Frieden.
So segne dich der allmächtige Gott,
der Vater, der Sohn und der heilige Geist. Amen.

Oder
die letzten Verse aus Ps 121
Gott behüte dich vor allem Übel, er behüte deine Seele.
Gott behüte deinen Ausgang und Eingang von nun an bis in Ewigkeit! Amen.

Susanne Schildknecht

Abschied und Aussegnung

In ländlichen Bereichen findet man gelegentlich noch die Tradition der »Aussegnungsfeier« vor dem Verlassen des Hauses. Angehörige standen um den aufgebahrten Sarg und machten sich nach der Aussegnung auf den Weg zum Friedhof. So verbindet sich in dieser Tradition der biblische Segensgedanke mit dem Abschiednehmen von Haus oder Wohnung.
Bemühungen um einen würdigen Abschied vom letzten Lebensort stehen auch hinter den vielen Formen von Abschiedsfeiern im Altenheim. Verstorbene sollen nicht einfach » entsorgt «, sondern würdig verabschiedet werden. Dies betont die Würde des lebenden und gestorbenen Menschen, betont aber auch die verschiedenen Beziehungen, die in dem letzten Lebensabschnitt Bedeutung haben und hatten. Die neuerliche Beschäftigung mit Formen von Abschiedsfeiern steht auch im Kontext der Entwicklung von Standards zu »Sterbebegleitung und Abschied«. Viele Einrichtungen formulieren beispielsweise dabei eine Aussage dergestalt, daß verstorbene Bewohner das Haus durch den Haupteingang verlassen, durch welchen sie auch das Haus betreten haben. Der Tabuisierung des Sterbens, die sich beispielsweise dadurch ausdrückt, daß von Bestattungsunternehmen gerne der Lieferanteneingang benutzt wird, soll deutlich und erkennbar entgegengewirkt werden.
In diesen Themen findet sich eine neue Hinwendung und Beschäftigung mit einer »Kultur des Sterbens und des Abschieds«, die zur Entwicklung diverser Formen von Abschieds- und Aussegnungsfeiern führte und führt.
Abschied nehmen Mitarbeiterinnen und Mitarbeiter, nehmen Menschen, die beim Sterben ganz nah waren, nehmen Mitbewohnerinnen und Mitbewohner, nehmen Angehörige. Manche sind aus unterschiedlichen Gründen nicht in der Lage, an der Trauerfeier oder Beerdigung teilzunehmen. Gemeinsam ist ihnen der Wunsch nach einer angemessenen Form des Abschieds. Angemessen hinsichtlich der geistlich-spirituellen Dimension, angemessen aber auch hinsicht-

lich ihrer Trauer, ihrer Trauerbewältigung und der Notwendigkeit, den Erfordernissen des jeweiligen Alltags wieder entsprechen zu müssen.
Neben der unterschiedlichen Intensität der Beziehungen spielt auch eine große Rolle, wer zur Gestaltung einer solchen kurzen Feier zur Verfügung steht. Die Bandbreite reicht von der im Haus tätigen Seelsorgerin bzw. dem Seelsorger über die Gemeindepfarrerin, über diakonisch ausgebildete oder geprägte Mitarbeiterinnen und Mitarbeiter bis zu engagierten Ehrenamtlichen.
Als hilfreich hat sich in meiner Praxis gezeigt, wenn gemeinsam mit den als Leiter oder Leiterin einer solchen Feier in Frage kommenden Menschen eine Form entwickelt und gefunden wird, die den unterschiedlichen Bedürfnissen, Einstellungen und Haltungen Rechnung trägt und die zugleich durch ihre Struktur die in einer Abschiedssituation notwendige Sicherheit und Verläßlichkeit bietet. Das heißt, die Form soll einerseits deutlich strukturiert sein, daneben aber Raum für individuelle Ausgestaltung bieten.
Praktisch bedeutet dies die Verständigung auf eine Grundform, die in der jeweiligen Situation ergänzt und erweitert werden kann. In Häusern der Altenhilfe kenne ich die Verständigung auf eine oder zwei Grundformen, die dann je nach Situation ergänzt werden. Dazu stehen den Mitarbeiterinnen oder Mitarbeitern Sammlungen von Texten zur Verfügung, die auf dem Wohnbereich in Form eines Ringbuches geführt werden und aus welchen dann sehr persönlich vorbereitete Abschiedsfeiern gestaltet werden können.
Übereinstimmend ist die Erfahrung, daß dort, wo es gelingt, die Beziehungen zum oder zur Verstorbenen in Worte zu fassen, die Trauer besser zu bewältigen ist.
Mitarbeiterinnen und Mitarbeiter in der Altenhilfe brauchen Ermutigung und Unterstützung bei der Durchführung solcher Feiern. Neben dem Bedürfnis danach findet sich häufig auch eine Scheu davor, selber in dieser Weise feiergestaltend tätig zu werden. Auch in dieser Befähigung liegt eine Aufgabe der Pastorinnen und Pastoren.
Die Abschiedsfeier findet in der Regel im Zimmer des oder der Verstorbenen statt. Sie oder er ist versorgt; das Zimmer ist aufgeräumt; auf dem Nachttisch stehen ›Lieblings‹blumen, eine Kerze sowie bei Menschen, die zu einer christlichen Kirche gehörten oder sich dergestalt äußerten, ein Kreuz.
Wer dabei sein möchte, kommt in das Zimmer. Manchmal bleibt die Zimmertür offen, weil nicht alle Platz finden.
Die Feier beginnt damit, daß die Kerze entzündet wird – am Schluß wird sie gelöscht, als Zeichen des Endes.
Im folgenden beschreibe ich zwei Grundformen, die je nach Situation variiert und ergänzt werden können.

Grundform 1

Wir sind zusammengekommen um von Frau .... /Herrn
.... Abschied zu nehmen. Dies soll geschehen im Namen
Gottes, des Vaters, des Sohnes und des
Heiligen Geistes. Amen.

Wir beten
Ewiger Gott, das Leben von Frau .... /Herr
.... ist zu Ende gegangen. Wir wollen Abschied nehmen.
Dabei ist sie/er in unserer Erinnerung gegenwärtig. Wir danken für alles Schöne und Ermutigende, was wir empfangen haben, aber auch für alles andere, was das Leben und die Beziehungen zu uns ausgemacht hat.
Dich, Gott, bitten wir, nimm sie/ihn gnädig und barmherzig an, und gib ihr/ihm Frieden.

Wir hören Psalm 23:
(oder ein anderes Bibelwort)
Der Herr ist mein Hirte; mir wird nichts mangeln.
Er weidet mich auf einer grünen Aue und führt mich zum frischen Wasser.
Er erquicket meine Seele; er führt mich auf rechter Straße um seines Namens willen.
Und ob ich schon wanderte im finstern Tal, fürchte ich kein Unglück;
denn du bist bei mir, dein Stecken und Stab trösten mich.
Du bereitest vor mir einen Tisch im Angesicht meiner Feinde.
Du salbest mein Haupt mit Öl und schenkest mir voll ein.
Gutes und Barmherzigkeit werden mir folgen mein Leben lang,
und ich werde bleiben im Hause des Herrn immerdar.

Für einige Augenblicke schweigen wir, und erinnern uns an Erlebnisse mit der Verstorbenen/dem Verstorbenen.

Wer möchte, kann aus diesen Erinnerungen etwas sagen.
...

Vater unser
Wir beten gemeinsam.
Vater unser im Himmel,
geheiligt werde dein Name.
Dein Reich komme.

Dein Wille geschehe,
wie im Himmel, so auf Erden.
Unser tägliches Brot gib uns heute.
Und vergib uns unsere Schuld,
wie auch wir vergeben unsern Schuldigern.
Und führe uns nicht in Versuchung,
sondern erlöse uns von dem Bösen.
Denn dein ist das Reich und die Kraft
und die Herrlichkeit in Ewigkeit.
Amen.

Wir hören ein Lied: (EG 347,1.6 oder ein gesungenes Lied; evtl. Lieblingslied)
Ach, bleib mit deiner Gnade bei uns, Herr Jesu Christ,
daß uns hinfort nicht schade des bösen Feindes List.
Ach, bleib mit deiner Treue bei uns, mein Herr und Gott;
Beständigkeit verleihe, hilf uns aus aller Not.

So nehmen wir Abschied in Frieden.
Gott möge uns alle segnen.
Amen.

Grundform 2

Kerze anzünden
Schweigen

Wir sind zusammengekommen, um uns von Frau .... /Herrn
............................zu verabschieden. Seit .... hat sie/er bei
uns gelebt. Wir haben einiges miteinander erlebt.
Ich möchte etwas davon erzählen.
....

Wenn Sie möchten, erzählen Sie auch von Ihren Erlebnissen und Erinnerungen.
....

Zu den Lieblingsliedern von Frau .... /
Herrn............................. gehörte das Lied:

.... Im Evangelischen Gesangbuch
(oder anderem Liederbuch) ist es unter der Nummer .... abgedruckt.
Wir singen gemeinsam die Strophen ....

Ich habe für diesen Abschied einen Text von ....
ausgesucht, den ich vorlesen möchte. Ich glaube, dieser Text drückt etwas von
dem aus, was Frau .... /Herrn ....
im Leben wichtig war.

Hier folgt ein ausgewählter Text aus der Bibel oder auch aus der Literatur.

Wir sprechen nun gemeinsam:
Vater unser ....

Nun nehmen wir Abschied in Frieden –
(Evangelisches Gesangbuch Nr. 163 oder anderer Text)

Unsern Ausgang segne Gott, unsern Eingang gleichermaßen,
segne unser täglich Brot, segne unser Tun und Lassen,
segne uns mit sel'gem Sterben und mach uns zu Himmelserben.
Amen.

Kerze löschen.

Helmut Dessecker

Vorschlag für die Gestaltung einer Abschiedsfeier

Zur Situation

In manchen Altenheimen wird keine Aussegnungsfeier gehalten, sondern eine Abschieds- oder Trauerfeier. Der Zeitpunkt liegt um den Tag der Beerdigung. Hier haben BewohnerInnen und Pflegekräfte die Möglichkeit, sich zu verabschieden. Oft kommen Angehörige noch einmal ins Altenheim, um auch vom letzten Wohnort der Verstorbenen im Kreise der dort Lebenden und Arbeitenden Abschied zu nehmen. Eine Trauerfeier ist hier der Ort, noch einmal zu bedenken, wer von uns gegangen ist, was er/sie uns bedeutet hat. Es ist zu beobachten, daß sehr viele Pflegekräfte daran teilnehmen und den Tod so verarbeiten. Die Grundgedanken zu den Abschiedsfeiern sind ähnlich wie bei denen zur Aussegnung (s.o.)

Gestaltung des Raumes:

Tisch, wenn möglich mit Tischdecke, oder ein Stuhlkreis mit einer Mitte, die gestaltet wird: Kreuz, Kerze, Blumen und, wenn vorhanden, ein Bild von der/dem Verstorbenen. Geeignet ist nicht: ein Durchgangsraum im Flur, wenn dort dauernd Menschen vorbei gehen. Sonst eventuell die Ecke im Flur, wo sich die/der Verstorbene viel aufgehalten hat, oder ein Tagesraum. Die Kapelle ist so »offiziell«, daß es nur schwer möglich wird, die BewohnerInnen bzw. MitarbeiterInnen zum Reden zu bewegen.

Ablauf einer Abschiedsfeier im Altenheim

Kurze persönliche Begrüßung der Teilnehmenden
Im Namen des Vaters und des Sohnes und des heiligen Geistes. Amen
oder
Der Friede Gottes sei mit euch allen. Amen.

Schriftworte:
Mögliche Lesungen

Psalm 23
Der Herr ist mein Hirte, mir wird nichts mangeln.
Er weidet mich auf einer grünen Aue und führt mich zum frischen Wasser.
Er erquickt meine Seele. Er führt mich auf rechter Straße um seines Namens willen.
Und ob ich schon wanderte im finstern Tal, fürchte ich kein Unglück;
denn du bist bei mir,
dein Stecken und Stab trösten mich.
Du bereitest vor mir einen Tisch im Angesicht meiner Feinde.
Du salbst mein Haupt mit Öl und schenkst mir voll ein.
Gutes und Barmherzigkeit werden mir folgen mein Leben lang,
und ich werde bleiben im Hause des Herrn immerdar.

oder
Psalm 103,15ff.
Ein Mensch ist in seinem Leben wie Gras,
er blüht wie eine Blume auf dem Felde;
wenn der Wind darüber geht, so ist sie nimmer da,
und ihre Stätte kennt sie nicht mehr.
Die Gnade Gottes aber währt von Ewigkeit
zu Ewigkeit über denen, die ihn fürchten.

oder
Psalm 90
Du bist unsere Zuflucht für und für.
Ehe denn die Berge wurden und die Erde und die Welt geschaffen wurden,
bist du, Gott, von Ewigkeit zu Ewigkeit.
Der du die Menschen lässest sterben und sprichst:
Kommt wieder, Menschenkinder!

denn tausend Jahre sind vor dir wie der Tag, der gestern vergangen ist,
und wie eine Nachtwache.
Unser Leben währt siebzig Jahre, und wenn's hoch kommt,
so sind's achtzig. Und was daran köstlich scheint,
ist doch nur vergebliche Mühe; denn es fährt schnell dahin,
als flögen wir davon.
Lehre uns bedenken, daß wir sterben müssen, auf daß wir klug werden.

oder:
Johannes 11,25f.
Christus spricht:
Ich bin die Auferstehung und das Leben.
Wer an mich glaubt, der wird leben, auch wenn er stirbt;
und wer da lebt und glaubt an mich,
der wird nimmermehr sterben.

Ansprache

Wir haben Herrn / Frau N.N. aus unserer Mitte verloren – darum sind wir hier zusammengekommen. Wir wissen, daß er/sie uns fehlen wird und sind traurig.
Jede/r von uns hat eigene Erinnerungen an N.N., wir hatten auch unterschiedliche Beziehungen zu ihm/ihr. *(Hier können auch besonders enge Beziehungen benannt werden.)* Sie sind nun zu einem Ende gekommen. Wir müssen Abschied nehmen.
Abschied nehmen tut weh – aber es ist wichtig, daß wir der Trauer Raum geben. Wir wollen gemeinsam an den/die Verstorbene/n denken.

Hier sollte Platz sein für die Teilnehmenden, selbst von der/dem Toten zu sprechen – vielleicht ihn/sie mit Erinnerungen wieder vor Augen zu stellen, auch die letzte Zeit mit bedenken (ruhig auch Schwierigkeiten beim Namen nennen) – und dann Raum zu geben für die Erinnerungen der BewohnerInnen und MitarbeiterInnen.
Die Beiträge der Teilnehmenden stehen lassen und noch einmal wichtige Punkte benennen, wenn das möglich ist.

Zu unserem Leben im Altenheim gehört es, daß wir immer wieder Abschied nehmen müssen. Wir wollen die Augen nicht verschließen – und auch unsere Herzen und Gefühle nicht.

Was uns helfen kann, uns immer wieder neu einzulassen aufeinander und auf den Schmerz, den jede Trennung mit sich bringt, kann der Glaube sein, daß der Tod uns nicht trennen wird von Gott und seiner Liebe. Sind auch die Verstorbenen uns genommen, sind sie uns sehr ferngerückt, so können wir uns dennoch darauf verlassen, daß sie Gottes Hand nicht entnommen sind, daß sie ihm nicht fern-, sondern ganz nahegerückt sind und leben dürfen in der Geborgenheit seiner Liebe.

Wir wissen nicht, wie es sein wird, wenn wir gestorben sind, wir wissen nicht, wie Gottes neue Welt aussehen wird. Aber es gibt einige Bibelworte, die uns helfen können:

Eines von ihnen steht in der Offenbarung des Johannes 1,17 und 18:
Christus spricht:
Fürchte dich nicht! Ich bin der Erste und der Letzte und der Lebendige.
Ich war tot, und siehe, ich bin lebendig von Ewigkeit zu Ewigkeit
und habe die Schlüssel der Hölle und des Todes.

oder:
Offenbarung 21,4
Gott wird abwischen alle Tränen von ihren Augen,
und der Tod wird nicht mehr sein,
noch Leid noch Geschrei noch Schmerz
wird mehr sein;
denn das Erste ist vergangen.

oder:
Jesaja 54,10
Es sollen wohl Berge weichen und Hügel hinfallen,
aber meine Gnade soll nicht von dir weichen,
und der Bund meines Friedens soll nicht hinfallen,
spricht Gott, dein Erbarmer.

oder:
Jesaja 43,1
Fürchte dich nicht, denn ich habe dich erlöst;
ich hab dich bei deinem Namen gerufen;
du bist mein!

Gebet
Gott, du bist bei uns, darauf vertrauen wir.
Herr/Frau N.N. ist gestorben. Wir nehmen Abschied.

Du hast sie/ihn das ganze Leben lang gekannt.
Du kennst auch die Zeiten, als er/sie gesund war und in der Blüte seiner/ihrer Kraft stand.
Du weißt, wie er/sie zu uns ins Haus ... kam,
hast sie/ihn auch hier begleitet.
Wir sagen dir Dank für alles Gute, das er/sie erfahren durfte unter uns.
Wir bedenken vor dir, ob wir ihm/ihr noch etwas zu vergeben haben,
ob wir selbst vielleicht etwas versäumt haben.
Gott, nimm all unsere Gedanken auf in deinen Frieden
und geh mit uns in die Tage, die kommen.
Gib uns einen Glauben, der standhält und uns selbst
auch trösten kann, wenn unsere letzte Stunde auf dieser Erde kommen wird.
Wir beten gemeinsam:
Vater unser im Himmel

Lieder
So nimm denn meine Hände (sehr beliebt, rührt zu Tränen)
Wenn ich einmal soll scheiden (schwer für viele, die Melodie zu halten)
Lobe den Herren, den mächtigen König (kennen alle auswendig)
u.ä.

Segen
Ob wir leben oder ob wir sterben, wir gehören zu Gott. Gott vertrauen wir uns an. Heute, in den Tagen, die wir noch auf dieser Erde leben werden und in alle Ewigkeit.
Es segne uns und behüte uns Gott, dessen Liebe und Fürsorge uns über den Tod hinaus gilt, der Vater, der Sohn und der heilige Geist. Amen.

Susanne Schildknecht

Liturgische Texte

Texte zum Eingang

Uns verbindet der Glaube: Gott ist Antwort auf unsere Fragen
Uns verbindet die Hoffnung: Jesus lebt an unserer Seite.
Uns verbindet die Liebe: Gottes Heiliger Geist ist mitten unter uns.
So singen, beten und reden wir im Namen Gottes.
Susanne Schildknecht

In Gottes Namen feiern wir
wir sind zum Leben erwählt.
In Jesu Namen feiern wir:
Wir sind zum Heil berufen.
In der Kraft des Geistes glauben wir:
Gott ist mitten unter uns.
Susanne Schildknecht

Weil wir glauben
Gott ist der Grund unseres Lebens,
Jesus der Grund unserer Hoffnung,
die Gabe des Heiligen Geistes Grund unserer Gemeinschaft,
sind wir zusammen.
Darum feiern wir diesen Gottesdienst
im Namen Gottes des Vaters, des Sohnes und des Heiligen Geistes. Amen.
Susanne Schildknecht

Wir sind hier zusammen im Namen Gottes
Wir glauben, daß Gott Quelle und Ziel des Lebens ist.
Wir erinnern uns, daß Jesus gesagt hat:
Selig sind, die Leid tragen, denn sie sollen getröstet werden.
Wir hoffen, daß Gottes Geist uns trägt,
im Leben und im Sterben und in alle Ewigkeit.

(Kirstin Müller, in: Erhard Domay und Hanne Köhler (Hg.), Bd. 1. Der Gottesdienst: liturgische Texte in gerechter Sprache, Gütersloher Verlagshaus, Gütersloh 1997, S. 19, © bei der Autorin)

Klage/Schuld

Ach, Gott, so ist es schon mein Leben lang
Tage, an denen mein Glaube mich trägt,
wechseln mit Tagen, an denen ich ihn kaum spüre.
Tage, an denen ich so selbstverständlich bete, wie ich atme,
wechseln mit Tagen, an denen mein Beten müde und lustlos ist.
Tage an denen du mir so nahe bist, daß mein Herz weit wird,
wechseln mit Tagen, an denen du mir so fern scheinst,
daß mein Herz eng und dunkel ist.
Ich leide daran, Gott, denn ich brauche deine Nähe mehr und mehr.
Hilf mir, die dunklen Tage auszuhalten.
Erinnere mich an die Erfahrungen, die ich mit dir gemacht habe:
Du bist treu und liebevoll.
Du bist da, auch wenn ich dich nicht spüre.
Mach mein Herz wieder weit und froh, guter Gott.
Erbarme dich über mich und gib mir die Gewißheit deiner Liebe.
Amen
Susanne Schildknecht

Vor Gott wollen wir unsere menschlichen Grenzen aussprechen
Gott, vor dir dürfen wir so sein, wie wir wirklich sind.
Wir brauchen uns nicht zu verstellen.
Wir sind hier mit unseren Schwachstellen und Grenzen,
mit unseren Traurigkeiten und unseren Enttäuschungen,
mit unserem Ärger und unseren Belastungen,
mit unserem Stolz und unseren Sehnsüchten,
mit unserer Aussichtslosigkeit und unserer Hoffnung.

Gott, du weißt um all das, was uns Sorgen macht,
du kennst unsere Nöte an Leib und Seele,
du weißt um unsere Fehler, die wir gemacht haben.
Vor dir können wir alles offen aussprechen.
Immer, wenn das geschieht, schenkst du uns einen
neuen Anfang.

Darum bitten wir: Kyrie eleison.
Gott, erbarm dich über uns. Amen.

Christiane Karp-Langejürgen

So ist Gottes Liebe
daß sie uns erst recht um dessentwillen liebt,
was nicht liebenswert ist an uns,
weil wir ihrer dort am meisten bedürfen.

Wir danken dir, Gott,
daß wir versagen dürfen,
vor dir und vor den Menschen.
Wir danken dir, Gott,
daß wir dazu stehen dürfen,
Grenzen zu haben:
Grenzen des Glaubens,
Grenzen der Geduld,
Grenzen der Belastbarkeit,
Grenzen des Könnens,
Grenzen der Liebe.

Barmherziger Gott,
so wie wir sind, kommen wir zu dir und bitten:

Kyrie eleison (EG 178. 9)

Wir danken dir, Gott,
daß wir traurig sein dürfen und müde,
daß es Dinge geben darf,
mit denen wir allein nicht fertig werden,
daß Geben und Nehmen ihr Recht haben.

Liebender Gott,
so wie wir sind, kommen wir zu dir und bitten:

Kyrie eleison (EG 178. 9)

Wir danken dir, Gott,
daß wir kleine, unbeholfene Schritte tun dürfen
auf dem Weg zu dir.
Mögen wir auch stolpern oder fallen,
immer wieder sind wir in deinen Armen geborgen.

Treuer Gott,
so wie wir sind, kommen wir zu dir und bitten:
Kyrie eleison (EG 178. 9)
Gitta Meerfeld

Gott, wie oft überhören wir dein Wort im Alltagsgeschehen
Wie oft fühlen wir uns hilflos
unserer Stimmung, unserer Befindlichkeit ausgeliefert.
Mißgestimmt und traurig beginnen wir viele Tage
und wissen oft nicht, warum.
Dabei täte es uns gut, aus unseren trüben Gedanken herausgerissen zu werden.
Könnten wir uns doch nur anrühren lassen
von einem gutgemeinten Wort,
von einem wohlwollenden Rat,
von deinem Wort, Gott,
damit wir unser Leben mit dir wieder neu wagen können
und neue Hoffnung schöpfen.
Darum bitten wir:
Erbarm dich über uns, Gott.
Christiane Karp–Langejürgen

Vieles wird mir aus der Hand genommen, Gott
Tag für Tag.
Vieles kann ich nicht mehr allein.
Schon morgens, wenn ich mich waschen will,
brauche ich Hilfe.
Jede Kartoffel, die ich esse,
hat jemand anderes für mich geschält.
Ich muß nicht mehr allein für mich sorgen, Gott, das ist gut.
Ich kann nicht mehr allein für mich sorgen, Gott, das ist so schwer.
Immer wieder dankbar sein zu müssen, ist nicht einfach.
Lieber wäre es mir, ich könnte es alles noch selbst.
Es macht mich abhängig,
und dabei war ich immer so stolz auf meine Unabhängigkeit.
Hilf mir, anzunehmen, daß ich andere brauche.
Laß sie taktvoll sein mit meinen Schwächen.
Nimm du mich, wie ich bin, Gott,
und behalte mich lieb.
Sei mir gnädig, guter Gott.
Susanne Schildknecht

Gott, wie gnädig du bist
wie zuverlässig in deiner unermüdlichen Zugewandtheit
Kennte ich dich nicht, würde ich vergehen;
meine Beziehungen nach außen sind abgeschnitten,
mein Körper ist so schwach geworden,
ich bin auf dich geworfen.
Oft kann ich nicht sprechen,
nicht sagen, was ich brauche,
nicht sagen, daß ich liebte.
Ich kann kaum noch hören
und mich an der Liebe der anderen aufrichten.
Ich kann schlecht sehen;
deine Schöpfung verliert sich im Nebel.
Ich kann nicht alleine essen;
mein Leib wird zu einem lebendigen Skelett.
Ich kann nicht alleine trinken;
mein Mund ist eine verdorrte Wüste, seit Wochen.
Ich kann mich kaum noch bewegen;
mein Leib wird eine unbewegliche, erdrückende Last.
Ich kann nur schwer atmen;
ein Gerät zum Inhalieren erhält mich am Leben.
Ich bin so vollständig hilflos und abhängig;
meine Enttäuschung wird täglich größer.
Andere bestimmen über meinen Tageslauf;
mein Wille gehört mir nicht mehr.

Und dennoch hast du mich neu gefunden, Gott.
Du hast mir gezeigt,
daß dieser Zustand ein Gleichnis meines Lebens ist.
Daß ich hilflos bin in meinem hohen Alter
und abhängig von deiner Gnade;
daß die Liebe und Fürsorge, die ich erhalte,
nur ein blasser Schatten deiner unermüdlichen Barmherzigkeit sind.
Für diese Erkenntnis und für deine verständige Liebe und Treue
danke ich dir und preise deinen Namen.
Amen.

Dieter Grotehusmann

Gott ist unsere Zuversicht und Stärke
unsere Hilfe in allen Nöten, die uns getroffen haben.
Das haben wir oft bekannt.

Wir haben es auch erlebt, du Gott.
Und doch gibt es Nöte, die uns drücken,
die uns das Vertrauen nehmen wollen.
Gott, hilf du selbst in diesen Stunden.
Laß unseren Glauben standhalten.
Das können wir nicht allein.

Susanne Schildknecht

Wo bist du, Gott
Wenn ich mich auf die Suche begebe nach dir,
dann steht es schlecht um dich.
Warst du da, als ich weinte – als ich lachte –
als ich einsam war – als ich mich geborgen fühlte –
als ich Angst hatte – als ich voller Lebensmut war?
Meine Erfahrungen beweisen dich nicht.
Ich bitte dich: Befreie mich von dieser zermürbenden Suche.
Besuche mich! Finde mich! Amen
(Heinz Kühne, in: Ruf mich bei meinem Namen: Gebete für jeden Tag, hrsg. Heinz Kühne, Gütersloh, Gütersloher Verlagshaus, 1981, S. 76)

Ich habe oft das Gefühl
ich hätte irgendwann einen Blick,
der fragend oder bittend auf mich gerichtet
war,
nicht erwidert
oder
ein Wort nicht gesagt, auf das
eine wartete wie eine Hungrige auf ein Sück Brot.
Oder
Eine Hand übersehen, die
mir entgegengestreckt wurde.
Ich war da wohl gedankenlos oder müde,
beschäftigt mit mir und meinen Problemen.
So manche Unterlassung quält mich.
Gib, daß ich in den Tagen, die mir noch
bleiben,
kein fragendes Auge, keinen ratlosen Mund,
keine hilfesuchende Hand mehr übersehe. Amen.
(Johann Hoffmann-Herreros, nach einem Gebet aus: Ruf mich bei meinem Namen: Gebete für jeden Tag, hrsg. Heinz Kühne, Gütersloh, Gütersloher Verlagshaus, 1981, S. 132f.)

Kollektengebete

Gott, darum bitte ich
daß du meinen Glauben
stützst und stärkst, auch sichtbar, auch spürbar.
Nicht um große Wunder bitte ich,
sondern um kleine Zeichen deiner Liebe,
die unverkennbar sind.
Immer wieder hast du sie gegeben,
wenn alles schon trostlos,
verfahren, am Ende schien.
Immer wieder hast du meine Gebete erhört,
hast wunderbar getröstet, geheilt, gerettet.
(in: Das große Hausbuch. Brauchtum, Fest und Freude in der christlichen Familie, hrsg. v. J. Thiele, Stuttgart 1991, S. 73)

Gott, du bist da, wenn wir uns hier versammeln
Gott, du bist nah, wir tragen deinen Namen,
du bist mitten unter uns.

Gott, du bist da, wenn wir in Freundschaft leben,
Gott, du bist nah, du bist, was uns verbindet,
du bist mitten unter uns.

Gott, du bist da, wenn wir für andere sorgen,
Gott, du bist nah und öffnest uns die Augen,
du bist mitten unter uns.

Gott, du bist da, wenn wir nicht stehen bleiben,
Gott, du bist nah, du treibst uns an zum Gehen,
du bist mitten unter uns.

Gott, du bist da, wenn wir gemeinsam hoffen,
Gott, du bist nah, du bist die Zukunft selber,
du bist mitten unter uns.
(Lothar Zenetti, in: Lothar Zenetti, Texte der Zuversicht. Für den einzelnen und die Gemeinde, München 5. Aufl. 1981, S. 286)

Jesus Christus
schicke mir
trotz meines hohen Alters
eine Überraschung;
eine Überraschung,
die mich das Staunen lehrt.
Schicke mir ein Wunder
wie Ostern.
Schicke mir
in diesem Hause
eine neue Freundin,
die mich besucht,
wenn ich allein bin.
Schicke mir
eine liebe Bettnachbarin,
die mich tröstet,
wenn ich vor Kummer weine.
Schicke mir einen Menschen,
der meine Hand greift,
wenn meine Ängste mich plagen
und meine Zukunft
hoffnungslos erscheint.
Schicke mir deine Auferstehung,
wenn ich sterben muß, Jesus.
Amen.
Dieter Grotehusmann

Gott, du sorgst dich um uns wie ein Vater
du liebst uns wie eine Mutter,
durch dich kann unser Leben heller, freundlicher
und hoffnungsvoller werden.
Sei du uns jetzt nahe,
wenn wir dein Wort hören,
es verstehen und miteinander leben.
Bleib mit uns auf dem Weg durch das Leben.
Das bitten wir dich durch Jesus Christus. Amen.
Christiane Karp–Langejürgen

Geborgen ist mein Leben in Gott
Gott hält mich in seinen Händen.
Manchmal habe ich Angst.
Wer ist da, der mich tröstet?

Geborgen ist mein Leben in Gott.
Manchmal bin ich sehr traurig
und weiß nicht, warum.
Wer ist da, um mich in den Arm zu nehmen?

Geborgen ist mein Leben in Gott.
Manchmal habe ich nicht den Mut,
das Rechte zu sagen und zu tun.
Wer ist da, um mir zu helfen?

Geborgen ist mein Leben in Gott.
Manchmal habe ich Angst vor dem Sterben.
Ich versuche, mir das vorzustellen.
Wer ist da? Wer kann mir die Angst nehmen? Wer wird mich begleiten?

Geborgen ist mein Leben in Gott.
Gott hält mich in seinen Händen.

(nach einem Gebet des Konstanzer Großdruckkalenders vom 28. März 1994)

Mein Gott! Jeden Morgen, wenn ich erwache, weiß ich:
ein neuer Tag ist angebrochen
Er wird mir Neues bringen, Gutes und Schweres, Helles und Dunkles.
Altes kann mir neu erscheinen, in einem anderen, neuen Licht.
Menschen, die ich zu kennen meinte,
geben sich heute anders zu erkennen.
So wie heute hat die Sonne noch nie geschienen.
Und den Mittagsschlaf –
habe ich ihn je so genossen wie an diesem Tag?
Hilf mir zu erkennen, daß deine Güte jeden Morgen neu ist!
Hilf mir, sie in den großen und kleinen Dingen des Tages neu zu entdecken!
Gib mir Augen, die taugen! Amen.

(Walter Wiese, in: Ruf mich bei meinem Namen: Gebete für jeden Tag, hrsg. Heinz Kühne, Gütersloh, Gütersloher Verlagshaus, 1981, S. 77, © beim Autor)

Gott, wie lange wir noch leben, weiß keiner
Viele sind schon nicht mehr bei uns.
Schnell kann das Leben zu Ende sein.
Aber der Weg kann auch mühsam werden.
Gott, ich möchte lernen,
das Ende meines Lebens ohne Scheu in den Blick zu nehmen.
Ich möchte an das ewige Leben glauben lernen.
Solange ich lebe, möchte ich mich dir anvertrauen,
dir danken und – im Gebet, im Lied, im Gehorsam oder auch nur mit meiner inneren Freude –
dir mein Lob darbringen.
Dazu hilf mir, mein Gott! Amen.
(Wilhelm Tometten, in: Ruf mich bei meinem Namen: Gebete für jeden Tag, hrsg. Heinz Kühne, Gütersloh, Gütersloher Verlagshaus, 1981, S. 132, © beim Autor)

Du, Gott, hast zu Abraham und Sara gesagt
Ich will dich segnen, und du sollst ein Segen sein.
Das hast du immer wieder gesagt:
zu Menschen, die sich auf dich einlassen, die dir vertrauen.
Bis heute. Auch zu uns. Gott sei Dank!
Laß uns dieses Wort hören und glauben, Gott.
Laß uns mit dieser Zusage leben:
wir sind ein Segen, weil wir gesegnet sind. Amen.
Susanne Schildknecht

Jesus, du selbst hast das Wort gesagt, das mich tröstet
Kommt her zu mir alle, die ihr mühselig und beladen seid,
ich will euch erquicken.
Manchmal gehöre ich zu denen, die du da gerufen hast.
Weil ich weiß, ich bin dir keine Last, kann ich kommen.
Weil ich vertraue, du kannst helfen, wage ich den nächsten Schritt.
Weil ich spüre, du gehst mit mir, lebe ich neu. Amen.
Susanne Schildknecht

Glaubensbekenntnis

Ich glaube an Gott,
der Liebe ist,
den Schöpfer des Himmels und der Erde.

Ich glaube an Jesus,
sein menschgewordenes Wort,
den Messias der Bedrängten und Unterdrückten,
der das Reich Gottes verkündigt hat
und gekreuzigt wurde;
deswegen ausgeliefert wie wir der Vernichtung des Todes.
Aber am dritten Tag auferstanden
um weiterzuwirken für unsere Befreiung
bis daß Gott alles in allem sein wird.

Ich glaube an den Heiligen Geist
der uns zu Mitstreitern des Auferstandenen macht,
zu Brüdern und Schwestern derer die für Gerechtigkeit kämpfen und leiden.
Ich glaube an die Gemeinschaft der weltweiten Kirche,
an die Vergebung der Sünden,
an den Frieden auf Erden, für den zu arbeiten Sinn hat
und an eine Erfüllung des Lebens über unser Leben hinaus.

(Kurt Marti, in: Kurt Marti: Merkauswahl in fünf Bänden, aus: Namenszug mit Mond.
Gedichte, © 1996 Verlag Nagel & Kimcke AG, Zürich/Frauenfeld)

Fürbitten

Gott, du hast uns mitten in die Welt geschickt
Oft fällt uns das Leben in dieser Welt schwer.
Das Leid, das uns täglich umgibt, nimmt uns den Atem, raubt uns die Worte.
Dabei könnten wir einander soviel erzählen aus unserem langen Leben und
einander Hoffnung und Mut schenken.
Gott, du hast uns in die Welt geschickt.
In Jesus Christus machst du uns Mut,
immer wieder neu aufeinander zuzugehen, miteinander zu leben –
trotz mancher Schwierigkeiten und Grenzen.
Gott, du hast uns mitten in die Welt geschickt.
Zeige du uns den Weg zum Leben, auf dem wir
anderen Mut machen, Trost zusprechen,
einander Verständnis und Geduld zeigen.
Laß uns in deiner Gemeinschaft wieder neue Hoffnung und Kraft zum Leben
schöpfen. Amen.
Christiane Karp–Langejürgen

Viel scheint es nicht zu sein,
was ich für die anderen tun kann, Gott
aber ich will es versuchen.
Meine Hände und Füße sind müde geworden.
Auch Augen und Ohren sind über 80 Jahre alt.
Mit Kraft und Stärke werde ich wenig erreichen, das stimmt,
du Gott dieser Tage.
Aber du hast uns versprochen, daß deine Kraft in den Schwachen mächtig
sein wird.
Nicht die Kraft meiner Hände stelle ich dir also heute zur Verfügung,
sondern die Kraft meiner Gebete, meine Zeit, Gott, – und davon habe ich
genug.
Vor mir steht deine Welt in ihrer Herrlichkeit und in ihrem Elend.
Als sie geschaffen war, hieß es: Und siehe, es war sehr gut.
Für manche unter uns stimmt das noch immer.
Viele Männer und Frauen aber leiden unter Krieg und Folter,

werden verfolgt und gefangengesetzt.
Du, Gott, kannst helfen. Darum rufen wir zu dir:
Wir bitten dich, erhöre uns.

Frauen, Männer und Kinder hungern und dürsten,
nach Brot und Wasser, aber auch nach Gerechtigkeit und Liebe.
Du, Gott, kannst die Herzen der Verantwortlichen lenken, darum rufen wir zu dir:
Wir bitten dich, erhöre uns.

Menschen in unserer Stadt leben ohne ein schützendes Dach über dem Kopf,
ohne sicheres Einkommen und die Geborgenheit eines Zuhauses.
Noch mehr sind ohne Arbeit und geben die Hoffnung auf, wieder gebraucht
zu werden.
Du, Gott, siehst ihre Not und kannst Menschen auf sie aufmerksam machen.
Darum rufen wir zu dir:
Wir bitten dich, erhöre uns.

Auch in unserem Haus möchte ich dir Menschen ans Herz legen, Gott.
Manche sind einsam, vermissen ihre Lieben.
Manche haben Angst vor der Zukunft,
vor Krankheit oder dem Tod.
Manche sehnen sich nach einem lieben Wort,
einer streichelnden Hand, einer teilnehmenden Frage.
Du, Gott, kannst uns den Weg zueinander weisen,
das richtige Wort finden lassen, die Liebe in den Blick geben.
Weil wir dazu deine Hilfe brauchen, rufen wir zu dir, Gott:
Wir bitten dich, erhöre uns.

Susanne Schildknecht

Laßt uns beten, zu Gott, der die Liebe ist
Laßt uns zu ihm rufen:

Kyrie eleison, EG 178.9

Für alle, die das Vertrauen in den Sieg der Liebe verloren haben:
die sich abfinden mit den Unzulänglichkeiten des Alltags in dem Glauben:
Es wird sich sowieso niemals etwas ändern.
Gib ihnen einen neuen Blick für die kleinen Siege der Liebe und mach ihnen
Mut, miteinander neue Wege zu suchen.
Im Namen der Liebe, die verloren zu gehen droht, rufen wir zu dir:

Kyrie eleison, EG 178.9

Für alle, die das Vertrauen in den Lohn der Mühe verloren haben:
deren Einsatz für andere Menschen ohne Echo blieb,
deren Mühe für Frieden und Gerechtigkeit vergeblich scheint.
Gib ihnen neue Kraft und stärke ihr Vertrauen, daß sie nicht allein sind,
sondern daß du mitarbeitest für das Gute in dieser Welt.
Im Namen des Vertrauens, das zu schwinden droht, rufen wir zu dir:

Kyrie eleison, EG 178.9

Für alle, denen die Gewißheit zerrinnt, daß sie ihrer Aufgabe im Leben gewachsen sind:
Kinder, die Angst vor der Schule und ihren Anforderungen haben;
Mütter und Väter, die sich sorgen um die Zukunft ihrer Kinder;
Menschen ohne Arbeit, die einen neuen Sinn suchen müssen;
alte Menschen, denen jeder Schritt zur Qual wird;
Pflegekräfte, die über ihre Kraft arbeiten müssen.
Gib ihnen deine Liebe, stärke ihr Vertrauen, daß du sie begleitest und ihre Grenzen kennst.
Im Namen der Gewißheit, die zu zerrinnen scheint, rufen wir zu dir:

Kyrie eleison, EG 178.9

Für uns selbst bitten wir: mach uns gewiß, daß du uns siehst.
Laß uns vertrauen, daß sich das Leben und die Mühe für das Gute lohnen.
Schenk uns deine Liebe, die uns wärmt.
Amen.

Susanne Schildknecht

Segensworte

Gott allen Trostes und aller Verheißung
segne uns und behüte uns;
begleite uns mit deiner Liebe,
die uns trägt und fordert;
laß dein Angesicht leuchten über uns
und sei uns gnädig,
denn deine Güte schafft neues Leben;
wende dein Angesicht uns zu
und schenke uns Heil;
lege deinen Namen auf uns,
und wir sind gesegnet.

(Christel Voß-Goldstein, in: Erhard Domay und Hanne Köhler (Hg.), Bd. 1. Der Gottesdienst: liturgische Texte in gerechter Sprache, Gütersloher Verlagshaus, Gütersloh 1997, S. 668, © bei der Autorin)

Der über Nacht und Licht gebietet
in Sternenzelt und Erdentagen,
Du, unser Gott, hast uns behütet
und durch die Fluten uns getragen.
Du wirst der Zukunft auch gebieten.
Du wirst uns segnen und behüten.

Als wir durch dunkle Schluchten eilten,
da sahen wir ein fernes Licht,
und als die Nebel sich zerteilten,
erkannten wir dein Angesicht.
Nun ziehn wir unterm Reisesegen.
Schon strahlt dein Antlitz uns entgegen.

Ja, Gott, die Zeit hat uns getrieben,
hinauf, hinab, durch Glück und Trauer.
Du aber bist uns treu geblieben.
Dein Segen gibt uns Ziel und Dauer.

Längst ist das Ende ja entschieden:
Es kommt Dein Reich. Es kommt Dein Frieden.
(Klaus Peter Hertzsch, in: Klaus Peter Herztsch, Vertraut den neuen Wegen, Leipzig 1996, Thomas Verlag, © beim Autor)

Segen über einer alten Frau
Gott segne die Jahre deines Lebens.
Gott schaue auf die Jahre der Fülle und die Jahre der Not.
Gott tanze mit der Freude deiner Jugend.
Gott lächle über die Blüten deines Humors.
Gott weine mit dir in deiner Trauer und Verlassenheit.
Gott hege und bewahre deine Träume und Hoffnungen.
Gott streiche sanft über deine (faltigen) Wangen.
Gott höre deinen Phantasien leise zu.
Gott heile deine tiefen Verwundungen (und Traurigkeiten).
Gott sehe und höre, was du anderen Gutes getan hast.
Gott nehme dich liebevoll in die Arme.
Gott führe dich in das Reich der Liebe.

Das erste Wort in Klammern kann auch weggelassen werden; die zweite Klammer ergänzt den ursprünglichen Segenstext.
(Hanne Strack, in: Heidi Rosenstock, Hanne Köhler, Du, Gott, Freundin der Menschen, Kreuz Verlag, Stuttgart 4. Aufl. 1998, S. 145)

Gott, Ursprung und Ziel allen Lebens
segne dich,
deine Gedanken und dein Tun,
daß dir gelingen möge,
was du dir vorgenommen hast,

und behüte dich
vor falschen Schritten,
daß du zur rechten Zeit
sagen und tun kannst,
was richtig für dich ist.

Gott lasse sein Angesicht
leuchten über dir
und erhelle dir Zeiten
innerer Unsicherheit,
damit du Klarheit gewinnst
über das, was du wirklich willst;

und sei dir gnädig,
indem sich auch deine Irrtümer
zum Guten hin verwandeln lassen.

Gott erhebe sein Angesicht auf dich
Und begabe dich mit Mut und Phantasie,
allen Enttäuschungen zum Trotz
wieder Neues zu wagen;

und gebe dir Frieden
in der Erfüllung deiner Träume
und deiner Zeit.

(Christa Spilling-Nöker, in: Christa Spilling-Nöker, Jeder Augenblick zählt. Glück- und Segenswünsche, © Verlag am Eschbach, Eschbach/Markgräflerland, 4. Aufl. 1998, S. 20)

Gesegnet
Gesegnet die Mühe deiner Arbeit,
daß sie Frucht bringt und dich erfüllt.
Gesegnet der Sabbat in deinem Herzen,
daß er deine Hoffnung auf Frieden stillt.

Gesegnet deine Wünsche und deine Sehnsucht
und alles, was in dir lebendig ist.
Gesegnet die Tage und die Jahre,
in denen, deine Träume zu leben, du nicht vergißt.

Gesegnet die Zeiten deiner Trauer,
daß du ihnen nicht entfliehst.
Gesegnet, wenn du sie durchgestanden
und wieder neue Wege vor dir siehst.

Gesegnet jeder Augenblick,
der dich zur Freude und zum Glücklichsein verführt.
Gesegnet jeder Mensch,
der mit Zärtlichkeit und Liebe dein Herz berührt.

(Christa Spilling-Nöker, in: Christa Spilling-Nöker, a.a.O.)

Der helfend-heilende Gott
Fülle allen Lebens,
umwärme dich
in deiner Verlorenheit,

trage dich
in deiner Unsicherheit,

stärke dich
in deiner Schwachheit,

führe dich
in deiner Orientierungslosigkeit,

belebe dich
in deiner Starrheit,

und richte dich auf
in deiner Verkrümmtheit.

So sollst du befreit,
aufrecht und aufrichtig leben.

So sollst du gesegnet sein
Tag für Tag.

(Christa Spilling-Nöker, in: Christa Spilling-Nöker, Jeder Augenblick zählt. Glück- und Segenswünsche, © Verlag am Eschbach, Eschbach/Markgräflerland, 4. Aufl. 1998, S. 20)

Die Autorinnen und Autoren

Bruder Gustav Bücker, geb. 1952, ab 1975 Mitglied in der Brüdergemeinschaft der Canisianer (Münster), ist seit 1994 Altenseelsorger, z. Zt. in Recklinghausen (zwei Pfarrgemeinden mit Altenheimen).

Peter Burkowski, geb. 1958, ist Gemeindeberater und Superintendent des Kirchenkreises Recklinghausen.

Annette Bruse, geb. 1954, ist seit 1990 Pfarrerin in der Altenarbeit in Gladbeck-Brauck (Altenheimseelsorge und Offene Altenarbeit).

Helmut Dessecker, geb. 1952, ist seit 1985 tätig im Pastoralen Dienst des Ev. Johanneswerkes, Bielefeld.

Astrid Faber–Iwanczik, geb. 1965, ist Pfarrerin im Entsendungsdienst in der Ev. Dreifaltigkeitsgemeinde Marl.

Sybille Gottwick, geb. 1957, ist seit 1990 Pfarrerin in der Altenarbeit in Gladbeck–Rentfort (Altenheimseelsorge).

Günter Grab, geb. 1939, Diakon, Diplom Sozialarbeiter, Beauftragung zum Dienst an Wort u. Sakrament; langjährige Mitarbeit in kirchlich-gemeindlichen Gremien und Leitungsaufgaben in der Behindertenarbeit, zuletzt tätig als Altenheimseelsorger, jetzt im Ruhestand.

Martina Gregory, geb. 1961, ist seit 1997 als Pfarrerin beauftragt mit Altenheimseelsorge und Altenarbeit im Kirchenkreis Recklinghausen.

Dieter Grotehusmann, geb. 1933, ist seit 1987 Pfarrer in Bochum, u.a. in verschiedenen Alten- und Pflegeheimen.

Heike Hilgendiek, geb. 1959, ist seit 1986 Gemeindepfarrerin in Marl.

Stefan Iwanczik, geb. 1965, ist Pfarrer im Entsendungsdienst in der Ev. Kirchengemeinde Buer.

Christiane Karp-Langejürgen, geb. 1962, ist seit 1992 Pfarrerin in der Altenheimseelsorge in den beiden Altenheimen in der Ev.-luth. Kirchengemeinde Halle und Pfarrerin im Frauenreferat des Kirchenkreises Halle/Westfalen.

Barbara Knabe, geb. 1966, ist seit Oktober 1996 Pfarrerin im Entsendungsdienst in der Gemeinde Recklinghausen-Hillerheide.

Wolfgang Mann, geb. 1957, ist seit 1987 Pfarrer in der Ev. Gemeinde in Recklinghausen–Suderwich. Er betreut seitdem zwei Altenheime in der Gemeinde und ist Gemeindeberater.

Reinhard Müller, geb. 1947, ist seit 1979 Leiter der Bauabteilung des Diakonischen Werkes im Kirchenkreis Recklinghausen e.V. Er war fast 30 Jahre lang ehrenamtlicher Mitarbeiter im CVJM, zuletzt als 1. Vorsitzender des CVJM–Oberlin–RE. e.V. Nach Auflösung des Vereins – bis heute – ehrenamtlicher Mitarbeiter in verschiedenen Gremien und Ausschüssen der Heimat-Gemeinde und auf kreiskirchlicher Ebene, u.a. im Andachtskreis für zwei Altenwohnheime und Altenpflegeheime.

Günter Niemeyer, geb. 1942, ist seit 1976 als Pastor an verschiedenen Stellen im Ev. Johanneswerk e.V., Bielefeld, einem diakonischen Werk mit über 30 stationären Einrichtungen der Altenarbeit, tätig.

Silke Niemeyer, geb. 1964, ist seit 1993 Pfarrerin in der Kirchengemeinde Recklinghausen–Altstadt.

Susanne Schildknecht, geb. 1952, ist seit 1988 Gemeindepfarrerin in Oberfischbach.

Harald Wagner, geb. 1960, ist Gemeindepfarrer in Recklinghausen–Suderwich.